Daolu Weixian Huowu Yunshu
Congye Renyuan Congye Zige Peixun Kaoshi Jiaocai

道路危险货物运输
从业人员从业资格培训考试教材

交通运输部职业资格中心　组织编写

人民交通出版社
北京

内 容 提 要

本书依据《道路危险货物运输从业人员培训教学大纲》及《道路危险货物运输从业人员从业资格考试大纲》编写而成，内容包括道路危险货物运输从业人员基础知识、驾驶人员专业知识、押运人员专业知识和装卸管理人员专业知识等内容。

本书适合道路危险货物运输从业人员从业资格培训考试使用。

图书在版编目（CIP）数据

道路危险货物运输从业人员从业资格培训考试教材 / 交通运输部职业资格中心组织编写 . — 北京：人民交通出版社股份有限公司, 2025.5. — ISBN 978-7-114-20171-4

Ⅰ. U492.8

中国国家版本馆 CIP 数据核字第 2025F633L5 号

书　　名：道路危险货物运输从业人员从业资格培训考试教材
著　作　者：交通运输部职业资格中心
责任编辑：董　倩
责任校对：赵媛媛　武　琳
责任印制：张　凯
出版发行：人民交通出版社
地　　址：(100011) 北京市朝阳区安定门外外馆斜街3号
网　　址：http://www.ccpcl.com.cn
销售电话：(010) 85285857
总　经　销：人民交通出版社发行部
经　　销：各地新华书店
印　　刷：北京市密东印刷有限公司
开　　本：787×1092　1/16
印　　张：18.25
字　　数：401千
版　　次：2025年5月　第1版
印　　次：2025年5月　第1次印刷
书　　号：ISBN 978-7-114-20171-4
定　　价：78.00元

(有印刷、装订质量问题的图书，由本社负责调换)

审定委员会

主 任
张 杰

副主任
孙 海

委 员
郝鹏玮　丛英莉　付华章　申银龙　姜　铭
吕雅丽　焦巍巍　李蒙蒙　李铭辉　晁荣斌

编写人员

刘浩学　沈小燕　范　立　杨开贵　沈　民
高　洁　余绍桥　杨　林　殷　若

前言
PREFACE

交通运输是国民经济中具有基础性、先导性、战略性的产业,是重要的服务性行业和现代化经济的重要组成部分,是构建新发展格局的重要支撑和服务人民美好生活、促进共同富裕的坚实保障。道路危险货物运输从业人员是负责危险货物运输、押运及装卸管理,保障道路危险货物运输安全的关键人员。

为加强道路危险货物运输从业人员的培训和从业资格管理,提升从业人员专业技能及职业素质,根据新的《道路危险货物运输从业人员培训教学大纲》《道路危险货物运输从业人员从业资格考试大纲》,交通运输部职业资格中心组织编审《道路危险货物运输从业人员从业资格培训考试教材》(简称《教材》)。

《教材》在内容上紧扣培训大纲和考试大纲要求,并紧密结合道路危险货物运输从业人员的工作实际,突出安全生产技能及职业素质培养,具有较强的针对性和可操作性。在形式上编排新颖,图文并茂,便于培训和自学。

《教材》主要用于道路危险货物运输从业人员从业资格培训考试辅导,也可供相关人员学习、继续教育及自学参考使用。

敬请广大读者批评指正。

交通运输部职业资格中心
2025年3月

目录 CONTENTS

模块一　道路危险货物运输从业人员基础知识 ·· 1

 单元一　职业道德和劳动保护 ·· 3
 单元二　法律法规 ·· 12
 单元三　危险货物分类及特性 ·· 23
 单元四　危险货物品名及运输要求索引 ·· 58
 单元五　危险货物运输包装 ·· 68
 单元六　危险货物托运 ·· 95
 单元七　危险货物装卸 ·· 107
 单元八　危险货物运输 ·· 112
 单元九　危险货物运输事故应急处置 ·· 119
 单元十　危险货物运输事故案例 ·· 131
 单元十一　剧毒化学品运输特殊要求（※） ·· 141
 单元十二　爆炸品运输特殊要求（※※） ·· 147

模块二　道路危险货物运输驾驶人员专业知识 ·· 159

 单元一　车辆专用安全设备的使用 ·· 161
 单元二　道路危险货物罐式车辆运输安全操作 ·· 172
 单元三　道路危险货物集装箱、罐体及车辆标记与标志牌 ······································ 187
 单元四　运输单证 ·· 196
 单元五　道路通行 ·· 200
 单元六　出车前安全检查 ·· 207
 单元七　事故现场初期处置 ·· 211
 单元八　应急防护用品穿戴 ·· 217

模块三　道路危险货物运输押运人员专业知识 ·············· 221

　　单元一　危险货物押运管理 ·· 223
　　单元二　危险货物运输安全状态检视 ································ 245
　　单元三　危险货物运输车辆停车监护 ································ 248

模块四　道路危险货物运输装卸管理人员专业知识 ············ 251

　　单元一　危险货物装卸 ··· 253
　　单元二　包件货物装卸 ··· 258
　　单元三　散装及罐式危险货物装卸 ··································· 275

道路危险货物运输从业人员基础知识

单元一 职业道德和劳动保护

一 道路危险货物运输从业人员的职业特点

根据《道路危险货物运输管理规定》,道路危险货物运输,是指使用载货汽车通过道路运输危险货物的作业全过程。

根据《道路运输从业人员管理规定》,本教材所指道路危险货物运输从业人员,包括道路危险货物运输驾驶人员、押运人员和装卸管理人员。由于承运的危险货物具有易燃、易爆、毒性、腐蚀性等危险特性,在道路运输过程中一旦出现事故,极易造成重大人员伤亡、环境污染损失。所以,道路危险货物运输从业人员的岗位,展现出较强的专业性和较高的安全风险,从业人员在职业活动中,既要掌握车辆安全驾驶相关技能,还要掌握与危险货物相关的理化特性及发生意外事故的初期应急处置要求等知识。

危险货物运输从业人员的职业特点,主要体现在以下几个方面。

1.作业面广、线长,劳动强度大

道路运输具有点多、面广、线长、流动分散和点对点等特点。在运输过程中,驾驶人员常常需要长时间连续驾驶,并始终保持良好的状态,时刻观察道路条件、道路环境和车辆运行状况,准确识别潜在风险,迅速操控车辆进行应对,劳动强度较大。

此外,驾驶人员在行车中常常受到车辆颠簸、机件振动和环境噪声的影响,同时因久坐、缺乏运动和饮食不规律等,容易导致患有颈椎病、腰椎病、胃病等生理疾病。此外,驾驶人员长时间处于紧张状态,一旦受到外界因素的刺激,如其他道路交通参与者的挑衅以及相关无端指责等,容易出现情绪波动,甚至产生消极、抑郁等心理活动。

2.交通环境复杂多变,安全风险较高

车辆行驶途中,人流、车流、道路条件和天气条件等交通环境不断发生变化,比如前方突然有行人横穿道路、突然遇到团雾等,此时,驾驶人员需要具有较好的心理素质和驾驶技能,才能够始终保持良好的状态,准确掌握道路环境和车辆运行状况,及时识别潜在的危险,迅速、准确地应对可能出现的不同情况。

此外,由于危险货物在一些突发事故状态下,极易出现泄漏、进而引发火灾、爆炸、中毒等二次危害,对车上人员及周边人民群众、基础设施、农作物等造成严重影响。特别是危险货物运输车辆与大型客车发生碰撞等事故时,更加容易导致重特大事故。因此,危险货物运输

从业人员的工作具备较高的安全风险,也具有较大的职业病危害隐患。

3.具有服务社会的属性,且社会责任大

危险货物运输从业人员在开展道路运输任务时,除了要将危险货物安全、准时送达目的地外,还肩负着为托运人提供运输服务的职责。驾驶人员提供运输服务时,会产生语言、感情、思想等方面的联系,其言谈举止不仅反映出个人的素质,还代表着道路运输行业的形象,是行业文明的窗口。

此外,由于危险货物大多具有不同程度的危险性,如被不法分子利用会造成极大的社会影响甚至是国际影响。所以,危险货物运输从业人员不仅需要具有良好的驾驶技能和服务技能等,还必须具备良好的职业道德,维护社会安定的基本素质。

二 道路危险货物运输从业人员的社会责任

危险货物运输从业人员的职业特点,决定了危险货物运输从业人员的社会责任重大,主要体现在以下几个方面。

1.保护生命与财产安全

危险货物运输安全风险高,易造成重大交通事故,从而危及从业人员及其他人员的生命、财产安全。因此,危险货物运输从业人员的首要社会责任是保护生命与财产安全。

危险货物运输从业人员需确保货物在运输过程中的安全,严格遵守相关法律法规和操作规程,以防止发生泄漏、火灾或其他事故,从而保护人民群众的生命和财产安全。在紧急情况下,从业人员需要迅速有效地响应,采取必要的应急措施,保护自身及周边人民群众生命安全,最大限度减小事故损失。

2.保护生态环境

危险货物道路运输事故会造成有毒、腐蚀等物质泄漏,并存在通过污染农作物、水资源等方式造成环境污染风险。此外,危险货物运输车辆排放也是大气污染的主要来源之一。因此,危险货物运输从业人员的重要社会责任之一就是保护生态环境。

危险货物运输从业人员应遵章安全驾驶,合理规划运输路线,避免途经重要饮用水源地等环境敏感区域,提升安全风险管控能力,防止货物泄漏。若事故不可避免发生后,也应及时采取有效的应急处置措施,减少泄漏物对环境的污染。同时,危险货物道路运输企业应积极采购污染低、绿色环保的车辆。从业人员应提升生态驾驶水平,降低能源消耗,助力节能减排,为大气环境保护作出贡献。

3.维护交通秩序

危险货物运输从业人员是道路运输的重要参与者,是道路运输安全的保障者之一,也是道路交通秩序的维护者。危险货物运输从业人员应严格要求自我,遵守交通法律法规和运输

规范及标准,维护交通秩序,确保道路运输的安全和顺畅。此外,从业人员还应文明驾驶,遵守职业道德,不抢道、不争行,为其他道路运输的参与者树立榜样。

4.提供优质服务

危险货物运输从业人员作为危险货物供应链中的重要一环,要提供优质服务,确保供应链的稳定,提高供应链运转效率。在运输过程中,从业人员应诚实守信,不应隐瞒货物信息,不违规操作,确保托运人的权益得到保障。在道路危险货物运输市场中,从业人员应遵守公平竞争的原则,不恶意压价、不扰乱市场秩序,为行业的健康发展作出贡献。

根据《中华人民共和国民法典》《中华人民共和国道路运输条例》等法律法规的规定,道路货物运输企业及从业人员的经营义务主要包括:

(1)安全运输义务。承运人及其从业人员应在约定期间或者合理期间内,以及约定的或者通常的运输路线,将货物安全运输到约定地点。

(2)通知收货人收货义务。货物运输到达后,承运人及其从业人员知道收货人信息的,应当及时通知收货人,收货人应当及时提货。收货人逾期提货的,应当向承运人支付保管费等费用。

(3)保证货物安全义务。承运人对运输过程中货物的毁损、灭失承担损害赔偿责任,但承运人证明货物的毁损、灭失是因不可抗力、货物本身的自然性质或者合理损耗以及托运人、收货人的过错造成的,不承担损害赔偿责任。

5.持续自我提升

由于危险货物运输专业性要求较高,事关运输安全,且危险货物运输行业不断发展,相关法律法规和标准也不断更新。因此,危险货物运输从业人员应不断坚持业务学习,适时更新自身知识,磨炼专业技能,紧跟行业的最新发展。及时参加企业组织的教育培训,落实行业主管及相关部门对从业人员的教育培训要求(图1-1-1),持续提升自身的专业素养和职业道德水平,为更好地履行社会责任打下坚实的基础。

图1-1-1 从业人员从业资格培训

三 道路危险货物运输从业人员的职业道德

职业道德的概念有广义和狭义之分。

广义的职业道德是指从业人员在职业活动中应该遵循的行为准则,涵盖了从业人员与服务对象、职业与职工、职业与职业之间的关系。

狭义的职业道德是指在一定职业活动中应遵循的、体现一定职业特征的、调整一定职业关系的职业行为准则和规范。不同的职业人员在特定的职业活动中形成了特殊的职业关系,包括职业主体与职业服务对象之间的关系、职业团体之间的关系、同一职业团体内部人与人之间的关系,以及职业劳动者、职业团体与国家之间的关系。

危险货物运输从业人员的职业道德主要体现在以下几个方面。

1. 热爱祖国,热爱人民

热爱祖国、热爱人民是社会主义道德的一个重要规范,也是危险货物运输从业人员的基本准则,应时刻把人民生命和国家财产的安危放在第一位。每一位危险货物运输从业人员在工作中应牢固树立"安全第一、预防为主"的思想。

2. 遵章守纪,安全作业

遵章守纪、安全作业,是危险货物运输从业人员职业道德的重要内容。它由职业特点决定,是职业活动能够正常进行的基本保证。遵章守纪即要自觉遵守危险货物道路运输相关的法律、法规、规章和规范等,遵守运输企业的相关职业纪律。安全作业即要遵守规章制度,不违章操作,认真履行安全生产义务。

3. 爱岗敬业,优质服务

一个人只有热爱本职岗位,才能树立敬业精神。优质服务的前提是爱岗敬业,不热爱自己职业的人谈不上"敬业",更谈不上优质服务。危险货物运输从业人员应增强职业责任感和事业心,安全地完成每次运输任务。同时,要在工作中有所作为,就必须严格遵守作业规程,确保提供安全、优质的服务,维护道路危险货物运输各方当事人的合法权益。

4. 诚实守信,团结互助

诚实守信是为人处世的基本原则,也是个人在社会生活中安身立命之根本。诚实和守信是做人的一种品质,这种品质最显著的特点是一个人在社会交往中能够讲真话、讲信用、讲信誉。危险货物道路运输对从业人员的诚信要求同样高。

团结营造人际和谐氛围,互助增强企业凝聚力。团结互助是在当前社会分工充分的市场经济大潮中必须遵守的职业道德,例如危险货物运输押运人员应当有合作精神,与驾驶人员相互尊重、互相学习、加强协作。在处理个人利益与完成运输任务的关系上,要树立全局意识,本着完成运输任务为前提。

5. 文明经营，公平竞争

随着市场竞争日趋激烈，文明经营是服务业树立信誉的第一需要，即通过服务的方式，以平等、友好、热情的态度来对待客户，以倡导行业文明建立规范、有序的危险货物道路运输市场；公平竞争是要按照统一规则从事危险货物道路运输活动，提升自己的服务技能和水平，采用符合国家法律法规和社会主义道德要求的科学经营方式，公平、公正地参与市场竞争；不得使用违反法律法规的暴力、强迫等方式限制、干扰和影响其他合法经营者，确保危险货物道路运输市场的规范和健康发展。所以，危险货物运输从业人员要有正确的价值观念，提倡"文明经营、优质服务"。

6. 钻研技术，规范操作

危险货物运输从业人员要提高运输效率，确保运输安全，在严格遵守作业规程的前提下，勤奋学习，努力钻研危险货物运输的专业知识（图1-1-2），全面了解危险货物的危害特性，不断增强应对危险货物道路运输风险及事故的能力。

图1-1-2　从业人员学习相关知识

四 道路危险货物运输从业人员的心理生理健康

大量道路交通事故统计分析显示，相对于技术因素，驾驶人员心理和身体健康状况对安全行车的影响更明显。心理健康的驾驶人员精神饱满、注意力集中、情绪稳定、驾驶操作规范、运行平稳，面对紧急情况不慌不乱；心理不健康的驾驶人员易情绪异常、注意力分散，驾驶操作不规范、不安全。所以，除了关注驾驶人员的安全驾驶技能外，还需要关注驾驶人员的心理健康和身体状况。同样，在确保危险货物道路运输安全的全过程中，也需要关注押运人员以及装卸管理人员的心理健康和身体状况。

（一）影响因素

心理健康是人们获得幸福、满足和良好生活质量的重要组成部分。心理健康不仅取决于个体的意愿和一己之力,还受到许多内外环境因素的影响,包括个体特征、社会环境、家庭背景、工作压力等。

1. 个人特征

个体特征是影响心理健康的重要因素之一,主要包括以下几个方面。

(1)个体性格:积极乐观的人更容易保持心理健康,而消极悲观的人更容易产生焦虑和抑郁等心理问题。

(2)应对能力:具有健康的应对策略和解决问题能力的个体通常更具心理韧性,能够更好地应对生活中的挑战和压力。

(3)心理素质:自尊心、自信心、情绪管理能力等心理素质会对心理健康产生影响,具备良好的心理素质有助于应对困难和挫折。

2. 社会环境

社会环境是影响心理健康的重要外部因素,主要包括以下几个方面。

(1)支持系统:良好的社会支持能够提供情感上的支持、信息和资源的共享,从而减轻个体面对困境时的压力和孤独感。

(2)社交关系:人际关系的质量和数量对心理健康起着至关重要的作用。丰富、稳定的社交网络能够带来满足感和幸福感。

(3)社会认同:身份认同和社会角色的认同有助于个体建立自我概念和稳定的社会地位,从而促进心理健康。

3. 家庭背景

家庭背景是影响心理健康的重要内部因素,主要包括以下几个方面。

(1)家庭关系质量:家庭成员之间的亲密关系、相互支持和沟通方式对个体的心理健康会产生重要影响。

(2)家庭环境稳定性:家庭环境的稳定性与安全感直接相关。一个稳定、温暖的家庭环境有助于个体的心理健康。

4. 工作压力

工作压力是现代社会中造成身心健康问题普遍存在的因素。

(1)工作环境:工作环境的支持度、公平性和压力管理措施会直接影响员工的心理健康。由于驾驶人员职业特点,需要长期跟车运行,长时间处于狭小、密闭的驾驶室内,空气流通不畅,容易导致驾驶人员出现疲劳、头晕等症状。

车辆行驶过程中,因装有危险货物,所以在途运行具有高风险性和不确定性,驾驶人员须时刻保持警惕,应对各种突发情况。这种高强度的工作压力易导致驾驶人员出现心理紧张、焦虑等情绪,进而影响其生理健康。

此外,长时间连续驾驶易导致驾驶人员出现疲劳驾驶的情况,这不仅会影响驾驶人员的反应速度和判断能力,还可能引发严重交通事故。长期跟车时,由于作息不规律、饮食不规律、缺乏运动、长期单一体位等原因,都可能对从业人员的心理和身体健康造成不良影响。

(2)工作内容和要求:工作任务的性质和要求对个体的心理压力会产生影响。过高的工作要求和长时间的工作可能会导致身心疲惫和焦虑。

危险货物因具有爆炸、易燃、毒害、感染、腐蚀等性质,接触人体时,会对人体造成烧伤,致人中毒,造成侵害皮肤、眼睛、内脏等危害身体的后果。危险货物运输从业人员在从事运输作业的各个环节时,虽然直接接触危险货物的场景比较少,但若因操作不当、包装破损或因交通事故撞击导致危险货物泄漏时,将会面临直接接触危险货物。如若处理不当,会对身体造成损害,后果严重时可能危及生命。

所以,对驾驶人员、押运人员以及装卸管理人员而言,安全操作及运输的心理压力会较大,进而导致身心疲惫和焦虑。

(二)保护措施

针对影响危险货物运输从业人员身心健康的因素,从业人员应从以下几个方面保护个人的身心健康。

(1)加强个人心理素质的培养,包括积极乐观的态度、健康的应对能力和情绪管理技巧等。

(2)建立良好的社会支持系统,积极参与社交活动,培养和维护良好的人际关系。

(3)提高家庭关系质量,加强家庭成员之间的沟通和支持,创造稳定、温暖的家庭环境。

(4)加强心理健康知识的普及,提高全社会对心理健康的重视程度,减少对心理问题的歧视和偏见。

(5)关注工作压力问题,建议企业实施有效的压力管理措施,提供员工心理健康支持服务。

五 道路危险货物运输从业人员的职业病预防

根据《中华人民共和国职业病防治法》,职业病是指企业、事业单位和个体经济组织等用人单位的劳动者在职业活动中,因接触粉尘、放射性物质和其他有毒、有害物质等因素而引起的疾病。这里所称的"职业病"为法定职业病,即由国务院卫生行政部门会同国务院安全生产监督管理部门、劳动保障行政部门制定、调整并公布的职业病,以《职业病分类和目录》为准。

《职业病分类和目录》(国卫职健发〔2024〕39号)中列入了12大类135种职业病,包括职业性尘肺病及其他呼吸系统疾病、职业性皮肤病、职业性眼病、职业性耳鼻喉口腔疾病、职业性化学中毒、物理因素所致职业病、职业性放射性疾病、职业性传染病、职业性肿瘤、职业性肌肉骨骼疾病、职业性精神和行为障碍及其他职业病。根据《职业病危害因素分类目录》，主要危险因素包括粉尘、化学因素、物理因素、放射性因素、生物因素、其他因素等。

（一）常见职业病

（1）职业性皮肤病。长期接触汽油、柴油等有害化学物质，可能导致接触性皮炎。受到腐蚀性物质灼伤，易造成化学性皮肤灼伤等。

（2）职业性化学中毒。从事剧毒化学品、毒性物质等危险货物运输的从业人员，可能因危险货物泄漏导致职业性化学中毒，如氯气中毒、氨中毒、硫化氢中毒、苯中毒、汽油中毒、甲醇中毒等。

（3）职业性放射性疾病。从事放射性物品运输的从业人员，可能因接触放射性物品，导致职业性放射性疾病，如放射性皮肤疾病、放射性性腺疾病等。

（4）物理因素所致职业病。运输冷冻液化气体等危险货物的从业人员，可能因深冷气体泄漏导致冻伤等职业病。此外，长期驾车可能导致手臂振动病等。

（5）职业性耳鼻喉口腔疾病。危险货物运输从业人员长期暴露在噪声环境中，会导致耳蜗受损，引起听力受损，形成噪声聋等职业病。

此外，除了上述归类为法定职业病外，危险货物运输从业人员因工作环境、工作时间和接触危险货物等因素，会出现颈椎病、腰椎间盘突出症、心血管疾病、哮喘等影响身心健康的症状。需要定期加强职业健康体检，关注自身身心健康。

（二）职业卫生保护权利

根据《中华人民共和国职业病防治法》，劳动者依法享有职业卫生保护的权利，主要包括以下几项。

（1）获得职业卫生教育、培训。企业应当对从业人员进行上岗前的职业卫生培训和在岗期间的定期职业卫生培训，普及职业卫生知识，督促劳动者遵守职业病防治法律、法规、规章和操作规程，指导劳动者正确使用职业病防护设备和个人使用的职业病防护用品（图1-1-3）。

图1-1-3　正确使用防护设备

（2）获得职业健康检查、职业病诊疗、康复等职业病防治服务。对从事接触职业病危害的从业人员，企业应组织上岗前、在岗期间和离岗时的职业健康检查，并将检查结果书面告知从业人员。企业不得安排未经上岗前职业健康检查的劳动者从事接触职业病危害的作业；不得安排有职业禁忌的从业人员从事其所禁忌的作业；对在职业健康检查中发现有与所从事的职业相关的健康损害的从业人员，应当调离原工作岗位，并妥善安置；对未进行离岗前职业健康检查的劳动者不得解除或者终止与其订立的劳动合同。

（3）了解工作场所产生或者可能产生的职业病危害因素、危害后果和应当采取的职业病防护措施。企业与从业人员订立劳动合同（含聘用合同）时，应当将作业过程中可能产生的职业病危害及其后果、职业病防护措施和待遇等如实告知劳动者，并在劳动合同中写明，不得隐瞒或者欺骗。从业人员在已订立劳动合同期间因工作岗位或者工作内容变更，从事与所订立劳动合同中未告知的存在职业病危害的作业时，企业应当向劳动者履行如实告知的义务，并协商变更原劳动合同相关条款。

（4）要求企业提供符合防治职业病要求的职业病防护设施和个人使用的职业病防护用品，改善工作条件。

（5）对违反职业病防治法律、法规以及危及生命健康的行为提出批评、检举和控告。

（6）拒绝违章指挥和强令进行没有职业病防护措施的作业。任何单位和个人不得将产生职业病危害的作业转移给不具备职业病防护条件的单位和个人。不具备职业病防护条件的单位和个人不得接受产生职业病危害的作业。

（7）参与企业职业卫生工作的民主管理，对职业病防治工作提出意见和建议。

（8）从业人员离开企业时，有权索取本人职业健康监护档案复印件，企业应当如实、无偿提供，并在所提供的复印件上签章。

企业应当保障从业人员行使前款所列权利。因从业人员依法行使正当权利而降低其工资、福利等待遇或者解除、终止与其订立的劳动合同的，其行为无效。

（三）职业病诊断及职业病病人保障

1. 职业病诊断

（1）劳动者可以在用人单位所在地、本人户籍所在地或者经常居住地依法承担职业病诊断的医疗卫生机构进行职业病诊断。

（2）职业病诊断应当按照《中华人民共和国职业病防治法》《职业病诊断与鉴定管理办法》《职业病分类和目录》及国家职业病诊断标准，依据从业人员的职业史、职业病危害接触史和工作场所职业病危害因素情况、临床表现以及辅助检查结果等进行综合分析。

（3）用人单位应当如实提供职业病诊断、鉴定所需的劳动者职业史和职业病危害接触史、工作场所职业病危害因素检测结果等资料。

（4）职业病诊断、鉴定过程中，在确认劳动者职业史、职业病危害接触史时，当事人对劳动关系、工种、工作岗位或者在岗时间有争议的，可以向当地的劳动人事争议仲裁委员会申请仲裁。

(5)医疗卫生机构发现疑似职业病病人时,应当告知劳动者本人并及时通知用人单位。用人单位应当及时安排对疑似职业病病人进行诊断(图1-1-4);在对疑似职业病病人诊断或者医学观察期间,不得解除或者终止与其订立的劳动合同。疑似职业病从业人员在诊断、医学观察期间的费用,由企业承担。

图1-1-4　及时进行职业病诊断

2.职业病病人保障

(1)用人单位应当按照国家有关规定,安排职业病病人进行治疗、康复和定期检查。

(2)用人单位对不适宜继续从事原工作的职业病病人,应当调离原岗位,并妥善安置。

(3)用人单位对从事接触职业病危害的作业的劳动者,应当给予适当岗位津贴。

(4)职业病病人的诊疗、康复费用,伤残以及丧失劳动能力的职业病病人的社会保障,按照国家有关工伤保险的规定执行。除依法享有工伤保险外,依照有关民事法律,尚有获得赔偿的权利的,有权向用人单位提出赔偿要求。

(5)劳动者被诊断患有职业病,但用人单位没有依法参加工伤保险的,其医疗和生活保障由该用人单位承担。职业病病人变动工作单位,其依法享有的待遇不变。

(6)用人单位在发生分立、合并、解散、破产等情形时,应当对从事接触职业病危害的作业的从业人员进行健康检查,并按照国家有关规定妥善安置职业病病人。

(7)用人单位已经不存在或者无法确认劳动关系的职业病病人,可以向地方人民政府民政部门申请医疗救助和生活等方面的救助。

单元二　法律法规

一、《中华人民共和国道路交通安全法》及实施条例相关规定

《中华人民共和国道路交通安全法》是为了维护道路交通秩序,预防和减少交通事故,保护他人安全,保护公民、法人和其他组织的财产安全及其他合法权益,提高道路通行效率而制定的法规。该法对车辆和驾驶人员、道路通行条件、如何通行以及交通事故处理等方面进

行了规定。相关规定与驾驶人员密切相关,是规范驾驶人员行为的最主要法律之一。主要内容包括以下几个方面。

1. 机动车强制报废要求

该法第十四条规定,国家实行机动车强制报废制度,根据机动车的安全技术状况和不同用途,规定不同的报废标准。应当报废的机动车必须及时办理注销登记。达到报废标准的机动车不得上道路行驶。报废的大型客、货车及其他营运车辆应当在公安机关交通管理部门的监督下解体。即危险货物运输车辆应该按照规定的年限进行强制报废(图1-2-1)。

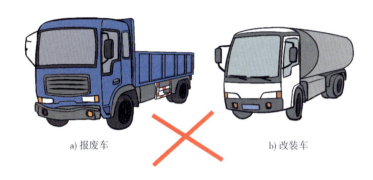

a) 报废车　　　　b) 改装车

图1-2-1　禁止报废车与改装车非法上路

2. 禁止擅自改装、拼装的要求

该法第十六条规定,任何单位或者个人不得有下列行为:

(1)拼装机动车或者擅自改变机动车已登记的结构、构造或者特征;

(2)改变机动车型号、发动机号、车架号或者车辆识别代号;

(3)伪造、变造或者使用伪造、变造的机动车登记证书、号牌、行驶证、检验合格标志、保险标志;

(4)使用其他机动车的登记证书、号牌、行驶证、检验合格标志、保险标志。

3. 严禁超载、按照批准路线行驶

该法第四十八条规定,机动车载物应当符合核定的载重量,严禁超载;载物的长、宽、高不得违反装载要求,不得遗洒、飘散载运物。机动车载运爆炸物品、易燃易爆化学物品以及剧毒、放射性等危险物品,应当经公安机关批准后,按指定的时间、路线、速度行驶,悬挂警示标志并采取必要的安全措施。

4. 禁止饮酒、醉酒驾车

该法第九十一条规定,饮酒后驾驶机动车的,处暂扣六个月机动车驾驶证,并处一千元以上二千元以下罚款。因饮酒后驾驶机动车被处罚,再次饮酒后驾驶机动车的,处十日以下拘留,并处一千元以上二千元以下罚款,吊销机动车驾驶证。醉酒驾驶机动车的,由公安机关交通管理部门约束至酒醒,吊销机动车驾驶证,依法追究刑事责任;五年内不得重新取得机

动车驾驶证。饮酒后驾驶营运机动车的，处十五日拘留，并处五千元罚款，吊销机动车驾驶证，五年内不得重新取得机动车驾驶证。醉酒驾驶营运机动车的，由公安机关交通管理部门约束至酒醒，吊销机动车驾驶证，依法追究刑事责任；十年内不得重新取得机动车驾驶证，重新取得机动车驾驶证后，不得驾驶营运机动车。

饮酒后或者醉酒驾驶机动车发生重大交通事故，构成犯罪的，依法追究刑事责任，并由公安机关交通管理部门吊销机动车驾驶证，终生不得重新取得机动车驾驶证。

《中华人民共和国道路交通安全法实施条例》是为了配合《中华人民共和国道路交通安全法》的实施而制定的。因此，驾驶人员必须掌握该条例的具体内容，押运人员和装卸管理人员也应当有所了解。

《道路交通安全违法行为记分管理办法》（公安部令第163号）自2022年4月1日起施行。记分周期为12个月，满分为12分。记分周期自机动车驾驶人员初次领取机动车驾驶证之日起连续计算，或者自初次取得临时机动车驾驶许可之日起累积计算。记分达到满分的，机动车驾驶人员应当按照本办法规定参加满分学习、考试。

根据交通违法行为的严重程度，一次记分的分值为12分、9分、6分、3分、1分。交通违法行为及其分值具体对应关系可扫描封面二维码查看。

二 《中华人民共和国固体废物污染环境防治法》相关规定

《中华人民共和国固体废物污染环境防治法》是为了保护和改善生态环境，防治固体废物污染环境，保障公众健康，维护生态安全，推进生态文明建设，促进经济社会可持续发展而制定的。

该法明确危险废物污染环境的防治适用于本法的第六章危险废物。由国务院生态环境主管部门根据危险废物的危害特性和产生数量，科学评估其环境风险，实施分级分类管理，建立信息化监管体系，并通过信息化手段管理、共享危险废物转移数据和信息。

该法涉及道路运输危险废物的相关规定，主要包括以下几个方面。

（1）按照规定设置危险废物识别标志。第七十七条规定，对危险废物的容器和包装物以及收集、储存、运输、利用、处置危险废物的设施、场所，应当按照规定设置危险废物识别标志。

（2）填写危险废物转移联单。第八十二条规定，转移危险废物的，应当按照国家有关规定填写、运行危险废物电子或者纸质转移联单。

（3）遵守国家有关危险货物运输管理的规定。第八十三条、第九十条规定运输危险废物，应当采取防止污染环境的措施，并遵守国家有关危险货物运输管理的规定。禁止将危险废物与旅客在同一运输工具上载运。医疗废物按照《国家危险废物名录》管理。

这两条明确了运输危险废物（包含医疗废物）应当依据《道路危险货物运输管理规定》，满足企业、人员、车辆等方面的要求；同时，在企业经营许可证和道路运输证的经营范围中应当直接标注"危险废物"或者"医疗废物",并在车辆上悬挂危险废物的标识。

(4)制定应急预案,及时采取应急处置措施。第八十五条、第八十六条规定,产生、收集、储存、运输、利用、处置危险废物的单位,应当依法制定意外事故的防范措施和应急预案,并向所在地生态环境主管部门和其他负有固体废物污染环境防治监督管理职责的部门备案;生态环境主管部门和其他负有固体废物污染环境防治监督管理职责的部门应当进行检查。

因发生事故或者其他突发性事件,造成危险废物严重污染环境的单位,应当立即采取有效措施消除或者减轻对环境的污染危害,及时通报可能受到污染危害的单位和居民,并向所在地生态环境主管部门和有关部门报告,接受调查处理。

(5)采取防扬散、防流失、防渗漏等措施,禁止非法倾倒。第二十条规定,产生、收集、储存、运输、利用、处置固体废物的单位和其他生产经营者,应当采取防扬散、防流失、防渗漏或者其他防止污染环境的措施,不得擅自倾倒、堆放、丢弃、遗撒固体废物。禁止任何单位或者个人向江河、湖泊、运河、渠道、水库及其最高水位线以下的滩地和岸坡以及法律法规规定的其他地点倾倒、堆放、储存固体废物。

因此,运输危险废物的车辆应该采用防扬散、防流失、防渗漏等措施,防止运输过程中出现货物遗撒、泄漏等情形。同时,驾驶人员和押运人员也应遵守国家法律法规的要求,禁止在运输途中非法倾倒危险废物。

(6)消除污染处理。第八十四条规定,收集、储存、运输、利用、处置危险废物的场所、设施、设备和容器、包装物及其他物品转作他用时,应当按照国家有关规定经过消除污染处理,方可使用。

因此,运输危险废物后的车辆及相关设备和装置,如再运输其他货物,必须经过消除污染处理。

三 《危险废物转移管理办法》及《国家危险废物名录》相关规定

(一)《危险废物转移管理办法》相关规定

《危险废物转移管理办法》对危险废物转移全过程提出了管理要求,对危险废物转移联单的运行管理做出细化完善。

一是加强信息化监管,全面运行危险废物电子转移联单。通过国家危险废物信息管理系统填写,运行危险废物电子转移联单。因特殊原因无法运行电子联单的,可先使用纸质联单,于转移活动完成后十个工作日内在信息系统补录。

二是危险废物电子转移联单数据应当在信息系统中至少保存十年。依照国家有关规定公开危险废物转移相关污染环境防治信息。

三是实行危险废物转移联单全国统一编号,危险废物转移联单编号由国家危险废物信息管理系统统一发放。

四是优化转移联单运行规则,允许同一份危险废物转移联单转移一个或多个类别危险废物。

主要内容包括以下几个方面。

(1)职责分工。

该办法第四条规定,生态环境主管部门依法对危险废物转移污染环境防治工作以及危险废物转移联单运行实施监督管理,查处危险废物污染环境违法行为。各级交通运输主管部门依法查处危险废物运输违反危险货物运输管理相关规定的违法行为。公安机关依法查处危险废物运输车辆的交通违法行为,打击涉危险废物污染环境犯罪行为。

(2)构建信息共享机制和联合监管执法机制。

该办法第五条规定,生态环境主管部门、交通运输主管部门和公安机关应当建立健全协作机制,共享危险废物转移联单信息、运输车辆行驶轨迹动态信息和运输车辆限制通行区域信息,加强联合监管执法。

(3)规范填写和携带危险废物转移联单。

该办法第六条、第七条规定,转移危险废物的,应当执行危险废物转移联单制度,法律法规另有规定的除外。转移危险废物的,应当通过国家危险废物信息管理系统填写、运行危险废物电子转移联单,并依照国家有关规定公开危险废物转移相关污染环境防治信息。

根据《危险货物道路运输安全管理办法》第十五条的规定,托运人托运危险废物(包括医疗废物)的,应当向承运人提供生态环境主管部门发放的电子或者纸质形式的危险废物转移联单。第二十四条规定,运输危险废物的企业还应当填写并随车携带电子或者纸质形式的危险废物转移联单。

(4)遵守国家有关危险货物运输管理的规定。

该办法第八条规定,运输危险废物的,应当遵守国家有关危险货物运输管理的规定。未经公安机关批准,危险废物运输车辆不得进入危险货物运输车辆限制通行的区域。

(5)采取防扬散、防流失、防渗漏等措施,制定应急预案、及时采取应急处置措施。

该办法第九条规定,危险废物移出人、危险废物承运人、危险废物接受人在危险废物转移过程中应当采取防扬散、防流失、防渗漏或者其他防止污染环境的措施,不得擅自倾倒、堆放、丢弃、遗撒危险废物,并对所造成的环境污染及生态破坏依法承担责任。移出人、承运人、接受人应当依法制定突发环境事件的防范措施和应急预案,并报有关部门备案;发生危险废物突发环境事件时,应当立即采取有效措施消除或者减轻对环境的污染危害,并按相关规定向事故发生地有关部门报告,接受调查处理。

(6)危险废物运输承运人的义务。

该办法第十一条规定,承运人应当履行以下义务:

①核实危险废物转移联单,没有转移联单的,应当拒绝运输;

②填写、运行危险废物转移联单,在危险废物转移联单中如实填写承运人名称、运输工具及其营运证件号,以及运输起点和终点等运输相关信息,并与危险货物运单一并随运输工具携带;

③按照危险废物污染环境防治和危险货物运输相关规定运输危险废物,记录运输轨迹,防范危险废物丢失、包装破损、泄漏或者发生突发环境事件;

④将运输的危险废物运抵接收人地址,交付给危险废物转移联单上指定的接收人,并将运输情况及时告知移出人;

⑤法律法规规定的其他义务。

(7)危险废物托运人的职责。

该办法第十三条规定,危险废物托运人应当按照国家危险货物相关标准确定危险废物对应危险货物的类别、项别、编号等,并委托具备相应危险货物运输资质的单位承运危险废物,依法签订运输合同。采用包装方式运输危险废物的,应当妥善包装,并按照国家有关标准在外包装上设置相应的识别标志。装载危险废物时,托运人应当核实承运人、运输工具及收运人员是否具有相应经营范围的有效危险货物运输许可证件,以及待转移的危险废物识别标志中的相关信息与危险废物转移联单是否相符;不相符的,应当不予装载。装载采用包装方式运输的危险废物的,应当确保将包装完好的危险废物交付承运人。

(二)《国家危险废物名录》相关规定

现行的《国家危险废物名录》为2025年版,自2025年1月1日起施行,样式及内容可扫描封面二维码查看。

2025年版《国家危险废物名录》由正文、附表和附录三部分构成,共列入470种危险废物,相比2021年版《国家危险废物名录》共增加了3种。

所有列入《国家危险废物名录》又不属于在"全过程"和"运输"环节可以豁免的危险废物,均需要使用危险货物运输车辆进行运输。在"全过程"和"运输"环节可以豁免的危险废物豁免管理清单,样式及内容可扫描封面二维码查看。

四 《中华人民共和国道路运输条例》相关规定

依据《中华人民共和国道路运输条例》,从事道路运输经营以及道路运输相关业务的,应当遵守本条例。

该条例的第二节"货运"和第三节"客运和货运的共同规定"中,明确了从事危险货物道路运输需要遵守的基本要求,并对从事道路运输经营以及道路运输相关业务进行了规定,其中对危险货物托运人责任、从事道路危险货物运输的企业和从业人员的资质、车辆维护检测、运输操作等方面也提出了明确要求。

(1)第二十三条规定,申请从事危险货物运输经营的,还应当具备"(一)有5辆以上经检测合格的危险货物运输专用车辆、设备;(二)有经所在地设区的市级人民政府交通运输主管部门考试合格,取得上岗资格证的驾驶人员、装卸管理人员、押运人员;(三)危险货物运输专用车辆配有必要的通信工具;(四)有健全的安全生产管理制度。"四个条件。

(2)要求托运人托运危险货物的,应当向货运经营者说明危险货物的品名、性质、应急处置方法等情况,并严格按照国家有关规定包装,设置明显标志。

(3)对危险货物道路运输企业,需要做到"加强对从业人员的安全教育、职业道德教育,确保道路运输安全""加强对车辆的维护和检测,确保车辆符合国家规定的技术标准""不得使用报废的、擅自改装的和其他不符合国家规定的车辆从事道路运输经营""制定有关交通事故、自然灾害以及其他突发事件的道路运输应急预案。应急预案应当包括报告程序、应急指挥、应急车辆和设备的储备以及处置措施等内容""为危险货物投保承运人责任险"。

(4)在具体运输作业过程中,"应当采取必要措施,防止货物脱落、扬撒等。运输危险货物应当采取必要措施,防止危险货物燃烧、爆炸、辐射、泄漏等""运输危险货物应当配备必要的押运人员,保证危险货物处于押运人员的监管之下,并悬挂明显的危险货物运输标志""随车携带车辆营运证,不得转让、出租""道路运输车辆应当随车携带道路运输证,不得转让、出租""道路运输从业人员应当遵守道路运输操作规程,不得违章作业。驾驶人员连续驾驶时间不得超过4小时"等。

五 《危险化学品安全管理条例》相关规定

《危险化学品安全管理条例》适用于危险化学品生产、储存、使用、经营和运输的安全管理。

该条例所称危险化学品,是指具有毒害、腐蚀、爆炸、燃烧、助燃等性质,对人体、设施、环境具有危害的剧毒化学品和其他化学品。

危险化学品和危险货物之间的区别和联系可以参见模块一单元三危险货物特性及分类中"二、危险货物、危险化学品、危险废物之间的关系"。

《危险化学品安全管理条例》对生产企业、运输企业、托运人等均提出了相关要求,主要内容包括以下几个方面。

(1)危险化学品生产企业。第十五条规定"危险化学品生产企业应当提供与其生产的危险化学品相符的化学品安全技术说明书,并在危险化学品包装(包括外包装件)上粘贴或者拴挂与包装内危险化学品相符的化学品安全标签。化学品安全技术说明书和化学品安全标签所载明的内容应当符合国家标准的要求。"

(2)道路运输企业。第四十三条、第四十四条、第四十五条、第四十七条、第四十八条等规定,从事危险货物道路运输的企业和单位应当取得危险货物道路运输许可,并配备专职安全管理人员。危险货物运输从业人员应取得相应的从业资格。运输危险化学品,应当根据危险化学品的危险特性采取相应的安全防护措施,并配备必要的防护用品和应急救援器材。运输危险化学品的驾驶人员、装卸管理人员、押运人员应当了解所运输的危险化学品的危险特性及其包装物、容器的使用要求和出现危险情况时的应急处置方法。

通过道路运输危险化学品的,应当配备押运人员,并保证所运输的危险化学品处于押运人员的监控之下。运输危险化学品途中因住宿或者发生影响正常运输的情况,需要较长时间停车的,驾驶人员、押运人员应当采取相应的安全防范措施;运输剧毒化学品或者易制爆危险化学品的,还应当向当地公安机关报告。

危险化学品运输车辆应当符合国家标准要求的安全技术条件,并按照国家有关规定定期进行安全技术检验。危险化学品运输车辆应当悬挂或者喷涂符合国家标准要求的警示标志。

(3)托运人。第四十六条、第六十三条、第六十四条等规定,通过道路运输危险化学品的,托运人应当委托依法取得危险货物道路运输许可的企业承运。同时,托运人应当向承运人说明所托运的危险化学品的种类、数量、危险特性以及发生危险情况的应急处置措施,并按照国家有关规定对所托运的危险化学品妥善包装,在外包装上设置相应的标志。运输危险化学品需要添加抑制剂或者稳定剂的,托运人应当添加,并将有关情况告知承运人。

托运人不得在托运的普通货物中夹带危险化学品,不得将危险化学品匿报或者谎报为普通货物托运。任何单位和个人不得交寄危险化学品或者在邮件、快件内夹带危险化学品,不得将危险化学品匿报或者谎报为普通物品交寄。

(4)装卸。第四十四条、第四十七条规定,危险化学品的装卸作业应当遵守安全作业标准、规程和制度,并在装卸管理人员的现场指挥或者监控下进行。按照运输车辆的核定载质量装载危险化学品,不得超载。

(5)应急处置。第五十一条规定,剧毒化学品、易制爆危险化学品在道路运输途中丢失、被盗、被抢或者出现流散、泄漏等情况的,驾驶人员、押运人员应当立即采取相应的警示措施和安全措施,并向当地公安机关报告。

(6)限制通行区域。第四十九条规定,未经公安机关批准,运输危险化学品的车辆不得进入危险化学品运输车辆限制通行的区域。危险化学品运输车辆限制通行的区域由县级人民政府公安机关划定,并设置明显的标志。

六 《民用爆炸物品安全管理条例》相关规定

《民用爆炸物品安全管理条例》适用于民用爆炸物品的生产、销售、购买、进出口、运输、爆破作业和储存以及硝酸铵的销售、购买。

从业人员应当对该条例涉及运输方面的规定有所了解。

(1)第三条规定,国家对民用爆炸物品的生产、销售、购买、运输和爆破作业实行许可证制度。未经许可,任何单位或者个人不得生产、销售、购买、运输民用爆炸物品,不得从事爆破作业。

(2)第四条规定,公安机关负责民用爆炸物品公共安全管理和民用爆炸物品购买、运输、爆破作业的安全监督管理,监控民用爆炸物品流向。安全生产监督、铁路、交通、民用航空主管部门依照法律、行政法规的规定,负责做好民用爆炸物品的有关安全监督管理工作。

(3)第二十条规定,运输民用爆炸物品,收货单位应当向运达地县级人民政府公安机关提出申请,获得民用爆炸物品运输许可证。

其他要求可参见模块一单元十二爆炸品运输特殊要求中涉及民用爆炸物品运输的相关要求。

七 《道路危险货物运输管理规定》相关规定

《道路危险货物运输管理规定》要求从事道路危险货物运输活动的,应当遵守本规定。军事危险货物运输除外。法律、行政法规对民用爆炸物品、烟花爆竹、放射性物品等特定种类危险货物的道路运输另有规定的,从其规定。

该规定明确了道路危险货物运输许可、危险货物运输车辆、设备管理、道路危险货物运输、监督检查、法律责任等内容。

在许可方面,第八条规定了申请从事道路危险货物运输经营,应当具备下列条件:

1.有符合下列要求的专用车辆及设备

(1)自有专用车辆(挂车除外)5辆以上;运输剧毒化学品、爆炸品的,自有专用车辆(挂车除外)10辆以上。

(2)专用车辆的技术要求应当符合《道路运输车辆技术管理规定》有关规定。

(3)配备有效的通信工具。

(4)专用车辆应当安装具有行驶记录功能的卫星定位装置。

(5)运输剧毒化学品、爆炸品、易制爆危险化学品的,应当配备罐式、厢式专用车辆或者压力容器等专用容器。

(6)罐式专用车辆的罐体应当经检验合格,且罐体载货后总质量与专用车辆核定载质量相匹配。运输爆炸品、强腐蚀性危险货物的罐式专用车辆的罐体容积不得超过$20m^3$,运输剧毒化学品的罐式专用车辆的罐体容积不得超过$10m^3$,但符合国家有关标准的罐式集装箱除外。

(7)运输剧毒化学品、爆炸品、强腐蚀性危险货物的非罐式专用车辆,核定载质量不得超过10t,但符合国家有关标准的集装箱运输专用车辆除外。

(8)配备与运输的危险货物性质相适应的安全防护、环境保护和消防设施设备。

2.有符合下列要求的停车场地

(1)自有或者租借期限为3年以上,且与经营范围、规模相适应的停车场地,停车场地应当位于企业注册地市级行政区域内。

（2）运输剧毒化学品、爆炸品专用车辆以及罐式专用车辆，数量为20辆（含）以下的，停车场地面积不低于车辆正投影面积的1.5倍，数量为20辆以上的，超过部分，每辆车的停车场地面积不低于车辆正投影面积；运输其他危险货物的，专用车辆数量为10辆（含）以下的，停车场地面积不低于车辆正投影面积的1.5倍；数量为10辆以上的，超过部分，每辆车的停车场地面积不低于车辆正投影面积。

（3）停车场地应当封闭并设立明显标志，不得妨碍居民生活和威胁公共安全。

3. 有符合下列要求的从业人员和安全管理人员

（1）专用车辆的驾驶人员取得相应机动车驾驶证，年龄不超过60周岁。

（2）从事道路危险货物运输的驾驶人员、装卸管理人员、押运人员应当经所在地设区的市级人民政府交通运输主管部门考试合格，并取得相应的从业资格证；从事剧毒化学品、爆炸品道路运输的驾驶人员、装卸管理人员、押运人员，应当经考试合格，取得注明为"剧毒化学品运输"或者"爆炸品运输"类别的从业资格证。

（3）企业应当配备专职安全管理人员。

4. 有健全的安全生产管理制度

（1）企业主要负责人、安全管理部门负责人、专职安全管理人员安全生产责任制度。

（2）从业人员安全生产责任制度。

（3）安全生产监督检查制度。

（4）安全生产教育培训制度。

（5）从业人员、专用车辆、设备及停车场地安全管理制度。

（6）应急救援预案制度。

（7）安全生产作业规程。

（8）安全生产考核与奖惩制度。

（9）安全事故报告、统计与处理制度。

第九条规定，符合下列条件的企事业单位，可以使用自备危险货物运输车辆从事为本单位服务的非经营性道路危险货物运输：

（1）属于下列企事业单位之一：

①省级以上应急管理部门批准设立的生产、使用、储存危险化学品的企业。

②有特殊需求的科研、军工等企事业单位。

（2）具备第八条规定的条件，但自有专用车辆（挂车除外）的数量可以少于5辆。

其他关于专用车辆、设备管理、道路危险货物运输等方面的要求，将在其他章节做重点介绍，需要危险货物运输从业人员认真掌握。

八 《危险货物道路运输安全管理办法》相关规定

2019年11月10日,交通运输部、工业和信息化部、公安部、生态环境部、应急管理部、市场监管总局颁布了联合部令《危险货物道路运输安全管理办法》,自2020年1月1日起施行。

该办法针对危险货物道路运输全链条、全要素管理做出系统规定和要求,对于弥补危险货物道路运输管理制度漏洞,提高危险货物道路运输安全治理能力,预防危险货物道路运输事故,保障人民群众生命、财产安全,保护环境,均具有重要意义。主要内容如下:

(1)加强托运、承运、装卸环节管理。一是明确托运人在危险货物信息确定、妥善包装、标志设置、托运清单及相关单证报告提供等方面的义务;二是要求承运人使用符合标准且与危险货物相匹配的车辆、设备运输,制作并使用危险货物运单,在运输前履行相关检查义务;三是明确装货人在充装或者装载前查验相关事项,装载作业符合相关标准,并做好相关信息的记录和保存;四是要求收货人及时收货,并按照操作规程进行卸货。

(2)明确例外数量、有限数量危险货物等的特别管理要求。明确符合要求的例外数量危险货物、有限数量危险货物,可以与其他危险货物、普通货物混载,未达到一定数量的可以按照普通货物运输。同时,对例外数量、有限数量危险货物的包装、标记、测试报告或者书面声明做出明确要求,以保障运输安全。此外,该办法明确不是危险货物的危险化学品、实施豁免管理的危险废物及诊断用放射性药品的道路运输安全管理不适用本办法。

(3)加强危险货物运输装备的安全管理。一是在生产环节,由工信部门公布车辆产品型号、车辆类型,生产企业按产品型号生产,车辆应取得认证证书,常压罐车罐体生产企业应当取得生产许可证;二是在检验环节,要求罐车罐体、可移动罐柜、罐式集装箱须经具有专业资质的检验机构检验合格方可使用;三是明确危险货物包装容器属于移动式压力容器或者气瓶的,应当满足特种设备相关要求。

(4)规范危险货物运输车辆运行管控措施。一是明确押运人员、警示标志、防护用品、应急救援器材、道路运输危险货物安全卡等人员和安全设施的配备要求,以及承运人对车辆、驾驶人员的监控管理要求;二是严格限制危险货物运输车辆行驶速度,高速公路及其他道路分别不超过80km/h、60km/h,承运人应当对车辆及驾驶人员进行动态监督管理;三是统一通行限制情形和保障措施,明确公安机关可以对五类特定区域、路段、时段采取限制危化品车辆通行措施,并提前向社会公布,确定绕行路线。

(5)明确各部门监管责任及协作要求。根据《中华人民共和国道路运输条例》《危险化学品安全管理条例》等法律法规以及相关部门"三定"职责,明确了交通运输部主管、县级以上地方交通运输主管部门负责,工业和信息化、公安、生态环境、应急管理和市场监管等相关部门按职责监督检查的管理体制。同时,要求建立联合执法协作机制和违法案件移交、接收机制,以增强执法合力,提高市场监管效果。

单元三 危险货物分类及特性

一 危险货物定义及分类

(一)危险货物的定义

根据《道路危险货物运输管理规定》,危险货物是指具有爆炸、易燃、毒害、感染、腐蚀等危险特性,在生产、经营、运输、储存、使用和处置中,容易造成人身伤亡、财产损毁或者环境污染而需要特别防护的物质和物品。

在道路运输环节,危险货物以列入《危险货物道路运输规则》(JT/T 617)的为准,未列入《危险货物道路运输规则》(JT/T 617)的,以有关法律、行政法规的规定或者国务院有关部门公布的结果为准。

(二)危险货物的分类

根据危险货物具有的危险性,或最主要的危险性对其分类,危险货物可以分为9个类别,具体见表1-3-1。

危险货物的分类　　　　　　表1-3-1

类别	项别	项名称
第1类:爆炸性物质和物品	1.1项	有整体爆炸危险的物质和物品
	1.2项	有迸射危险,但无整体爆炸危险的物质和物品
	1.3项	有燃烧危险并有局部爆炸危险或局部迸射危险或这两种危险都有,但无整体爆炸危险的物质和物品
	1.4项	不呈现重大危险的物质和物品
	1.5项	有整体爆炸危险的非常不敏感物质
	1.6项	无整体爆炸危险的极端不敏感物品
第2类:气体	2.1项	易燃气体
	2.2项	非易燃无毒气体
	2.3项	毒性气体
第3类:易燃液体	不分项	无
第4类:易燃固体、易于自燃的物质、遇水放出易燃气体的物质	4.1项	易燃固体、自反应物质和固态退敏爆炸品
	4.2项	易于自燃的物质
	4.3项	遇水放出易燃气体的物质

续上表

类别	项别	项名称
第5类：氧化性物质和有机过氧化物	5.1项	氧化性物质
	5.2项	有机过氧化物
第6类：毒性物质和感染性物质	6.1项	毒性物质
	6.2项	感染性物质
第7类：放射性物质	不分项	无
第8类：腐蚀性物质	不分项	无
第9类：杂项危险物质和物品，包括危害环境物质	不分项	无

其中，第1类、第2类、第4类、第5类和第6类可进一步细分成若干个项别。需注意的是，该类别和项别的号码顺序并不是危险程度的顺序。

危险货物的命名，有的根据货物物理性质，有的根据货物化学性质，有的结合货物的物理和化学性质，还有的根据货物对人身伤害的情况。总之，哪一种特性在运输的危险中居主导地位，就把该货物归为哪一类危险货物。危险货物分类标准并不是相互排斥的，大多数危险货物都兼有两种以上的性质。因此，在注意到某种货物的主要特性时，也必须注意到该货物的其他性质。

二 危险货物、危险化学品、危险废物之间的关系

本单元第一部分介绍了危险货物的概念，与之经常混淆的概念有危险化学品以及危险废物。因为三者关系不清，经常会给从业人员带来许多的困惑，现就三者之间的关系进行介绍。

(一)危险化学品的定义及范围

根据《危险化学品安全管理条例》，危险化学品是指具有毒害、腐蚀、爆炸、燃烧、助燃等性质，对人体、设施、环境具有危害的剧毒化学品和其他化学品。

如何判断是否属于危险化学品可参考《危险化学品目录》。该目录由国务院安全生产监督管理部门会同国务院工业和信息化、公安、环境保护、卫生、质量监督检验检疫、交通运输、铁路、民用航空、农业主管部门，根据化学品危险特性的鉴别和分类标准确定、公布，并适时调整。现行的《危险化学品目录》为2022年版，样式及内容可扫描封面二维码查看。

需注意的是，2022年版《危险化学品目录》将"1674柴油（闭杯闪点≤60℃）"调整为"1674柴油"。也就是说，根据最新的公告要求，闭杯闪点>60℃的柴油也属于危险化学品。

(二)危险废物的定义及范围

根据《中华人民共和国固体废物污染环境防治法》，危险废物是指列入《国家危险废物名

录》或者根据国家规定的危险废物鉴别标准和方法认定的具有危险特性的废物。

2025年版《国家危险废物名录》中列入的危险废物包括具有下列情形之一的固体废物（包括液态废物）：

(1)具有毒性、腐蚀性、易燃性、反应性或者感染性一种或者几种危险特性的；

(2)不排除具有危险特性，可能对生态环境或者人体健康造成有害影响，需要按照危险废物进行管理的。

危险废物与其他物质混合后的固体废物，以及危险废物利用处置后的固体废物的属性判定，按照国家规定的危险废物鉴别标准执行。

(三)三者关系

1. 定义不同

通过上述定义可以看出，危险化学品仅指化学物质，而危险货物包含物质和物品，且对包装有特殊要求。危险化学品和危险货物两者有交集也有区别。如锂电池、蓄电池、汽车安全气囊等物品，属于危险货物，不属于危险化学品。而危险废物更多是强调其丧失原有利用价值，或者虽未丧失利用价值但被抛弃或者放弃。

2. 法规依据和分类不同

化学品若符合《危险化学品目录》中的确定原则，即为危险化学品。其中，确定原则采纳了《化学品分类和标签规范》(GB 30000)系列标准的分类方法，将化学品的危害分为物理危害、健康危害和环境危害三大类，共29大项81小项。其中，物理危害17种，健康危害10种，环境危害2种。

危险货物的分类则依据《危险货物品名表》(GB 12268)、《危险货物分类和品名编号》(GB 6944)以及《危险货物道路运输规则》(JT/T 617)，分为9大类16小项。具体分类可参见模块一单元三中"一、危险货物分类及定义"的相关内容。

危险废物的确认原则包括《国家危险废物名录》、危险废物鉴别系列标准，其危险特性主要包括对生态环境和人体健康具有有害影响的毒性、腐蚀性、易燃性、反应性和感染性。

3. 涉及环节和企业责任不同

危险化学品主要针对生产、经营、储存和使用环节，且关注全生命周期危害管理。在上述环节中，从业人员会长时间接触危险化学品，故对健康和环境等慢性潜在危害的关注程度较高，如呼吸道或皮肤致敏、生殖细胞致突变性、致癌性、生殖毒性、特异性靶器官毒性——次接触、特异性靶器官毒性-反复接触、吸入危害等健康危害则作为危险化学品的确定原则。但上述慢性危害未被危险货物分类标准采纳。因此，部分危险化学品不属于危险货物。

危险货物主要针对运输环节，关注运输环节危害管理。在运输环节中，除了应急处置等情形外，从业人员很难直接接触危险货物。故在开展危险货物分类时，主要考虑货物本身具有的物理危害和急性毒性，如毒性（急性）、易燃性、氧化性等。对只具有健康慢性危害的，一一般不列入危险货物范围,见表1-3-2。

常见的危险化学品和危险货物区别　　　　　表1-3-2

货物名称	危险化学品	危险货物	备注
甲醇	√	√	
六溴联苯	√	×	属于生殖毒性及致癌性
硼酸	√	×	属于生殖毒性
六水硝酸镁	√	×	水合物,特殊规定332
硝酸镁	√	√	
氯化钠	×	×	
MDI	√	×	已调整出危险货物品名表(原UN 2489)

同时,对于部分货物由于其自身的特殊性,也存在被认定为危险货物,但不属于危险化学品的情况。

①该货物属于危险物品,不属于化学物质(如汽车安全气囊、锂电池等);

②该货物运输条件特殊(如高温运输);

③货物的危险性不在危险化学品的29项危害类别之中(如感染性物质等)。

危险废物主要针对处置环节,关注处置环节危害管理。具有实用价值的危险化学品不属于危险废物,如工厂的生产原料、实验室的化学试剂等;被废弃的危险化学品不能简单等同于危险废物,例如《危险化学品目录》中,仅具有"加压气体"物理危险性的危险化学品,即使被所有者申报废弃,也不属于危险废物。有些废物的原料物质并不属于危险货物,但其废弃物却归到了危险废物目录中。

此外,根据《中华人民共和国固体废物污染环境防治法》,运输危险废物应当采取防止污染环境的措施,并遵守国家有关危险货物运输管理的规定。故在运输环节运输"危险废物"时,危险废物可以看作一种"危险货物"。

综上所知,"危险化学品""危险货物""危险废物"互有交叉,但没有必然因果关系——废弃的危险化学品属于危险废物,危险货物的范围中有危险化学品,但不全是危险化学品;而有些货物不属于危险化学品,但属于危险货物。判定某产品是否属于危险品时,必须结合其所在的环节,比照相应名录来判断。

三 常见爆炸性物质和物品的危险特性

(一)第1类爆炸性物质和物品的定义及分项

根据《危险货物道路运输规则 第2部分:分类》(JT/T 617.2,以下简称JT/T 617.2),第1类爆炸性物质和物品包括以下三种类型:

(1)爆炸性物质和烟火物质。

(2)爆炸性物品。

(3)以上未提到的,以产生爆炸或烟火效果为目的而制造的物质和物品。

其中:

(1)爆炸性物质,是指自身能够通过化学反应产生气体,其温度、压力和速度足够高以致对周围环境造成破坏的固体、液体物质,或者混合物。

(2)烟火物质,是指用以产生热、光、声音、气或烟的效果或混合效果的物质或混合物,这些效果是由不起爆的自持放热化学反应产生的。

(3)爆炸性物品,是指含有一种或多种爆炸性物质或烟火物质的物品。

第1类爆炸性物质和物品按照危险程度可以细分为6项,见表1-3-3。

第1类爆炸性物质和物品配装组的具体含义　　　　　表1-3-3

项别	项名称	备注	常见货物
1.1项	具有整体爆炸危险性的物质和物品	整体爆炸是指瞬间能影响到几乎全部载荷的爆炸	UN 0004 苦味酸铵 UN 0027 黑火药 UN 0030 电引爆雷管 UN 0072 黑索金 UN 0143 硝化甘油,退敏的 UN 0209 三硝基甲苯(TNT)
1.2项	具有喷射危险性,但无整体爆炸危险性的物质和物品		UN 0243 白磷燃烧弹药 UN 0285 手榴弹或枪榴弹
1.3项	具有燃烧危险性和轻微的爆炸危险性或轻微的喷射危险性,或两者兼而有之,但无整体爆炸危险性的物质和物品	本项包括可产生大量热辐射的物质和物品,以及相继燃烧产生轻微爆炸或喷射效应,或两者兼有的物质和物品	UN 0093 空投照明弹 UN 0235 苦氨酸钠 UN 0342 硝化纤维素(硝化棉),湿的
1.4项	不存在显著危险性的物质和物品	本项包括运输中万一点燃或引发仅造成较小危险的物质和物品;其影响主要限于包装本身,并且预计射出的碎片不大,射程不远。外部火烧不会引起包装内几乎全部内装物的瞬间爆炸	UN 0066 点火索 UN 0337 烟花
1.5项	具有整体爆炸危险性的非常不敏感物质	在正常运输情况下引发或由燃烧转为爆炸的可能性很小。作为最低要求,它们在外部火焰试验中应不会爆炸	UN 0331 爆破炸药,B型 UN 0332 爆破炸药,E型
1.6项	无整体爆炸危险的极不敏感物品	仅含有极不敏感爆炸性物质,并且其意外引发爆炸或传播的概率可忽略不计	UN 0486 爆炸性物品,极不敏感的

(二)第1类爆炸性物质和物品的主要危险特性

爆炸性物质和物品的危险来源于爆炸反应,爆炸反应是一种剧烈的化学反应,瞬时产生大量的气体和热量,使周围压力急剧上升,对周围环境造成破坏。烟火物品虽无整体爆炸危

险,但具有燃烧、抛射及较小爆炸危险,产生热、光、音响或烟雾。主要危险特性体现在四个方面:

(1)可能产生一系列的反应和影响,反应较为剧烈。如大规模爆炸,碎片迸射,对人造成伤害或者死亡。

(2)遇火源或热源产生强烈的反应;进一步有可能导致火灾,产生次生危害。

(3)发出强光,产生大量的噪声或烟雾,进而对环境造成污染或者对人造成伤害。

(4)爆炸性物品通常对撞击、冲击和热较为敏感,一定强度撞击、冲击和热有可能导致爆炸,进而产生严重后果。

(三)常见的爆炸性物质和物品

常见的爆炸性物质和物品具体参见模块一单元十二爆炸品运输特殊要求。

四 常见气体的危险特性

(一)第2类气体的定义及分项

根据JT/T 617.2,气体包括纯气体、气体混合物、一种或多种气体与一种或多种其他物质和物品的混合物。

第2类气体可以细分为第2.1项易燃气体、第2.2项非易燃无毒气体、第2.3项毒性气体。包括以下类型:

(1)压缩气体。在-50℃下加压包装运输时完全是气态的气体,包括临界温度低于或等于-50℃的所有气体。

(2)液化气体。在温度高于-50℃下加压包装运输时部分是液态的气体。液化气体根据压力又可分为:

①高压液化气体。临界温度在-50~65℃的气体。

②低压液化气体。临界温度高于65℃的气体。

(3)冷冻液化气体。运输时由于其温度低而部分呈液态的气体。

(4)溶解气体。加压包装运输时溶解于液相溶剂中的气体。

(5)气雾剂或气雾剂喷罐、盛装气体的小容器。

(6)其他含有带压气体的物品。

(7)符合特定要求的常压气体(气体样品)。

(8)加压化学品。液体、糊状或粉末状物质与推进剂一起使用,符合压缩气体或液化气体及其混合物的定义。

(9)吸附气体。在运输时,通过吸附于多孔固态物质上,使其内容器压力在20℃时小于101.3kPa、50℃时小于300kPa的气体。

该如何区分以上气体呢?

(1)压缩气体和液化气体。

①根据物理状态区分。两种都是加压后于气瓶内运输,压缩气体在气瓶内完全呈气体状态,而液化气体除了有气体状态,还有部分液体状态。

②根据临界温度区分。临界温度——某个特定温度,在高于此温度时的纯气体,不管压缩程度如何,均不可能发生液化。

临界温度均低于$-50℃$,并且在运输名称中均带有"压缩",以此来表明该气体是压缩的运输状态,如氧气,压缩的(UN 1072);氢气,压缩的(UN 1049)。液化气体临界温度均高于$-50℃$,但是运输名称中并不会有"液化"字样,如二氧化碳(UN 1013)、氯(UN 1017)等。

(2)液化气体和冷冻液化气体。

液化气体和冷冻液化气体的共同点是,这两种状态下气体均为部分液态,不完全是气态;它们的区别是一个靠压缩手段,一个靠低温使其液化。液化气体只需要加压即可达到部分液态;冷冻液化气体需要通过低温使气体液化。冷冻液化气体的运输名称中一般会有"冷冻液态"来表示运输状态,如氧气,冷冻液体(UN 1073);二氧化碳,冷冻液体(UN 2187)等。

(3)溶解气体和吸附气体。

直接通过定义进行区分,溶解在溶剂中即为溶解气体,例如乙炔,UN 1001,运输名称为溶解乙炔。吸附在多孔材料中运输即为吸附液体,如四氟化硅,吸附的(UN 3521),运输名称中也会带有"吸附"字样。

此外,同种气体在不同状态时,其对应的联合国编号有所差异,见表1-3-4。

同种气体的不同状态分类(示例)　　　　　表1-3-4

气体(CAS No.)	气体状态	联合国编号
氩气(7440-37-1)	压缩	1006
	冷冻液化	1951
氧气(7782-44-7)	压缩	1072
	冷冻液化	1073
氮气(7727-37-9)	压缩	1066
	冷冻液化	1977
二氧化碳(124-38-9)	液化	1013
	冷冻液化	2187

(二)第2类气体的主要危险特性

气体的主要危险特性有以下几点。

(1)遇压力波爆炸。

(2)毒性,部分气体具备毒性,容易造成人体中毒,如氯气。

(3)腐蚀性,部分气体溶于水或进入身体,具备腐蚀性,造成人体器官的灼伤,如硫化氢。

(4)氧化(助燃)作用,如非易燃无毒气体中,有一部分属于氧化(助燃)气体,它们本身不燃,但因具有强烈氧化作用,可帮助燃烧,如氧气。

(5)可燃性,可燃性气体具备可燃性,易造成火灾等灾害,如甲烷。

(6)窒息危险,窒息性气体,如氮气、甲烷、二氧化碳等。

(7)接触冷冻液化气体冻伤危险,冷冻液化气体的临界温度一般不高于-50℃,接触会有冻伤危险。

(三)常见的气体

1.氧气(氧气,压缩的,UN 1072;氧气,冷冻液体,UN 1073)

氧气是空气的重要组成部分。空气中氧气占21%,其余主要为氮气(约占78%)。由于氮气的性质不活泼,空气的许多化学性质,实际上是氧气性质的表现。当有压缩空气装在15MPa以上高压钢瓶中运输时,应与氧气同样看待。

氧气无色、无味、微溶于水,氧的临界温度 -118.8℃,沸点 -183℃,临界压力 4.97MPa,液氧为淡蓝色。氧气本身不能燃烧,但它是一种极为活泼的助燃气体,几乎能与所有的元素化合生成氧化物。气焊、气割正是利用可燃气体和氧燃烧所放出的热量作为热源的。

氧气浓度对它的化学性质有很大影响。空气中氧气含量不大,棉花、酒精等在空气中只能比较平缓地燃烧,超过正常比例的氧气能使燃烧迅猛。油脂在纯氧中的反应要比在空气中剧烈得多,当高压氧气(即高压空气)喷射在油脂上就会引起燃烧或爆炸,实质就是油脂与纯氧的反应,所以氧气瓶(包括空瓶,图1-3-1)绝对禁油。在装卸过程中,应注意储氧钢瓶不得与油脂配装,不得用油布覆盖;储运氧气钢瓶的仓间、车厢、集装箱等不得有残留的油脂;氧气瓶及其专用搬运工具严禁与油脂接触,阀门、轴承都不得用油脂润滑;操作人员不能穿戴沾有油污的工作服和手套。

图1-3-1　便携式医用氧气瓶

2. 氢气（氢气，压缩的，UN 1049；氢气，冷冻液体，UN 1966）

氢气是最轻的气体，密度约为空气的 1/14。氢气无色、无臭，极难溶于水，临界温度 -239.9℃，临界压力 1.28MPa。氢气可燃，纯净的氢气在空气中燃烧平静，火焰为淡蓝色。燃烧温度可达 2500~3000℃，可作焊接用。

氢气的爆炸范围极宽，为 4.0%~75%，所以氢气是一种极危险的气体。在运输过程中，氢气瓶漏气后会与空气或氧气混合，一旦遇明火或高温即可发生强烈爆炸，这一点要求从业人员充分重视。

氢气有极强的还原性，能与许多非金属直接化合，如氢能在氯气中燃烧生成氯化氢；能与硫反应生成硫化氢。氢气在氯气中的爆炸极限为 5.5%~89%，氢和氯的混和气体在日光照射下就会发生剧烈的爆炸。所以，氢气不能与任何氧化剂尤其是氧气、氯气混储、混运。

3. 二氧化碳（二氧化碳，UN 1013；二氧化碳，冷冻液体，UN 2187）

二氧化碳，一种碳氧化合物，常温常压下是一种无色无味或无色无臭而其水溶液略有酸味的气体，也是一种常见的温室气体，还是空气的组分之一（占大气总体积的 0.03%~0.04%）。二氧化碳的沸点为 -78.5℃（101.3kPa），熔点为 -56.6℃，密度比空气大（标准条件下），可溶于水。

二氧化碳的化学性质不活泼，热稳定性很高（2000℃时仅有 1.8% 分解），不能燃烧，通常也不支持燃烧，属于酸性氧化物，具有酸性氧化物的通性，因与水反应生成的是碳酸，所以是碳酸的酸酐。

二氧化碳一般可由高温煅烧石灰石或由石灰石和稀盐酸反应制得，主要应用于冷藏易腐败的食品（固态）、做制冷剂（液态）、制造碳化软饮料（气态）和作均相反应的溶剂（超临界状态）等，瓶装如图 1-3-2 所示。关于其毒性，研究表明，低浓度的二氧化碳没有毒性，高浓度的二氧化碳则会使动物中毒。

4. 溶解乙炔（UN 1001）

溶解乙炔（C_2H_2）俗名电石气。电石（图 1-3-3）受潮后放出的气体即为乙炔。纯净的乙炔为无色无味的易燃、有毒气体，而工业电石制的乙炔因混有硫化氢（H_2S）、磷化氢（PH_3）等杂质而具有特殊的刺激性气味。一般规定，工业制乙炔中乙炔含量应在 98% 以上，磷化氢的含量不得超过 0.2%，硫化氢含量不得超过 0.1%。

图 1-3-2 二氧化碳气瓶

乙炔非常容易燃烧，也极易爆炸，其闪点为 -17.8℃，爆炸极限 2.3%~72.3%。在液态和固态下或在气态和一定压力下有猛烈爆炸的危险，受热、振动、电火花等因素都可能引发爆炸，因此，不能在加压液化后储存或运输。

乙炔微溶于水，易溶于乙醇、苯、丙酮等有机溶剂。在15℃和1.5MPa时，乙炔在丙酮中的溶解度为237g/L，溶液是稳定的。因此，工业上将生产的气态乙炔，压缩充装至填有多孔填料的溶剂（一般采用丙酮）的钢瓶内，使乙炔气体溶解于丙酮液体中。当使用时将乙炔气体从丙酮中放出，这样的乙炔称"溶解乙炔"。溶解乙炔能达到安全储存、运输和使用方便的目的，瓶装如图1-3-4所示。国外曾有报道，因容器密封不良而漏气，操作人员在采取措施时，由于衣服摩擦产生静电，因火花放电而引起的爆炸事故。所以，相比于其他气体，防止乙炔的泄漏显得更为重要。

图1-3-3 电石

图1-3-4 乙炔气瓶

乙炔与铜、银、汞等重金属或其盐类接触能生成乙炔铜、乙炔银等易爆炸物质，所以，凡涉及乙炔用的器材都不能使用银和含铜量65%以上的铜合金。

乙炔能与氯气、次氯酸盐等化合成乙炔基氯，乙炔基氯极易爆炸。乙炔还能与氢气、氯化氢、硫酸等多种物质产生反应。因而储运乙炔时，不能与其他化学物质放在一起。

5. 天然气（天然气，压缩的，UN 1971；天然气，冷冻液体，UN 1972）

天然气广泛用于工业、农业、家用及商业的动力燃料，以及化学及石油化学工业原料。

天然气是无色无臭的混合气体，主要成分为烷烃，其中甲烷占绝大多数，另有少量的乙烷、丙烷和丁烷，此外，一般有硫化氢、二氧化碳、氮和水汽、少量一氧化碳及微量的稀有气体，如氦和氩等。因此，其性质基本与纯甲烷相似，属"单纯窒息性"气体。天然气极易燃。蒸气能与空气形成爆炸性混合物，在室温下的爆炸极限为5%~15%，在-162℃左右的爆炸极限为6%~13%。

液化后的天然气称为液化天然气（Liquid Natural Gas，LNG），被公认是地球上最干净的能源。其组成与气态稍有不同，因为LNG在液化过程中，已将硫、二氧化碳、水分等除去。沸点-164~-160℃。当LNG由液体蒸发为冷的气体时，其密度与常温下的天然气不同，约比空气重1.5倍。泄漏后，其气体不会立即上升，而是沿着液面或地面扩散，吸收水与地面的热量以及大气与太阳的辐射热，形成白色云团。由雾可察觉冷气的扩散情况，但在可见雾的范围以外，仍有易燃混合物存在。如果易燃混合物扩散到火源，就会发生回燃。当冷气温度至-112℃左右，就变得比空气轻，开始向上升。LNG比水轻（相对密度约0.45），遇水生成白色冰块。冰块只能在低温下保存,温度升高即迅速蒸发,如急剧扰动能猛烈爆喷。液化天然气与皮肤接触会造成严重灼伤。液化天然气运输车辆如图1-3-5所示。

图1-3-5 液化天然气运输车辆

五 常见易燃液体的危险特性

(一)第3类易燃液体的定义及分项

根据JT/T 617.2,易燃液体归属第3类危险货物。同时满足以下(1)~(3)要求的物品应判定为第3类易燃液体:

(1)101.3kPa(绝对压力)下熔点或起始熔点等于或低于20℃。
(2)50℃时蒸气压不超过300kPa,并且在20℃及101.3kPa压力下不会完全气化。
(3)闪点不超过60℃。

判定是否属于第3类易燃液体时,还需要遵守下列要求。

①闪点超过60℃的液态物质和固态熔融物质,这些物质在运输及被交付运输过程中,加热的温度高于或等于它们的闪点,应划入UN 3256。

②闪点高于60℃且不超过100℃的柴油、瓦斯油、轻质燃料油(包括人工合成的产品)应被定义为第3类物质,划入UN 1202。

③易燃液体包括液态退敏爆炸物。液态退敏爆炸物是指爆炸物溶/悬浮于水或其他液体物质中,形成均相的液态混合物,从而抑制了其爆炸特性的爆炸性物质。液态退敏爆炸物主要有UN 1204、UN 2059、UN 3064、UN 3343、UN 3357以及UN 3379。

④闪点高于35℃,但不能持续燃烧的物质不属于第3类易燃液体;但如果这些物质在运输过程中和交付运输时,加热的温度高于或等于它们的闪点,则归类于第3类物质。

⑤吸入毒性为高毒(包装类别Ⅰ)的易燃液体和闪点高于或等于23℃的有毒物质(包装

类别Ⅱ),归类于6.1项物质。

⑥用作农药的易燃性液体物质或制剂,如果其毒性是包装类别Ⅰ、Ⅱ和Ⅲ,且闪点高于或等于23℃,归类于6.1项物质。

> **小知识**
>
> **闪点是液体的理化特性之一**
>
> 闪点通常是指液体受热后,其蒸气与空气混合接触火焰发生闪火时的最低温度,因此液体的闪点越低,表示其易燃性越高,在接触火源的情况下极易发生燃烧。例如汽油,其闪点小于0℃,因此,汽油在常温下,只要接触火源即可发生燃烧。需要注意的是,闪点不同于燃点。闪点是指液体蒸气与空气混合遇火发生"闪燃"(瞬间燃烧)时的温度,此时液体并未发生"燃烧"。"燃点"顾名思义指能使液体受热发生燃烧并持续一段时间的最低温度,所以又称"着火点"。因此,通常情况下,液体的"燃点"要高于"闪点"。

(二)第3类易燃液体的主要危险特性

第3类易燃液体的主要危险特性有以下几点。

(1)易燃易爆性:易燃液体挥发出的气体爆炸极限范围越宽,燃烧、爆炸的可能性越大,温度升高,易燃液体挥发量增大,易燃易爆性增大。

(2)高度挥发性:易燃液体中有很多属于低沸点液体,在常温下就能持续挥发,不少易燃液体的蒸气又较空气重,易积聚不散,特别在低洼处所、通风不良的仓库内及封闭式货厢内易积聚产生易燃易爆的混合蒸气,造成危险隐患。

(3)高度流动扩散性:会随水的流动而扩散,进而有可能污染环境(水污染)。

(4)受热膨胀性:液体物质的受热膨胀系数较大,加上易燃液体的易挥发性,受热后蒸气压也增大,装满易燃液体的容器往往会造成容器胀裂而引起液体外溢,因此,易燃液体灌装时应充分注意,容器内应留有足够的膨胀余位。

(5)易积聚静电,增加爆炸的可能性。

(6)毒性,很多易燃液体都具有一定程度的毒性。

(7)化学性质较活泼,能与很多化学物质发生反应。

(三)常见的易燃液体

1.甲醇(UN 1230)

甲醇是一种有机化合物,是结构最为简单的饱和一元醇。甲醇有"木醇"与"木精"之名,源自曾经其主要的生产方式是自木醋液(为木材干馏或裂解的产物之一)萃取。现代甲醇是直接从一氧化碳、二氧化碳和氢的一个催化作用的工业过程中制造的。通常用作溶剂、防冻剂、燃料或乙醇变性剂,亦可用于经过酯交换反应生产生物柴油。

甲醇很轻、挥发性强、无色、易燃,并有与乙醇(饮用酒)非常相似的气味。但不同于乙醇,甲醇具有毒性。工业酒精中大约含有4%的甲醇,若被不法分子当作食用酒精制作假酒,饮用后,会产生甲醇中毒。甲醇的致命剂量大约是70mL。

甲醇的毒性对人体的神经系统和血液系统影响最大,它经消化道、呼吸道或皮肤摄入都会产生毒性反应,甲醇蒸气能损害人的呼吸道黏膜和视力。甲醇的中毒机理是甲醇经人体代谢产生甲醛和甲酸(俗称蚁酸),然后对人体产生伤害。初期中毒症状包括心跳加速、腹痛、上吐(呕)、下泻、无胃口、头痛、晕、全身无力。先是产生喝醉的感觉,数小时后头痛、恶心、呕吐,以及视线模糊。严重者会失明,乃至丧命。失明的原因是甲醇的代谢产物甲酸累积在眼睛部位,破坏视觉神经细胞。脑神经也会受到破坏,而产生永久性损害。甲酸进入血液后,会使组织酸性越来越强,损害肾脏导致肾衰竭。

2. 车用汽油或汽油(UN 1203)

汽油系轻质石油产品中的一大类,主要成分是碳原子数为7~12的烃类混合物,是一种无色至淡黄色的易流动的油状液体。沸点40~200℃,相对密度0.67~0.71,闪点-45~-50℃,自燃点415~530℃,爆炸极限1.3%~6.0%,挥发性极强(会使局部空间氧气浓度降低,使人窒息死亡),不溶于水。其蒸气与空气能形成爆炸性混合物,遇火种、高温氧化剂等有火灾危险。用作溶剂的汽油没有添加其他物质,故毒性较小。而用作燃料的汽油因加入四乙基铅等作抗爆剂,而大大增加了毒性(致癌)。

3. 苯(UN 1114)

苯是组成结构最简单的芳香烃,在常温下为一种无色透明液体,易挥发,具有芳香气味。苯比水密度低,相对密度0.879,易溶于有机溶剂,难溶于水,故不能用水扑救苯引起的火灾;沸点80.1℃,闪点-11℃(闭杯),爆炸极限1.3%~7.10%,挥发性大,暴露在空气中很容易扩散。

苯是从炼焦以及石油加工的副产品中提取的,属于重要的工业原料,广泛用于乙烯、酚的制成,以及合成橡胶、乳酸漆、塑料、黏合剂、农药、树脂、香料等工业。苯有毒,人和动物吸入或皮肤接触大量苯进入体内,会对造血器官与神经系统造成损害,空气中最高允许浓度10ppm(1ppm=0.001‰)。苯与氧化剂反应剧烈,易于产生和积聚静电。

六 常见易燃固体、易于自燃的物质、遇水放出易燃气体的物质的危险特性

(一)第4类易燃固体、易于自燃的物质、遇水放出易燃气体的物质定义及分项

根据JT/T 617.2,第4类危险货物可以细分为第4.1项易燃固体、自反应物质和固态退敏爆炸品,第4.2项易于自燃的物质,第4.3项遇水放出易燃气体的物质。

1. 第4.1项易燃固体、自反应物质和固态退敏爆炸品

该项物质包括易燃固体、自反应物质、固态退敏爆炸品、与自反应物质相关的物质。

(1)易燃固体。包括易于燃烧的固体以及摩擦会起火的固体，可能是粉状、粒状或糊状物质，当与火源进行短暂接触时很容易被点燃，并且火焰会迅速蔓延。这种危险性不仅来自燃烧，也来自燃烧产生的有毒物质。由于不能使用普通的灭火剂如二氧化碳或水进行灭火，金属粉末尤其危险。

(2)自反应物质。是指在没有氧(空气)的环境下，也能发生强烈的放热分解反应的热不稳定性物质。根据危险程度，自反应物质划分为A型至G型7种类型。A型(装在所试验的包件中)不应受理运输，G型不受4.1项自反应物质的运输条件限制。B型至F型的分类与单个包装的最大容量有关。

自反应物质可因热、与催化性杂质(如酸、重金属化合物、碱)接触、摩擦或碰撞而发生分解，分解速率随温度升高而加快。自反应物质分解可能会释放有毒气体或蒸气(特别在未着火情况下)、爆炸性分解(特别是在封闭的情况下)，以及剧烈燃烧。某些自反应物质，应采取措施控制其温度，避免自反应发生。为提升运输安全性，自反应物质可通过添加稀释剂或使用适合的包装降低其危险性。

(3)固态退敏爆炸品。包括用水或酒精润湿，或者用其他物质稀释抑制爆炸性的物质。

对于化学性质不稳定的4.1项易燃固体、自反应物质及固态退敏爆炸品，除非采取必要的措施防止所有可能发生的危险反应，并确保容器和罐体中不含有促进其反应的物质，否则不应采用道路运输方式进行运输。

2. 第4.2项易于自燃的物质

该项物质包括发火物质与自热物质和物品。

(1)发火物质。包括混合物和溶液(液体或固体)，这些物质即使只有少量与空气接触，不到5分钟便燃烧，是最易于自燃的4.2项物质。

(2)自热物质和物品。包括混合物和溶液，这些物质和物品与空气接触时，无能量供给也会产生自热，通常只有在量大(数千克)而且时间较长(数小时或数天)的情况下才会燃烧。

物质的自热过程是物质与氧气(空气中)缓慢反应产生热量。当热量产生的速度超过热量损失的速度时，物质就会升温。当达到了自燃温度时，就会导致自燃现象。

3. 第4.3项遇水放出易燃气体的物质

该项物质包括遇水反应放出易燃气体物质以及含有此类物质的物品，所释放的气体与空气易形成爆炸混合物。

某些物质遇水能够放出易燃气体，这些气体能与空气形成爆炸性混合物。该混合物能被常规火源(例如明火、产生火花的手动工具或没有保护的灯具)点燃，产生爆炸波和火焰危害人和环境。

（二）第4类易燃固体、易于自燃的物质、遇水放出易燃气体的物质的主要危险特性

1. 第4.1项易燃固体、自反应物质和固态退敏爆炸品

（1）易燃性，易燃烧或摩擦可能引燃或助燃；燃点低，对热、撞击、摩擦敏感，易被外部火源点燃，燃烧迅速。

（2）粉尘有爆炸危险，粉尘因与空气接触表面积大，燃烧速度极快，遇火星会爆炸。

（3）自反应放热，该项还包括一些即使没有氧气（空气）存在，也易发生激烈放热分解的热不稳定物质。

（4）毒性和腐蚀性，有些易燃固体具有毒性，能产生有毒气体和蒸气；或者在燃烧的同时产生大量有毒气体或腐蚀性物质，如硫黄、三硫化四磷等，不仅与皮肤接触能引起中毒，而且粉尘吸入后，亦能引起中毒。

一起特别重大卧铺客车燃烧事故

某日凌晨3时43分，京珠高速公路某路段发生一起特别重大卧铺客车燃烧事故，造成41人死亡、6人受伤，直接经济损失2342.06万元（图1-3-6）。

图1-3-6　事故现场

经分析，事故直接原因为，一辆大型卧铺客车违规运输15箱共300kg危险化学品"偶氮二异庚腈（UN 3236，4.1项自反应物质）"并堆放在客车舱后部，偶氮二异庚腈在挤压、摩擦、发动机放热等综合因素作用下受热分解并发生爆燃。

2. 第4.2项易于自燃的物质

（1）自燃性，此项物质暴露在空气中会与空气中的氧气接触，发生氧化反应并放出大量热量。当热量积聚起来升到一定温度时，就会引起燃烧，隔绝这类物质与空气接触是储运安

全的关键。

（2）遇湿易燃火灾危险性，大部分易于自燃的物质与水反应剧烈，并放出易燃气体和热量，故起火时不可用水或泡沫扑救。

（3）放热（皮肤接触灼伤），会自动发热，对易于自燃的物质储运保管中关键的防护措施是阻隔其与空气的接触，如黄磷就存放在水中，不过采取何种措施阻隔易于自燃的物质与空气的接触要看具体品种。

（4）接触氧化剂会立即发生爆炸，一旦接触到氧化性物质或酸类物质会立即发生强烈的氧化还原反应，产生爆炸的效果，因此危险性也更大。

（5）毒性和腐蚀作用，有些易于自燃的物质具有毒性，能产生有毒气体和蒸气，或在燃烧的同时产生大量有毒气体或腐蚀性的物质，其毒害性较大。

3. 第4.3项遇水放出易燃气体的物质

（1）可燃性及遇水产生易燃气体，此项物质化学特性极其活泼，遇湿（水）会发生剧烈化学反应，产生可燃性气体和热量；当这些可燃性气体和热量达到一定浓度或温度时，能立即引起自燃或在明火作用下引起燃烧；此外，此项物质还会与酸类或氧化性物质发生剧烈反应，其反应比遇湿（水）更为剧烈，危险性也更大。所以，这类物质着火时，不能用水及泡沫灭火剂扑救，应用干砂、干粉灭火剂、二氧化碳灭火剂等进行扑救。

（2）毒害性和腐蚀性，遇水放出易燃气体的物质均有较强的吸水性，与水反应后生成强碱和有毒气体，接触人体后，能使皮肤干裂、腐蚀并引起中毒。

（三）常见的易燃固体、易于自燃的物质、遇水放出易燃气体的物质

1. 常见的易燃固体

（1）磷，无定形的（UN 1338）。

磷，无定形的（UN 1338）主要指红磷，又名赤磷，为紫红色无定形粉末，有光泽，无毒，属于4.1项易燃固体，如图1-3-7所示。红磷以P_4四面体的单键形成链或环的高聚合结构，相对密度2.34，熔点590℃（4.3MPa时），416℃升华；红磷具有较高的稳定性，不溶于水、二硫化碳，微溶于无水乙醇，溶于碱液。与硝酸作用生成磷酸，在氯气中加热生成氯化物，与氧化剂接触会爆炸。

红磷与白磷是磷的同素异形体，但两者性质相差极大。红磷着火点比白磷高得多，易燃但不易自燃，燃点200℃，自燃点240℃。磷与硫能生成多种化合物（如P_4S_3、P_2S_5），都是易燃固体。所有这些磷化物都不太稳定，在遇水或受热时易分解，甚至发生燃烧。

（2）硫（UN 1350）。

硫又称硫黄，是硫元素构成的单质，黄色晶体，性脆，易研成粉末，如图1-3-8所示。相对密度2.06，熔点114.5℃，自燃点约250℃。在113~114.5℃时熔化为明亮的液体。继续加热160~170℃时变稠变黑，形成新的无定形变体，继续加热到250℃时，又变成液体。444.5℃

时，硫开始沸腾，而产生橙黄色蒸气。硫在空气中燃烧生成 SO_2。

图1-3-7 红磷

图1-3-8 硫黄

硫黄属于易燃固体，可被用来制造火药，或在橡胶工业中做硫化剂。此外，硫还被用作杀真菌，制作化肥。用硫生成的硫化物在造纸业中是常用的漂白剂。

硫黄往往是散装运输。由于性脆、颗粒小、易粉碎成粉末散在空气中，有发生粉尘爆炸的危险。每升空气中含硫的粉尘达7mg以上遇到火源就会爆炸。此时，硫是作为还原剂被氧化，所以，硫是易燃固体。但是，硫对金属，如铁、锌、铜等又有较强的氧化性。几乎所有金属都能与硫产生氧化反应。反应开始需要加热，但一旦开始反应便产生氧化热，此时不需要外部热源，也能使反应加速进行，有起火和爆炸的危险。

硫与氧化剂(如硝酸钾、氯酸钠)混合，就形成爆炸性物质，敏感度很强。我国民间生产的爆竹、烟花等，以硫黄、氯酸钾以及炭粉等为主要原料。

2.常见的易于自燃的物质

磷，白色或者黄色的(UN 1381)。白磷是一种磷的单质，属于4.2项易于自燃的物质。白磷外观为白色或浅黄色半透明性固体。质软，冷时性脆，见光色变深。暴露空气中在暗处产生绿色磷光和白烟，俗称"鬼火"现象，如图1-3-9所示。白磷相对密度1.828，自燃点30℃，熔点44.1℃，沸点280℃，蒸气相对密度4.42，蒸气压133.3kPa(76.6℃)。白磷性质极活泼，暴露在空气中即被氧化，加之自燃点低，因此只需1~2分钟即自燃。所以，白磷必须浸没在水中，若包装破损使水渗漏，导致白磷露出水面，就会自燃。

白磷有剧毒。白磷自燃的生成物氧化磷也有毒。在救火过程中应防止中毒。白磷对皮肤有刺激性，可引起烧伤。

3.常见的遇水放出易燃气体的物质

(1)钠(UN 1428)、钾(UN 2257)等碱金属。

钠、钾都是银白色柔软轻金属，如图1-3-10所示。钠相对密度0.971，常温时为蜡状，熔点97.5℃。钾相对密度0.862，熔点63℃。钠、钾等碱金属是化学性质最活泼的金属元素。暴露在空气中会与氧作用生成金属氧化物，也会吸收空气中的水分，发生反应而置换出氢气。若放在水中，反应进行得迅速而剧烈，反应热会使放出的氢气爆炸，引起金属飞溅。

图1-3-9 白磷

图1-3-10 金属钠

因为二氧化碳能与钠、钾等碱金属起反应,故二氧化碳不能作为碱金属火灾的灭火剂。干砂(SiO_2)也不能用于扑救碱金属的火灾。

由于这些金属与煤油、石蜡不反应,所以把钠、钾等浸没在这些矿物油中储存,使其能与空气中的氧和水蒸气隔离。应当注意,用于存放活泼金属的矿物油必须经过除水处理。这些物质的包装,如损漏,则非常危险。

(2)碳化钙(CaC_2,UN 1402)。

碳化钙又称电石,如图1-3-11所示。纯品为无色晶体,工业品为灰黑色块状物,相对密度2.22。电石有强烈的吸湿性,能从空气中吸收水分而发生反应(与水相遇反应更剧烈),放出乙炔(电石气)和大量热量。热量能很快达到乙炔的自燃点而起火燃烧,甚至爆炸。电石与水接触释放出极易燃气体乙炔,故运输电石需要特别注意防水。

图1-3-11 碳化钙(电石)

需要注意的是，由于工业品常含有砷化钙(Ca_3As_2)、磷化钙(Ca_3P_2)等杂质，与水作用时会放出砷化氢(AsH_3)、磷化氢(PH_3)等有毒气体，因此使用由电石产生的乙炔有毒（需通过浓硫酸和重铬酸钾洗液除去）。

某地电石运输事故

某日，一辆电石运输车辆在行驶至某县境内时发生燃爆，爆炸导致附近行驶中的3辆小轿车受损，车内3人受伤，邻近商铺不同程度受损。

本次事故主要因电石包装密封性不良引起，车辆密封舱遇下雨天气进水，与舱内电石接触后放热并产生乙炔气体，从而引发局部爆燃，如图1-3-12所示。

图1-3-12 电石运输事故现场

七 常见氧化性物质和有机过氧化物的危险特性

(一)第5类氧化性物质和有机过氧化物的定义及分项

根据JT/T 617.2，第5类危险货物可以细分为5.1项氧化性物质和5.2项有机过氧化物。

(1)5.1项氧化性物质。

该项物质虽然不可燃，但能通过放出氧气而引发或促使其他物质燃烧。

(2)5.2项有机过氧化物。

该项物质包括有机过氧化物和有机过氧化物配制品。

有机过氧化物可看作过氧化氢的衍生物，是包含有二价氧结构的有机物质，即其中1个或2个氢原子被有机基团所取代。

根据危险程度，有机过氧化物划分为A型至G型7种类型（图1-3-13）。其中，A型有机过氧化物由于极不稳定，在运输环节危险性无法得到有效控制，是禁运的；G型不受5.2项自反应物质的运输条件限制。B型至F型的分类与单个包装的最大容量有关。其中，B型有机过氧化物运输危险性也极高，所以通常在运输标签（Label）和GHS象形图上需要额外加上"爆炸"的图形,以提示其运输风险较高。目前实际贸易运输中的有机过氧化物以C型~F型为居多。

分类 内容	A型	B型	C和D型	E和F型	G型
信号词	危险	危险	危险	警告	
危险说明	加热可能爆炸	加热可能起火或爆炸	加热可能起火	无	
危险说明代码	H240	H241	H242		
GHS象形图	🟥	🟥 🟥	🟥 🟥		
TDG象形图	有可能不能运输	如适用			不要求

图1-3-13 有机过氧化物的类型及其主要危险

因有机过氧化物化学性质活泼,故为了运输安全,可以通过添加有机液体或固体、无机固体或水作为有机过氧化物的退敏稀释剂。退敏稀释剂应能确保在发生泄漏时,有机过氧化物的浓度不会升高到危险程度。此外,部分有机过氧化物对热敏感,这些有机过氧化物仅能在满足控制温度的条件下运输。当达到应急温度时,应启动应急程序。当然,运输过程中的实际温度范围应合理控制,避免温度过高导致分解反应,或者温度过低发生危险的相态分离。

(二)第5类氧化性物质和有机过氧化物的主要危险特性

1.氧化性物质

(1)氧化性,是氧化性物质的主要特性。

(2)不稳定性,受热、被撞易分解,当受热、被撞或摩擦时极易分解出原子氧,若接触易燃物、有机物,特别是与木炭粉、硫黄粉、淀粉等粉末状可燃物混合时,能引起着火和爆炸。

(3)化学敏感性,与还原剂、有机物或酸接触发生不同程度的化学反应,因此氧化性物质不可与硫酸、硝酸等酸类物质混储、混运。

(4)强氧化剂与弱氧化剂作用的分解性,氧化性物质的氧化能力有强有弱,相互混合后也可引起燃烧爆炸,如硝酸铵和亚硝酸钠等,因此,氧化性弱的不能与比它们氧化性强的氧化性物质一起储运,应注意分隔。

(5)与水作用分解性,有些氧化剂,特别是过氧化钠、过氧化钾等活泼金属的过氧化物,遇水或吸收空气中的水蒸气和二氧化碳时,能分解放出原子氧,致使可燃物质燃爆。

(6)腐蚀毒害性,部分氧化性物质具有一定的毒性和腐蚀性。

2.有机过氧化物

(1)很不稳定,易分解,且比无机氧化物更易分解,有机过氧化物在正常温度或高温下易放热分解;分解可因受热、与杂质(如酸、重金属化合物、胺)接触、摩擦或碰撞而引起,分解时可产生有害、易燃的气体或蒸气,分解速度会因有机过氧化物配方不同或温度不同而变化;分解速度随着温度而增加,并随有机过氧化物配制品而不同,这一特性可通过添加稀释剂或使用适当的容器加以改变。

(2)有很强的氧化性。

(3)易燃性,有机过氧化物本身是易燃的,而且燃烧迅速,分解产物为易燃、易挥发气体,易引起爆炸。

(4)对热、振动或摩擦极为敏感,有机过氧化物中的过氧基是极不稳定的结构,对热、振动、碰撞、冲击或摩擦都极为敏感,当受到轻微的外力作用时就有可能发生分解爆炸。所以,某些有机过氧化物在运输时必须控制温度,其允许安全运输的最高温度即为控制温度。

(5)伤害性,应避免眼睛与有机过氧化物接触;有些有机过氧化物,即使短暂地接触,也会对角膜造成严重的伤害,或者对皮肤具有腐蚀性。

(三)常见的氧化性物质和有机过氧化物

1.过氧化氢水溶液

过氧化氢,是一种蓝色、有轻微刺激性气味的黏稠液体,在暗处较稳定,受热、光照或遇到某些杂质易分解为氧气和水,能以任意比例与水互溶。过氧化氢水溶液按照其含有的过氧化氢比例可分为若干个联合国编号,见表1-3-5。

过氧化氢水溶液的分类　　　　表1-3-5

序号	名称	联合国编号
1	过氧化氢水溶液,含不少于20%,但不大于60%的过氧化氢(必要时加稳定剂)	2014
2	过氧化氢水溶液,稳定的,含大于70%的过氧化氢	2015
3	过氧化氢水溶液,稳定的,含大于60%且不大于70%的过氧化氢	2015
4	过氧化氢水溶液,含过氧化氢不少于8%,但少于20%(必要时加稳定剂)	2984

由于过氧化氢中的氧化合价为-1,过氧化氢可作为(强)氧化剂、(弱)还原剂、漂白剂等,广泛应用于无机合成(如生产过硼酸钠)、有机合成(如生产过氧乙酸)、医疗消毒、临床化学、染织漂白、食品检测等领域。

根据相似相溶原理,过氧化氢除了能溶解于极性物质,如醇和醚,但难溶于非极性物质,如苯和石油醚,还能以任意比例与水互溶形成过氧化氢溶液,俗称双氧水,常见的市售浓度为质量分数为30%和3%两种,如图1-3-14所示为瓶装。鉴于双氧水具有刺激小(相较于酒精)、高效、速效、无毒的特点,3%浓度的过氧化氢溶液可作为氧化性消毒剂,遇有机物可在过氧化氢酶的作用下分解产生氧气,从而起到杀菌、除臭、去污、止血的作用;它还可破坏破伤风杆菌滋生的厌氧环境,进而预防破伤风病症的产生,亦可适用于外耳道炎、扁桃体炎、急诊创伤清创术等的消炎或清洁。

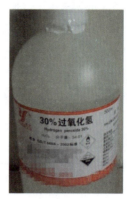

图1-3-14　不同浓度的过氧化氢水溶液

需要注意的是，根据过氧化氢水溶液（UN 2984），含过氧化氢不少于8%，但少于20%（必要时加稳定剂）的特殊规定代码65可知，过氧化氢水溶液如过氧化氢含量少于8%，则不受《危险货物道路运输规则》（JT/T 617）的限制。医用过氧化氢通常浓度为3%，低于8%，故在道路运输环节运输3%的医用过氧化氢水溶液是当作普通货物运输的。

此外，纯的过氧化氢分子的熔沸点会随其构型的改变而改变，其缔合程度比水大，因此具有更高的介电常数和沸点。

2. 硝酸钾（UN 1486）

硝酸钾又称钾硝石、火硝，无色透明晶体或粉末，相对密度2.109，溶于水，且在水中的溶解度随水温上升而剧烈增大。该物质为强氧化剂，与有机物接触能燃烧爆炸，遇热则分解放出氧气。当硝酸钾与易燃物质混合后，受热甚至轻微的摩擦冲击都会迅速地燃烧或爆炸。黑火药就是根据这个原理配制的。图1-3-15为袋装硝酸钾。

硝酸钾遇硫酸会发生反应生成硝酸，所以硝酸盐类不能与硫酸配载。

图1-3-15　硝酸钾

3. 氯酸钾（UN 1485）

氯酸钾为白色晶体或粉末，味咸、有毒，相对密度2.32。常温下稳定，在400℃时能分解生成氯化钾（KCl）和氧气（O_2）。与还原剂、有机物（如糖、面粉）、易燃物（如硫、碳、磷）或金属粉末等混合可形成爆炸性混合物，经摩擦、撞击或加热时即爆炸。因包装破损，氯酸钾撒漏在地上后被践踏发生火灾的事故时有发生。

氯酸钾的热敏感和撞击感度都比黑火药灵敏得多。氯酸钾遇浓硫酸则生成高氯酸和二氧化氯。高氯酸是一种极强的酸，也有极强的氧化性，而二氧化氯是极不稳定易爆炸的物质。所以，氯酸盐不可与浓硫酸配载。

八 常见毒性物质和感染性物质的危险特性

(一)第6类毒性物质和感染性物质的定义及分项

根据JT/T 617.2,第6类危险货物可以细分为6.1项毒性物质和6.2项感染性物质。

1.第6.1项毒性物质

毒性物质是指由经验或从动物试验推定,在一次性或短时期地吸入、皮肤吸收或吞食相对少量的毒性物质情况下,会损害人体健康或引起死亡的物质。转基因微生物和生物若满足该条件,应归入毒性物质。

毒性物质虽对人有毒害作用,但如果进入体内的毒性物质剂量不足,则不会中毒。表示毒性物质的摄入量与效应的关系称为毒性。通常认为,动物致死所需某毒性物质的摄入量(或浓度)越小,则表示该毒性物质的毒性越大。常见的毒性指标见表1-3-6。

常见的毒性指标 表1-3-6

符号	指标	含义
LD_{50}	口服毒性半数致死量	指可使青年白鼠口服后,在14天内死亡50%的物质剂量,用每千克体重的毫克数(mg/kg)表示
	皮肤接触毒性半数致死量	指使家兔的裸露皮肤持续接触24小时,最可能引起这些试验动物在14天内死亡50%的物质剂量,试验结果用每千克体重的毫克数(mg/kg)表示
LC_{50}	吸入毒性半数致死浓度	指雌雄青年白鼠连续吸入1小时的蒸气、烟雾或粉尘,最可能引起试验动物在14天内死亡50%的浓度。其中,粉尘和烟雾,结果以每升空气中的毫克数(mg/L)表示。对于蒸气,结果以每立方米空气中的毫升数(mL/m^3)表示

对于化学性质不稳定的毒性物质,除非采取必要的措施防止所有可能发生的危险反应,并确保容器和罐体中不含有促进其反应的物质,否则不应采用道路运输方式进行运输。

小知识

影响毒物毒性作用的因素

(1)化学结构。毒物的化学结构对其毒性有着决定性作用。

(2)物理特性。毒物的溶解度、颗粒度、挥发性等与其毒性作用有密切关系。毒物在水中的溶解度越大,其毒性也越大;毒物的颗粒越小,越易引起中毒;毒物易溶于脂肪,则易渗过皮肤引起中毒;毒物沸点越低,越易引起中毒。

(3)暴露途径和剂量。毒物进入生物体的方式与剂量会影响毒效应的大小。

(4)环境因素。生产环境的温度、湿度、气压、气流等能影响毒物的毒性作用。

(5)暴露时机。毒物在生物体内部的影响与暴露时机有关。

(6)暴露时间。对毒物的长时间暴露可能会增加毒效应的风险。

(7)个体状态。不同个体对同一剂量的毒物的反应可能截然不同。

2. 第6.2项感染性物质

感染性物质包括已知或可能含有病原体的物质。

病原体是会造成人类或动物感染疾病的微生物(包括细菌、病毒、立克次氏体、寄生虫、真菌)和其他媒介,如病毒蛋白。符合此项条件的转基因微生物及生物、生物制品、诊断标本和受感染的活体动物,都应该划入6.2项感染性物质。取自植物、动物或细菌源的毒素,如果不含有任何感染性物质,则属于6.1项毒性物质。

感染性物质中包含生物制品、培养物、医学或医疗废物和病患者试样,各自的含义和范围如下。

①生物制品:包括但不限于疫苗等最终或非最终产品,是从活体生物取得的,用于预防、治疗或诊断人或动物的疾病,或用于与此类活动有关的以开发、试验或调查为目的的产品。生物制品的生产和销售应遵守国家主管部门的规定。

> **小知识**
>
> 由医疗专业人士或个人医疗使用的生物制品,如果其制造和包装符合国家相关要求,可不受危险货物道路运输限制。
>
> 若不属于以上情况,且已知或有理由相信含有感染性物质和符合A类或B类标准物质的生物制品,必须酌情划归为UN 2814、UN 2900或UN 3373。

②培养物:是有意使病原体繁殖的结果,不包括本部分中所定义的人或动物病患者试样。

③医疗废物:是来自对动物或人进行医学治疗或来自生物研究所产生的废物。

④病患者试样:直接从人或动物采集的,包括但不限于排泄物、分泌物、血液及血液成分、组织及组织液、身体部位等,用于研究、诊断、调查、治疗和预防疾病等的物质。

从分类来看,感染性物质分为A类感染性物质和B类感染性物质。

(1)A类感染性物质:在运输过程中与之发生接触可造成健康的人或动物的死亡、永久性失能或生病的物质,包括UN 2814、UN 2900。

(2)B类感染性物质:不符合A类感染性物质标准的感染性物质,如UN 3373。

含有A类感染性物质的医疗废物,应根据情况列入UN 2814、UN 2900。含有B类感染性物质的医疗废物,应列入UN 3291。含有感染性物质可能性较低的医疗废物应列入UN 3291。受到A类病原体或A类病原体培养物影响的动物应被列入UN 2814或UN 2900,受B类病原体影响的动物应被列入UN 3373。

若6.2项感染性物质符合下列情形,且不符合其他危险货物类别或项别的分类判定标准时,可以豁免作为普通货物运输。

(1)所含有的感染性物质不可能引起人或动物致病;

(2)只含有不会使人或动物致病的微生物的物质；

(3)物质中存在的任何病原体都经过了抑制或灭活,不会再对健康造成危害,例如已排空液体的医疗设备；

(4)含有浓度水平正常、感染风险不高的病原体的物质(包括食物和水样本)；

(5)在吸收性材料上采集的干血迹；

(6)粪便潜血检查采集的样品；

(7)用于输血、制备输血用、移植用血液制品的血液(或成分血),以及所有用于移植的组织(或器官)及其样本。

(二)第6类毒性物质和感染性物质的主要危险特性

1.毒性物质

(1)吸入、皮肤吸收或吞食易造成中毒,损害人体。

(2)有机毒性物质具有可燃性,遇明火、高热或与氧化剂接触会燃烧爆炸,燃烧时会放出毒性气体,加剧毒性物质的危险性；毒性物质中的有机物是可燃的,其中还有不少液体的闪点低于61 ℃,达到易燃液体的标准。

(3)遇酸或水反应放出毒性气体,如氰化氢(HCN)与氰化钾(KCN)相比毒性更强,而且又是气体,氰化氢比氰化钾更容易通过呼吸道致人中毒；因此,氰化物不得与酸性、腐蚀性物质配装。

(4)腐蚀性,有不少毒性物质对人体和金属有较强的腐蚀性,会强烈刺激皮肤和黏膜,甚至发生溃疡加速毒物经皮肤的入侵。

2.感染性物质

使人或动物感染疾病或其毒素能引起病态,甚至死亡。

(三)常见的毒性物质

1.苯酚(苯酚,固体的,UN 1671；苯酚,熔融的,UN 2312；苯酚溶液,UN 2821)

苯酚,俗称石炭酸,主要由异丙苯经氧化、分解制得。

苯酚是一种有机化合物,具有特殊气味的无色针状晶体,有毒,是生产某些树脂、杀菌剂、防腐剂以及药物(如阿司匹林)的重要原料。也可用于消毒外科器械和排泄物的处理,皮肤杀菌、止痒及中耳炎。

苯酚熔点43 ℃,常温下微溶于水,易溶于有机溶剂；当温度高于65 ℃时,能跟水以任意比例互溶。小部分苯酚暴露在空气中被氧气氧化为醌而呈粉红色。遇三价铁离子变紫,通常用此方法来检验苯酚。

苯酚属于毒性物质,对皮肤和黏膜有强烈的腐蚀性,又能经皮肤和黏膜吸收而造成中毒,开始出现刺激,局部麻醉,进而变为溃疡。低浓度能使蛋白质变性,其溶液沾到皮肤上可用酒精洗涤。高浓度能使蛋白质沉淀,故对各种细胞有直接损害。而且苯酚在体内分离后可造成肾脏损伤,从而引起继发性死亡。

误服苯酚时强烈地刺激胃,引起腹部剧痛。与之接触的组织受到明显腐蚀。长期吸入苯酚蒸气时,可患苯酚虚脱症,开始感到头痛、咳嗽、倦怠、虚弱、食欲减退,后期出现不断咳嗽、皮肤痛痒、肾区有压迫感、胸部有沉重感、严重失眠、皮肤苍白、蛋白尿等症状,最后因慢性肾炎而死亡。人口服苯酚的致死量为2~15g,纯苯酚的毒性更大。

2.氢氰酸,水溶液(UN 1613)及氰化钡(UN 1565)、氰化钾(UN 1680)、氰化钠(UN 1689)等氰化物

氢氰酸即氰化氢(HCN),具有苦杏仁味,极易扩散,易溶于水(即称为氢氰酸)。含氰基的化合物叫氰化物。大多数氰化物属剧毒物质,在体内能迅速离解出氰根而起毒性作用,50~100mg就可使人致死。如氰化钠,俗称山萘或七步倒,人仅服1~3mg走不出七步路即会死亡。

氰化物虽有较大毒性,但易被分解为低毒或无毒的物质。如氰化钾与水作用会逐渐被分解成甲酸钾和氨。遇双氧水(H_2O_2)分解很快,故小量的含氰毒物可用双氧水(H_2O_2)作解毒剂。

氰化物遇酸或酸性腐蚀物质时会放出氰化氢。

3.砷(UN 1558)、砷粉(UN 1562)及其化合物

砷的俗名为砒,为元素砷(As)的单质,通常为灰色的金属状的晶体,还有黄及黑的两种同素异形体。灰色的金属特性较突出,但性脆;相对密度5.7,不溶于水;在空气中表面会很快被氧化而失去光泽。纯的未被氧化的砷是无毒的,口服后几乎不被吸收就排出体外。但因为砷易氧化,表面几乎都生成了剧毒砷的氧化物,所以砷也列为剧毒品。砷在自然界主要是以化合物存在,如硫化砷(雄黄)化学式AsS、三硫化二砷(雌黄)化学式As_2S_3等。

不纯的砷俗称砒霜或白砒,有剧毒。

砷为非金属,故其氧化物为酸性氧化物。有两种氧化物:三氧化二砷(As_2O_3,UN 1561)和五氧化二砷(As_2O_5,UN 1559),均为剧毒化学品。其对应酸为亚砷酸(H_3AsO_3)和偏亚砷酸($HAsO_2$)及砷酸(H_3AsO_4),皆为弱酸。其对应盐则为亚砷酸盐和偏亚砷酸盐及砷酸盐。亚砷酸钠($NaAsO_2$,UN 1686)及砷酸钾(K_3AsO_4,UN 1678)等皆为毒性物质。其他砷化物也大都具有毒性。

砷与氢的化合物叫砷化氢,是气体,极毒,当砷化氢分子中的氢原子被有机化合物中的烃基取代后,得到的有机砷化合物则叫作胂。胂类化合物也大都具有毒性。

一般地,砷的可溶性化合物都具有毒性。砷及其化合物可用作药物和杀虫剂等。

4.埃博拉病毒培养物(UN 2814,感染性物质,对人感染)

埃博拉病毒是一种在1976年发现于非洲的病毒,属丝状病毒科,呈长丝状体,感染者会出现恶心、腹泻、呕吐等症状,严重者会出现发烧、内出血和外出血。埃博拉病毒引起的出血

热是当今世界上最致命的病毒性出血热,如图1-3-16所示。

5.口蹄疫病毒培养物(UN 2900,感染性物质,只对动物感染)

口蹄疫病毒是一种外表为对称正20面体的病毒,易感染牛、羊、猪等偶蹄动物。口蹄疫发病后一般不致死,但会使病兽的口、蹄部出现大量水疱,使家畜产量锐减。口蹄疫在亚洲、非洲和中东以及南美均有流行,如图1-3-17所示。

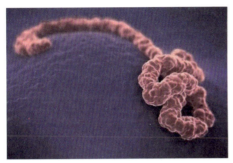
图1-3-16 埃博拉病毒

图1-3-17 口蹄疫病毒

九 第8类腐蚀性物质的危险特性

根据JT/T 617.2,第8类危险货物为腐蚀性物质。该类危险货物不细分项别。

(一)第8类腐蚀性物质的定义及分项

第8类腐蚀性物质包括腐蚀性物质以及包含腐蚀性物质的物品。

腐蚀性物质是指接触上皮组织(皮肤或黏膜)时会通过化学作用造成伤害,或发生渗漏时会严重损伤甚至毁坏其他货物或运输工具的物质。此类物质也包含遇水形成腐蚀性液体的物质,或在自然条件下与潮湿空气形成腐蚀性蒸气或薄雾的物质。

对于化学性质不稳定的第8类腐蚀性物质,除非采取必要的措施防止所有可能发生的危险反应,并确保容器和罐体中不含有促进其反应的物质,否则不应采用道路运输方式进行运输。

(二)第8类腐蚀性物质的主要危险特性

(1)腐蚀性,对人体的腐蚀(化学烧伤或化学灼伤)和对物质的腐蚀。

(2)毒性,腐蚀性物质中有很多物质具有不同程度的毒性,如五溴化磷、偏磷酸、氢氟硼酸等,特别是具有挥发性的腐蚀性物质,如发烟硫酸、发烟硝酸、浓盐酸、氢氟酸等,能挥发出有毒的气体和蒸气,在腐蚀肌体的同时,还能引起中毒。

(3)易燃性和可燃性,有机腐蚀性物质具有易燃或可燃性,有些强酸强碱的腐蚀性物质,在腐蚀金属的过程中能放出可燃的氢气;当氢气在空气中占一定的比例时,遇高热、明火即燃烧,甚至引起爆炸。

(4)氧化性。腐蚀性物质中的含氧酸大多是强氧化剂;一方面,强氧化剂与可燃物接触时,即可引起燃烧;另一方面,氧化性有时也可被利用,如浓硫酸和浓硝酸的强氧化性能使铁、铝金属在冷的浓酸中被氧化,在金属表面生成一层致密的氧化物薄膜,保护了金属,这种现象称为"钝化"。根据这一特点,对运输浓硫酸可采用铁制容器或铁罐车装运,用铝制容器盛放浓硝酸。

(5)遇水反应性。遇水反应的腐蚀性物质都能与空气中的水汽反应而发烟(实质是雾,习惯上称烟),其对眼睛、咽喉和肺均有强烈刺激作用,且有毒;由于反应剧烈,并同时放出大量热量,当满载这些物质的容器遇水后,则可能因漏进水滴而猛烈反应,使容器炸裂。

(三)常见的腐蚀性物质

1. 硫酸,含硫高于51%(UN 1830)

一般认为,硫酸的消费量可以从某个角度衡量一个国家的经济状况和发展水平。硫酸是重要的工业原料,硫酸铝、盐酸、氢氟酸、磷酸钠和硫酸钙等的制造过程中都要用硫酸。硫酸的运输量和储存量在整个酸性腐蚀性物质中占首位。

纯硫酸是无色的油状液体,常见不纯的硫酸为淡棕色。硫酸是一种高沸点难挥发的强酸,易溶于水,能以任意比与水混溶。98%的硫酸水溶液的相对密度1.84,沸点338℃,凝固点10℃。三氧化硫(SO_3)溶于硫酸中所得产物俗称发烟硫酸,也称为焦硫酸($H_2S_2O_7$)。焦硫酸比硫酸还要危险。

稀硫酸具有酸的一切通性,能腐蚀金属,能中和碱,并能与金属氧化物和碳酸盐作用。浓硫酸有以下特性。

(1)脱水性。脱水性是浓硫酸的性质,而非稀硫酸的性质。可被浓硫酸脱水的物质一般为含氢、氧元素的有机物,其中蔗糖、木屑、纸屑和棉花等物质中的有机物,被脱水后生成了黑色的炭(碳化),并会产生二氧化硫。如脱水后的皮肤组织从成分到外观都与木炭无异。浓硫酸甚至能使高氯酸脱水,生成七氧化二氯,很不稳定,几乎在生成的同时就爆炸性地分解成氯和氧,所以浓硫酸与高氯酸不能配载混储。

(2)吸水性。浓硫酸对水有极强的亲和性。当其暴露在空气中时,能吸收空气中的水蒸气,因此常做干燥剂。浓硫酸溶于水时,能释放出约84kJ/mol的高热量。因此,稀释浓硫酸时必须十分小心,应将浓硫酸缓缓加入水中。若把水倒入浓硫酸中,开始时因水较轻浮在酸的表面,当水扩散至酸中时,即放出溶解热,可发生局部沸腾,会剧烈溅散而伤人。

(3)强氧化性。常温下,浓硫酸能使铁、铝等金属钝化。加热时,浓硫酸可以与除金、铂之外的所有金属反应,生成高价金属硫酸盐。此外,热的浓硫酸还可将碳、硫、磷等非金属单质氧化到其高价态的氧化物或含氧酸,本身被还原为二氧化硫(SO_2)。

浓硫酸也能分解由沸点较低的酸生成的盐。把盐与硫酸混合加热,即可分馏出更易挥发的产物。浓硫酸与硝酸盐、盐酸盐也会发生类似的反应,所以,浓硫酸不宜与盐类混储和配载。事实上浓硫酸不宜与任何其他物质进行配载。

2. 硝酸,发红烟的除外,含硝酸高于70%;硝酸,发红烟的除外,含硝酸不超过70%,UN 2031;硝酸,发红烟的,UN 2032

硝酸是一种重要的强酸。纯硝酸为无色液体,但通常因溶有二氧化氮(NO_2)而呈红棕色,即硝酸,发红烟的(UN 2032),是一种非常强的氧化剂。68%～70%的硝酸水溶液相对密度1.4,沸点120.5℃,熔点-42℃,与水无限混溶。

硝酸的水溶液无论浓稀均具有强氧化性及腐蚀性,溶液越浓其氧化性越强。在常温下硝酸能溶解除了金、铂、钛、铌、钽、钌、铑、锇、铱以外的所有金属,而粉末状金属则能与硝酸起爆炸性反应。浓稀硝酸在常温下都能与铜发生反应,这是盐酸与硫酸无法达到的。但浓硝酸在常温下会与铁、铝发生钝化反应,使金属表面生成一层致密的氧化物薄膜,阻止硝酸继续氧化金属。另外,浓硝酸还能溶解诸如C、S等非金属。不管具体的反应如何,硝酸在发生腐蚀反应的同时,一般总会生成有毒气体NO或NO_2。

浓硝酸和浓盐酸按1∶3混合,即为王水,能溶解金等稳定金属。

硝酸在光照条件下可分解成水、二氧化氮和氧气,因此,硝酸一定要盛放在棕色瓶中,并置于阴凉处保存。

浓硝酸与松节油、乙醇、醋酸等有机物、木屑和纤维产品等相混能引起燃烧甚至爆炸。硝酸的腐蚀性很强,能灼伤皮肤,也能损害黏膜和呼吸道。硝酸还能氧化毛发和皮肤的组成部分——蛋白质,使蛋白质转化为一种称为黄朊酸的黄色复杂物质。所以,当硝酸溅到皮肤上时,愈合很慢,并会留下很难看的疤痕。

炸药和硝酸有密切的关系。最早出现的炸药是黑火药,它的成分中含有硝酸钠(或硝酸钾)。由棉花与浓硝酸和浓硫酸发生反应,生成的硝酸纤维素是比黑火药强得多的炸药。

3. 氢氯酸(盐酸,UN 1789)

工业中,盐酸的重要性仅次于硫酸和硝酸。工业上俗称的三酸二碱是最重要的化工原料,三酸即硫酸、硝酸和盐酸。就产量和运输量来说,盐酸超过硝酸占第二位。

氢氯酸是无水氯化氢(UN 1050)的水溶液。氯化氢(HCl)是无色有刺激性气味的气体,在空气中能冒烟,蒸气密度1.27,有毒,空气中浓度超过1500ppm时,数分钟内可致人死亡。氯化氢极易溶于水,在0℃时,1体积的水大约能溶解500体积的氯化氢,所得水溶液即为氢氯酸,习惯称盐酸。氯化氢和盐酸的化学式均为HCl。工业等级的盐酸浓度一般为36%左右,通常因含铁离子而呈黄色,相对密度(水=1)为1.2。

浓盐酸和稀盐酸均为强酸,具有一切酸的特性。如:能与碱中和生成盐和水;能溶解碱性氧化物;能溶解碳酸盐,释放出二氧化碳气体。故盐酸起火时,可用碱性物质如碳酸氢钠、碳酸钠、消石灰等中和,也可用大量水扑救。盐酸能溶解比较活泼的金属(如锌、镁、铁)。浓盐酸还可以溶解较不活泼的金属铜;具有较强的腐蚀性。所以,在装运过程中,盐酸严禁与碱类、胺类、碱金属、易燃物或可燃物等混装、混运。

浓盐酸易挥发性,其酸蒸气具有毒性。吸入危险数量的氯化氢,可使呼吸道中的细胞完全变态,并能破坏气管内层。对于成人来说,氯化氢在空气中的浓度为5ppm时开始有气味;5~10ppm时对黏膜有轻度刺激;35ppm时短暂接触会强烈刺激咽喉;50~100ppm时到达忍耐的限度;1000ppm时短暂接触就有肺水肿的危险。

此外,盐酸受热时,氯化氢会从水中逸出,此时盐酸容器内会产生相当大的压力,而导致耐压能力不大的耐盐酸腐蚀的容器破裂。因此,运输途中应防暴晒、雨淋,防高温。

4.固态氢氧化钠(UN 1823)和氢氧化钠溶液(UN 1824)

氢氧化钠又被称为烧碱、苛性钠、火碱等,是最常见的强碱,在整个工业部门有许多用途,袋子包装的氢氧化钠如图1-3-18所示。纯的无水氢氧化钠为白色半透明的块状或片状固体,极易溶于水,溶解度随温度的升高而增大。固体氢氧化钠有吸水性,除极易吸收空气中的水汽外,还会吸收二氧化碳生成碳酸钠而变质,这是因为氢氧化钠能与非金属氧化物反应生成盐和水。因此在储存和运输固体氢氧化钠时,必须防止其与空气接触。

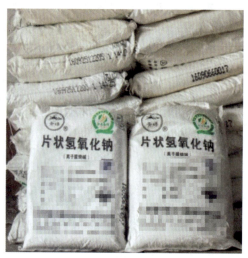

图1-3-18 片状氢氧化钠

氢氧化钠水溶液有涩味和滑腻感,溶液呈强碱性,具备碱的一切通性。市场出售和运输的氢氧化钠大多是30%和45%的水溶液,运输量很大。

由于氢氧化钠对蛋白质有溶解作用,所以,其浓溶液能与活体组织作用,能溶解丝、毛和动物组织,会严重灼伤皮肤。摄入液碱,如不立即用1%的醋酸溶液中和就可致命。氢氧化钠浓溶液是带微红色(45%氢氧化钠水溶液)或微蓝色(30%氢氧化钠水溶液)的透明液体,将之误认为红白葡萄酒、烧酒或饮料而误食丧命的事件时有所闻。

氢氧化钠与无机酸发生中和反应产生大量热,并生产相应的盐类;与金属铝、锌、非金属硼和硅等反应放出氢气;能与玻璃的主要成分二氧化硅反应,生成易溶于水的硅酸钠,而使玻璃腐蚀,但其反应速度缓慢。所以,长期存放氢氧化钠溶液(又称液碱)时,不宜使用玻璃或陶瓷器皿。

5.氢氟酸(UN 1790)

氢氟酸根据含有的氟化氢比例可以细分成2个包装类别,包装类别Ⅰ类和Ⅱ类。

氢氟酸是氟化氢气体的水溶液,无色透明,有刺激性气味,具有极强腐蚀性,如吸入蒸气或接触皮肤可能造成严重灼伤,瓶装氢氟酸如图1-3-19所示。由于氢氟酸具备溶解氧化物的能力,可用于铝和铀等物质的提纯,工业上也可用于刻蚀玻璃、去除半导体硅晶片表面的氧化物等。

图1-3-19 氢氟酸

> **案例**
>
> 某日,一辆装载31t氢氟酸的重型半挂牵引车,行驶至某高速公路时发生侧翻,后被一辆重型仓栅式货车追尾(图1-3-20)。事故共造成1人死亡、1人受伤,22.96t氢氟酸泄漏,事故地点附近大面积山林、土地、农田被污染。
>
>
>
> 图1-3-20 氢氟酸罐车侧翻碰撞事故现场

✚ 常见杂项危险货物的危险特性

根据JT/T 617.2,第9类危险货物为杂项危险物质和物品。该类危险货物不细分项别。

（一）第9类杂项危险物质和物品的定义及分项

杂项危险物质和物品是指在运输过程中具有未列入其他类别的危险性物质和物品。该类物质根据特性划分为不同类型，主要含有9个类型。

（1）以微细粉尘形式吸入，可以危害健康的物质。该类物质包括石棉和含有石棉的混合物。

（2）一旦发生火灾可形成二噁英的物质和设备。该类物质包括多氯联苯（PCBs）、三联苯（PCTs）和多卤联苯，以及含有这些物质的混合物。还包括含有这些物质或混合物的设备，如变压器、冷凝器等。

（3）会释放出易燃气体的物质。该类物质为含有闪点不超过55℃的易燃液体的聚合物。

（4）锂电池组或钠离子电池组。电池和电池组、安装在设备中的电池和电池组以及与设备一起包装的电池和电池组，如果含有任何形式的锂，应划入UN 3090、UN 3091、UN 3480、UN 3481和UN 3536。

（5）救生设备。

（6）危害环境的物质。包括污染水生环境的液体、固体，以及这类物质的溶液和混合物（如制剂和废物）。其中，水生环境包括生活在水中的水生生物及水生生态系统。

（7）转基因微生物或生物体。转基因微生物和转基因生物体是其基因物质被有意地通过遗传工程，以非自然发生的方式加以改变的微生物和生物体。对于非自然变化而产生的变异动物、植物或微生物，若其不符合6.1项或6.2项的要求，应将其归为第9类（UN 3245）。感染性的转基因微生物和生物体归类为6.2项，UN 2814、UN 2900或UN 3373。

（8）高温物质。高温物质包括运输温度高于或等于100℃的液态物质（若该物质有闪点，则该物质温度应低于其闪点），以及高于或等于240℃的固态物质。高温物质只有在不符合其他类别时，才能划入第9类。

（9）在运输过程中具有危险的，但又不满足其他类别条件的物质和物品。包括：闪点低于60℃的固态氨化合物；低危险性的连二亚硫酸盐；高度挥发液体；释放有害烟雾的物质；包含过敏原的物质；化学工具箱和急救药箱；电子双层电容器（蓄能容量大于0.3W·h）。

（二）第9类杂项危险物质和物品的主要危险特性

（1）吸入微粒物质，因吸入微粒较多，可能导致身体疾病，如尘肺、癌症等；

（2）二噁英接触皮肤，迟发后果，如癌症、基因改变、先天畸形；

（3）燃烧性，易燃蒸气有被点燃可能性，存在一定危险性；

（4）自膨胀式救生设备释放到环境中；

（5）水污染，水生危害物质可能危害水体；

（6）基因突变的微生物的释放，对生物环境造成影响；

（7）高温影响，高温物质易于造成灼烫、烧伤等伤害。

(三)常见的杂项危险物质和物品

1. 二氧化碳,固体的(干冰,UN 1845)

干冰是固态的二氧化碳,为白色晶体,常温下易升华,汽化热高,在常压下升华时可使周围温度迅速下降。因此,干冰在空气中升华时会液化,甚至进一步凝结空气中的水蒸气,形成的水蒸气液滴或小冰晶,附着在空气中的灰尘上形成可见的白色烟雾。干冰的化学性质稳定,无味无毒,不可燃烧,也不支持燃烧。干冰常用于食品工业作制冷剂,也可用作人工催雨的化学药剂以及消防灭火剂。

干冰汽化时吸收的热量是同质量的冰溶解汽化吸收热量的2倍,且这个过程比冰快得多,故人体接触瞬间即能严重冻伤。此外,因其外形与普通的冰雪很相像,常被误认而用手去抓,但因其温度在-78.5℃,故会造成冻伤。因此,在每次接触干冰的时候,一定要小心并且佩戴厚棉手套或其他遮蔽物才能触碰干冰。

由于干冰升华会产生二氧化碳,而空气中若二氧化碳含量过高会刺激呼吸系统,引起呼吸加快,使接触者产生窒息的危险(即缺氧)甚至死亡,故使用干冰请于通风良好处,切忌与干冰同处于密闭空间。

在道路运输环节,如果干冰是作为冷却剂,比如使用干冰作为冷却剂与海鲜一起运输,则作为普通货物运输。若单纯运输干冰,则需要遵守道路危险货物运输相关规定。

2. 高温铝水(UN 3257)

铝是一种金属元素,其单质是一种银白色轻金属。有延展性。商品常制成棒状、片状、箔状、粉状、带状和丝状。在潮湿空气中能形成一层防止金属腐蚀的氧化膜。铝粉在空气中加热能猛烈燃烧,并发出眩目的白色火焰。易溶于稀硫酸、硝酸、盐酸、氢氧化钠和氢氧化钾溶液,难溶于水。相对密度2.70。熔点660℃。沸点2327℃。铝元素在地壳中的含量仅次于氧和硅,居第三位,是地壳中含量最丰富的金属元素。航空、建筑、汽车三大重要工业的发展,要求材料特性具有铝及其合金的独特性质,这就大大有利于金属铝的生产和应用。

铝液直供是指将铝液直接输送到铝加工厂内(可以加注到保温炉也可以直接灌注到铸造机台),使铝加工厂经过保温可以直接用于铸造生产。在实践中,会通过使用铝液转运包的方式进行高温铝业运输,如图1-3-21所示。

电解车间生产的铝液温度达到950℃,即使运输过程有热量损失,温度也达到800℃~900℃,这个温度可以引燃绝大部分的可燃物,且难以扑灭;同时,大量铝液遇水、遇油可引起剧烈爆炸。据报道,2015年至2018年期间,美国、德国至少发生了5起因铝液运输车辆侧翻导致的铝液泄漏事件,造成不同程度的损失。美国曾发生过1起铝液运输车辆侧翻引起爆炸,导致2名人员死亡。因此,铝液运输存在高于一般货物运输的事故风险,且难以管控的安全问题。

图 1-3-21　原液铝及其运输车辆

因为铝液转运包中的铝液温度超过100℃,故在道路运输环节,高温铝液运输需要按照危险货物运输来管理。高温铝液对应的危险货物联合国编号为 UN 3257。

3. 锂电池

锂电池是一类由锂金属或锂合金为正/负极材料、使用非水电解质溶液的电池。

锂电池根据其是否可以反复充放电,主要分为锂金属电池和锂离子电池两大类。其中,锂金属电池一般是使用二氧化锰为正极材料,金属锂或其合金金属为负极材料,使用非水电解质溶液的电池。锂离子电池一般是使用锂合金金属氧化物为正极材料,石墨为负极材料,使用非水电解质的电池。锂离子电池不含有金属态的锂,并且是可以充电的。不同类型的锂电池的联合国编号见表1-3-7。

锂电池的分类　　　　　　　　　表1-3-7

联合国编号	正式运输名称	危险分类	样式
3090	锂金属电池(包括锂合金电池)	9	
3480	锂离子电池(包括锂离子聚合物电池)	9	
3091	装在设备中的锂金属电池或同设备包装在一起的锂金属电池(包括锂合金电池)	9	
3481	装在设备中的锂离子电池或同设备包装在一起的锂离子电池(包括锂离子聚合物电池)	9	

近年来，含有锂电池的新能源车辆(包括汽车、平衡车、摩托车)层出不穷，既包括完全以锂电池为动力的纯电动汽车，也包括含有易燃液体、易燃气体内燃机，同时配有锂电池的混合动力车辆。其中，仅以锂电池为动力的车辆，需划入 UN 3171，其典型应用见表 1-3-8；而 UN 3166 适用于含有锂电池的其他混合动力车辆，即同时使用内燃机和湿电池、钠金属电池、钠合金电池、锂金属电池、锂离子电池或钠离子电池驱动的混合动力电动汽车。

含锂电池的车辆分类 表 1-3-8

联合国编号	正式运输名称	危险分类	样式
3171	电池供电车辆	9(可当普通货物运输)	
3166	易燃气体动力车辆，或易燃液体动力车辆，或易燃气体燃料电池动力车辆，或易燃液体燃料电池动力车辆	9(可当普通货物运输)	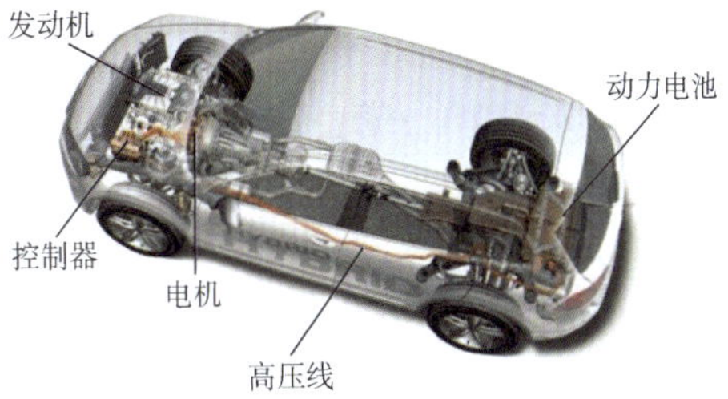

需要注意的是，根据《危险货物道路运输规则》(JT/T 617)，UN 3171 和 UN 3166 在道路运输环节均可以按照普通货物运输。

在大型锂电池储能系统中，以集装箱储能系统最为常见，近年来也得到了大规模的应用。根据《危险货物道路运输规则》(JT/T 617)及其修改单，新增了 UN 3536 运输条目针对集装箱式储能系统，见表 1-3-9。

集装箱式储能柜的联合国编号 表 1-3-9

联合国编号	正式运输名称	危险分类	样式
3536	装在货运装置中的锂电池组，锂离子电池组或锂金属电池组	9	

单元四　危险货物品名及运输要求索引

一　危险货物一览表的结构

根据《危险货物道路运输安全管理办法》，在道路运输环节判定某货物是否属于危险货物的主要依据是《危险货物道路运输规则》(JT/T 617)及其修改单。

其中《危险货物道路运输规则　第3部分：品名及运输要求索引》(JT/T 617.3)的附表 A.1 道路运输危险货物一览表（以下简称 JT/T 617.3 中危险货物一览表）详细列入了 3500 多种危险货物，将每个危险货物的类别项别、正式运输名称、包装、标志、车辆、托运、装卸、运输作业等关键环节的要求"串"起来，对于掌握每种危险货物全链条上的各环节技术要求非常关键。JT/T 617.3 中危险货物一览表共 20 列，可划分为四个部分，具体如下。

（1）第一部分是第（1）~（6）列，包括危险货物分类及标志信息。

（2）第二部分是第（7a）和（7b）列，包括有限数量和例外数量的运输要求。

（3）第三部分是第（8）~（14）列，包括危险货物运输包装（含可移动罐柜、罐车罐体）、车辆的要求。

（4）第四部分是第（15）~（20）列，包括隧道通行限制、运输作业要求、车辆矩形标志牌的危险性识别号等运输过程的要求。

JT/T 617.3 中危险货物一览表的样式及部分内容可扫描封面二维码查看。

使用危险货物一览表时，首先通过第（1）列"联合国编号"或第（2a）列"中文名称和描述"，可在表中查询到该危险货物所处"行"的位置，依次可查看各列对应的信息。

二　危险货物运输特殊规定

特殊规定是指 JT/T 617.3 中危险货物一览表的第（6）列。该列主要数字代码表示的具体含义需要查看《危险货物道路运输规则　第3部分：品名及运输要求索引》(JT/T 617.3，以下简称 JT/T 617.3)的附录 B 适用于某些物品或物质的特殊规定，如图 1-4-1 所示。如果第（6）列为空，表示对应的危险货物没有针对第（1）~（5）列内容的特殊规定。当特殊规定与其他要求冲突时，优先适用特殊规定。

在道路运输环节，"特殊规定"里记载的信息有很多用途。比如，UN 3065 酒精饮料，按体积含酒精超过 24% 但不超过 70%，其第（6）列"特殊规定"列出数字代码 144、147 和 247。其中,数字代码144代表"按体积酒精含量不超过24%的水溶液,不受《危险货物道路运输规则 第1部分:通则》(JT/T 617.1,以下简称JT/T 617.1)~《危险货物道路运输规则 第7部分:运输条件及作业要求》(JT/T 617.7,以下简称JT/T 617.7)限制"。即运输酒精浓度在24%以下的酒精饮料时可按照普通货物运输。

```
JT/T 617.3—2018

              附 录 B
            (规范性附录)
       适用于某些物品或物质的特殊规定

当表A.1第(6)列中列出与物质或物品有关的特殊规定时,该特殊规定的意义和要求如下:
16  新的或现有的爆炸性物质或物品样品(用以进行试验、分类、研发、质量控制,或作为商业样品),可
    以根据JT/T 617.2—2018中5.1.1.3、5.1.1.4的要求运输。未湿润或未减敏的爆炸品样品,应装
    入符合规定的小包件,质量限制在10kg内;湿润的或减敏的爆炸品样品,质量限制在25kg内。
23  即使这种物质有易燃危险,但该危险只是在密闭区内有猛烈火烧的条件时才显示出来。
32  当这种物质呈任何其他形状时,不受JT/T 617.1—2018 ~ JT/T 617.7—2018限制。
37  这种物质如有涂层,则不受JT/T 617.1—2018 ~ JT/T 617.7—2018限制。
38  这种物质如碳化钙含量不大于0.1%,则不受JT/T 617.1—2018 ~ JT/T 617.7—2018限制。
39  这种物质如硅含量低于30%或高于90%,则不受JT/T 617.1—2018 ~ JT/T 617.7—2018限制。
```

图1-4-1 特殊规定示例

在承运危险货物时,可以首先对照危险货物的联合国编号,查找到该货物所对应的特殊规定代码。随后根据特殊规定代码,查找JT/T 617.3的附录B部分。再根据附录B中该数字所对应的具体要求,判断该货物是否需要开展相关测试,或者可以通过适当方式进行运输豁免。

三 有限数量及例外数量危险货物

(一)危险货物道路运输豁免情形

由于危险货物种类繁多,包装容器多样,且部分危险货物与居民日常生活密切相关。为了方便和促进小包装危险货物运输,针对部分危险性较低、包装容量较小和部分符合特定要求的危险货物,可以豁免部分危险货物道路运输相关管理和技术要求,实行道路运输豁免政策。

依据《道路危险货物运输管理规定》《危险货物道路运输安全管理办法》和《危险货物道路运输规则》(JT/T 617)、《国家危险废物名录》以及交通运输部相关文件,危险货物道路运输豁免主要包括四种情形:

(1)直接豁免。满足相关要求和条件,可以直接按照普通货物运输。

(2)有限数量和例外数量豁免。符合《危险货物道路运输安全管理办法》和《危险货物道路运输规则》中有关有限数量和例外数量豁免条件的危险货物。

(3)特殊规定豁免。满足 JT/T 617.3 中危险货物一览表的第(6)列"特殊规定"中,某一具体数字所代表的豁免要求的危险货物。

(4)交通运输部规范性文件明确规定豁免情形的危险货物。

四种豁免情形的具体条件或依据见表1-4-1。

危险货物道路运输豁免条件或依据　　　　　　　　表1-4-1

序号	种类	豁免条件或依据
1	直接豁免	(1)《国家危险废物名录(2025年版)》附录《危险废物豁免管理清单》,其中豁免环节条目载明"全部环节"和"运输"的。 (2)JT/T 617.3 中危险货物一览表中列明"不受 JT/T 617.1~JT/T 617.7 限制"
2	有限数量危险货物	《危险货物道路运输安全管理办法》第三章、JT/T 617.3 的第7章"有限数量危险货物"和危险货物一览表的第(7a)列。具体豁免可参见《例外数量和有限数量危险货物道路运输指南》或者下文"(二)有限数量危险货物"
2	例外数量危险货物	《危险货物道路运输安全管理办法》第三章、JT/T 617.3 的第8章"例外数量危险货物"和危险货物一览表的第(7b)列,具体豁免可参见《例外数量和有限数量危险货物道路运输指南》或者下文"(三)例外数量危险货物"
3	特殊规定豁免	JT/T 617.3 中危险货物一览表的第(6)列"特殊规定"中某一具体数字所代表的豁免要求
4	交通运输部文件豁免	(1)交通部办公厅关于危险货物道路运输管理几个问题的复函(厅公路字〔2001〕70号)。 (2)关于《危险货物品名表》(GB 12268—2005)国家标准第1号修改单的公告(交通部公告〔2007〕27号)。 (3)关于农药运输的通知(交水发〔2009〕162号)。 (4)关于同意将潮湿棉花等危险货物豁免按普通货物道路运输管理的通知(交运发〔2011〕141号)。 (5)关于进一步规范限量瓶装二氧化碳气体道路运输管理有关事项的通知(交运发〔2016〕61号)。 (6)交通运输部关于进一步规范限量瓶装氮气等气体道路运输管理有关事项的通知(交运发〔2017〕96号)。 (7)交通运输部办公厅关于进一步规范医用核磁共振检测仪及限量瓶装氟利昂类制冷气体道路运输管理有关事项的通知(交办运〔2021〕42号)

(二)有限数量危险货物

1.定义

有限数量是指危险货物以有限数量形式运输时,每个包装、内容器或物品所装危险货物的最大数量。有限数量货物是指列入《危险货物道路运输规则》(JT/T 617),通过数量限制、包装、标记等特别要求,消除或者降低其运输危险性,并免除相关运输条件的危险货物。从直观理解,当一种危险货物在提交运输时,数量较少(例如,100mL或50g),且包装足够结实牢固,一是发生危险性的可能性较低,二是即使发生泄漏等安全事故,所造成的影响也是可控的,这与罐车、集装箱运输大宗化工品有着明显的区别。

适用有限数量危险货物的多为危险程度较小的危险货物,以列入 JT/T 617.3 中危险货物一览表的第(7a)列"有限数量"中的为准。有限数量不适用剧毒化学品、民用爆炸物品、烟花爆竹以及放射性物品。

符合有限数量道路运输相关要求的危险货物,可以按普通货物运输。

2. 有限数量危险货物判定步骤

(1)确认危险货物基本信息。

根据道路运输危险货物的判定标准,如 JT/T 617.2,确认该货物的联合国编号、正式运输名称(中文或英文)、类别或项别、包装类别等信息。

是否属于危险货物可以从托运人提交的"化学品安全技术说明书"(重点见第14部分:运输信息)、安全标签、运输条件鉴定书等途径获取。

(2)确认是否属于剧毒化学品等。

按相关法规确认是否属于剧毒化学品、民用爆炸物品、烟花爆竹以及放射性物品。如属于,则该危险货物从其规定。

(3)确认是否适用有限数量道路运输。

查询 JT/T 617.3 中危险货物一览表,找到对应的联合国编号。部分危险货物还可进一步细分为不同浓度或者含量、不同包装类别等情形,故还需要进一步查看第(2a)(2b)(4)列中的相关信息。然后查找 JT/T 617.3 中危险货物一览表中该货物所对应的第(7a)列中记载的数字。若数字为"0",表明该货物不适用有限数量运输,若为非"0"的数字,则表明该货物适用有限数量运输,则进一步遵守有限数量运输相关条件。

3. 判定示例

(1)不适用有限数量道路运输的危险货物示例。

①硝酸铵,联合国编号为 UN 0222,属于第1类爆炸性物质和物品,不适用有限数量道路运输。

②氰化钾,联合国编号为 UN 1680,属于剧毒化学品,不适用有限数量道路运输。

(2)适用有限数量道路运输的危险货物示例。

二氧化碳,联合国编号为 UN 1013,属于2.2项非易燃无毒气体,JT/T 617.3 中危险货物一览表的第(7a)列为120mL,则表明盛装在120mL气瓶内的二氧化碳,适用有限数量道路运输,见表1-4-2。

二氧化碳有限数量豁免值　　　　　　　　　　表1-4-2

联合国编号	中文名称和描述	英文名称和描述	类别	分类代码	包装类别	标志	特殊规定	有限数量和例外数量	
（1）	（2a）	（2b）	（3a）	（3b）	（4）	（5）	（6）	（7a）	（7b）
1013	二氧化碳	CARBON DIOXDE	2	2A		2.2	584 653 662	120mL	E1

（3）同一联合国编号的危险货物部分适用有限数量道路运输的示例。

松节油代用品，联合国编号为UN 1300，属于第3类易燃液体。该危险货物分为两个包装类别，Ⅱ类和Ⅲ类，见表1-4-3。

不同包装类别松节油代用品有限数量豁免值　　　　表1-4-3

联合国编号	中文名称和描述	英文名称和描述	类别	分类代码	包装类别	标志	特殊规定	有限数量和例外数量	
（1）	（2a）	（2b）	（3a）	（3b）	（4）	（5）	（6）	（7a）	（7b）
1300	松节油代用品	TURPENTINE SUBSTTTUTE	3	FI	Ⅱ	3		1L	E2
1300	松节油代用品	TURPENTINE SUBSTTTUTE	3	FI	Ⅲ	3		5L	E1

当包装类别为Ⅱ类时，JT/T 617.3中危险货物一览表的第(7a)列"有限数量"中记载的为1L，不为"0"，则表明包装类别为Ⅱ类的松节油代用品适用有限数量道路运输。这个"1L"的含义是，该货物在有限数量运输时，其每个内包装、内容器或者物品所盛装的危险货物数量不可超过"1L"。

当包装类别为Ⅲ类时，JT/T 617.3中危险货物一览表的第(7a)列"有限数量"中记载的为5L，表明包装类别为Ⅲ类的松节油代用品也适用有限数量道路运输，且每个内包装、内容器或者物品所盛装的松节油代用品数量不能超过"5L"。

4.产品包装要满足特定要求

危险货物在有限数量运输时，虽然其量少、危险性低，但其包装也不是没有要求。在满足上述关于内包装容量限制的前提下，按照有限数量豁免运输的危险货物，其包装还应符合下列要求：

（1）危险货物以有限数量运输时，应采用组合包装形式，如图1-4-2所示。但运输气雾剂（UN 1950）或装气体的小型容器（UN 2037）等物品时，则无须使用内包装，但要使用外包装。包装类别为Ⅱ类的第8类液态腐蚀性物质，若放在易碎的内包装中，则必须将内包装放在坚硬的中间包装中。

（2）危险货物在按照有限数量运输时，不仅单一内包装的装货量不得超过JT/T 617.3中危险货物一览表的第(7a)列中的限值，每个包件的总质量也有限制，具体要求如下：

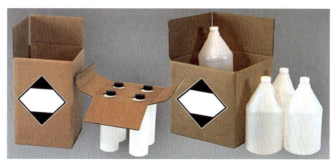

图 1-4-2　组合包装

①使用易碎或者易破的材质(如玻璃、瓷器、粗陶瓷或某些塑料等)作为内包装时,应增加一个中间包装,且包件的总质量(含包装)不应超过 20kg。也就是说,要采用三层包装的方式。

②使用热缩塑料包(收缩膜)或者托盘加拉伸膜作为外包装时,每个包件的总质量(含包装)不得超过 20kg。

③其他类型包件的总质量(含包装)不应超过 30kg。

(3)托运人托运有限数量危险货物时,应当向承运人提供包装性能测试报告或者书面声明危险货物符合《危险货物道路运输规则》(JT/T 617)包装要求,如图 1-4-3 所示。驾驶人员应当随车携带测试报告或者书面声明。

有限数量危险货物包装使用声明

包装声明编号：__________　　　　包装测试编号：__________

企业名称					
货物名称	联合国编号（UN 号）	正式运输名称	类别项别	包装类别	单个内包装净含量 (g/mL)
包件毛重（kg）：					

声明：本公司承诺所出运的有限数量危险货物包装的适用性及使用方法，符合如下法规标准要求（适用有限数量危险货物道路运输的相关内容）：

《危险货物道路运输安全管理办法》；

《危险货物道路运输规则　第 3 部分：品名及运输要求索引》（JT/T 617.3—2018）；

其他__________

如有不符，我公司将承担相应的法律责任。

特此声明。

公司盖章：

声明人姓名：　　　　签字：　　　　日期：

图 1-4-3　有限数量危险货物包装使用声明

5. 包装要加贴特殊标记

有限数量危险货物包件应加贴统一的标记,如图 1-4-4 和图 1-4-5 所示。

图1-4-4　有限数量豁免危险货物包装粘贴标记

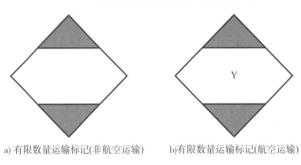

a) 有限数量运输标记(非航空运输)　　b)有限数量运输标记(航空运输)

图1-4-5　有限数量运输标记

6.车辆载货限制

运输车辆载运有限数量危险货物总质量(含包装)不超过8000kg的,可以按照普通货物运输。有限数量危险货物包件可以与其他危险货物、普通货物混合装载,但有限数量危险货物包件不得与爆炸品混合装载。

需要注意的是,若有限数量危险货物包件与其他危险货物混合装载时,则需要遵守危险货物道路运输的相关规定。

(三)例外数量危险货物

1.定义

例外数量是指危险货物以例外数量形式运输时,每件内包装和每件外包装所装危险货物的最大净装载量。它是列入《危险货物道路运输规则》(JT/T 617),通过容量、数量限制、包装、标记等特别要求,消除或者降低其运输危险性并免除相关运输条件的危险货物。

适用例外数量道路运输的危险货物多为运输数量较小、危险程度较小的危险货物,以列入JT/T 617.3中危险货物一览表的第(7b)列"例外数量"中的为准。剧毒化学品、民用爆炸物品、烟花爆竹以及放射性物品不适用例外数量。

符合有例外数量道路运输相关要求的危险货物,可以按普通货物运输。

2.例外数量危险货物判定步骤

(1)确认危险货物基本信息。

根据道路运输危险货物的判定标准,即 JT/T 617.2,确认该货物的联合国编号、正式运输名称(中文或英文)、类别或项别、包装类别等信息。

是否属于危险货物可以从托运人提交的"化学品安全技术说明书"(重点见第14部分:运输信息)、安全标签、运输条件鉴定书等途径获取。

(2)确认是否属于剧毒化学品等。

按相关法规确认是否属于剧毒化学品、民用爆炸物品、烟花爆竹以及放射性物品。如属于,则该危险货物从其规定。

(3)确认是否适用例外数量道路运输。

查询 JT/T 617.3 中危险货物一览表,找到对应的联合国编号。部分危险货物还可进一步细分为不同浓度或者含量、不同包装类别等情形,故还需要进一步查看第(2a)(2b)(4)列中的相关信息。然后查找危险货物一览表中该货物所对应的第(7b)列中记载的字母数字代码。若为"E0"或者"禁运",表明该货物不适用例外数量运输,若为"E1"至"E5"中任一个,则表明该货物适用例外数量运输,则进一步遵守例外数量运输相关条件。

3.判定示例

(1)不适用例外数量道路运输的危险货物示例。

①硝酸铵,联合国编号为 UN 0222,属于第1类爆炸性物质和物品,不适用例外数量道路运输。

②氰化钾,联合国编号为 UN 1680,属于剧毒化学品,不适用例外数量道路运输。

③无水氟化氢,联合国编号为 UN 1052,属于第8类腐蚀性物质,包装类别Ⅰ类,JT/T 617.3中危险货物一览表的第(7b)列为"E0",不适用例外数量道路运输,见表1-4-4。

无水氟化氢不适用例外数量运输 表1-4-4

联合国编号	中文名称和描述	英文名称和描述	类别	分类代码	包装类别	标志	特殊规定	有限数量和例外数量	
(1)	(2a)	(2b)	(3a)	(3b)	(4)	(5)	(6)	(7a)	(7b)
1052	氟化氢,无水的	HYDROGEN FLUORIDE, ANHYDROUS	8	CT1	Ⅰ	8 +6.1		0	E0

(2)适用例外数量道路运输的危险货物示例。

以胶黏剂类(含有易燃液体)为例,其联合国编号为 UN 1133,属于第3类易燃液体,包装类别分为Ⅰ、Ⅱ、Ⅲ类。

查询 JT/T 617.3 中危险货物一览表的第(7b)列可知,包装类别为Ⅰ类时,第(7b)列对应的数字字母为"E3";包装类别为Ⅱ类时,第(7b)列对应的数字字母为"E2";包装类别为Ⅲ类时,第(7b)列对应的数字字母为"E1",则表明不同包装类别的胶黏剂类(含有易燃液体)均适用例外数量道路运输,但装载量存在差异。

对于包装类别为Ⅰ类的胶黏剂类而言,其例外数量数字字母代码为E3,该代码表示,使用例外数量运输胶黏剂类时,其每个内包装的最大净装载量不能超过30mL(液体),每个外包装的最大净装载量不能超过300mL(液体)。各个例外数量字母数字编码含义见表1-4-5。

例外数量字母数字编码含义　　　　　　　　　　表1-4-5

编码	每件内包装的最大净装载量[a]	每件外包装的最大净装载量[b]
E0	不适用例外数量运输	
E1	30	1000
E2	30	500
E3	30	300
E4	1	500
E5	1	300

注:对于气体,内包装标明的容量指内包装的水容量,外包装标明的容量指在一件外包装内所有内包装水容量之总和。
　a 固体单位为g,液体和气体单位为mL。
　b 固体单位为g,液体和气体单位为mL,在混装的情况下单位为g和mL之总和。

4.产品包装要满足特定要求

在满足上述关于每件内包装和外包装最大净装载量限制的前提下,按照例外数量豁免运输的危险货物,其包装还应符合下列要求。

(1)必须采用内包装、中间包装和外包装相结合的三层组合包装形式,具体如图1-4-6所示。危险货物不应与衬垫材料、吸收材料和包装材料产生危险化学反应,或降低材料的完整性或作用。

(2)内包装的要求具体如下。

①材质:仅限金属、塑料、玻璃、瓷器、石器、陶器等强度较高的材料,不可以使用胶合板、纤维板、纸、纺织品等材料。

②厚度:如果拟装物是液体,内包装为塑料时,其厚度必须≥0.2mm。

图1-4-6　例外数量三层包装的典型样式

③封口:每个内包装的封口应使用金属丝、胶带或其他可靠手段紧固;任何带有模压螺纹瓶颈的容器,应配有防漏的螺纹型瓶盖。封口应能够耐内装物的腐蚀。

④每个内包装都应牢靠地装在带衬垫材料的中间包装中,使之在正常运输条件下不会破裂、穿孔或发生内装危险货物泄漏。

(3)中间包装的要求。

①使用例外数量运输时,必须使用中间包装。

②中间包装的目的是保护内包装,防止其在运输情况下发生破损、穿孔等意外泄漏情况,不论包件的方向如何,中间包装都应能够完全盛载内装物。

③如果内装物为液体,中间包装还必须有足够多的吸收材料(吸收材料可以是衬垫材料),以确保能够完全吸入所有内装物。

(4)外包装的要求。

外包装必须为硬质、坚固的包装(材质为木材、纤维板或其他同样坚固的材料),能够有足够的强度保护内容器和中间容器。

(5)托运人托运有限数量危险货物时,应当向承运人提供书面声明,说明危险货物符合《危险货物道路运输规则》(JT/T 617)包装要求,如图1-4-7所示。驾驶人员应当随车携带书面声明。托运人应当在托运清单中注明例外数量危险货物以及包件的数量。

例外数量危险货物包件使用声明

包件声明编号:_____   包件测试报告编号:_____

企业名称					
货物名称	联合国编号 (UN号)	正式运输名称	类别 项别	包装 类别	包件数量 (个)
			合计		

声明:本公司承诺所出运的例外数量危险货物包件的适用性及使用方法,符合如下法规标准要求(适用例外数量危险货物道路运输的相关内容):

《危险货物道路运输安全管理办法》;

《危险货物道路运输规则 第3部分:品名及运输要求索引》(JT/T 617.3 2018),

其他_____

如有不符,我公司将承担相应的法律责任。

特此声明。

公司盖章:

声明人姓名:_____   签字:_____   日期:_____

图1-4-7 例外数量危险货物包件使用声明

5.包装要加贴特殊标记

例外数量危险货物包件应加贴统一的标记,如图1-4-8所示。图中,第一个"*"代表包件内例外数量危险货物的危险类别,如数字"3"代表E3,即每个内包装的最大净装载量不超过

30mL或者30g,每个外包装的最大净装载量不超过300mL或者300g。

图1-4-8 例外数量运输标记

6.车辆载货限制

运输车辆载运例外数量危险货物的包件数不超过1000个,可以按照普通货物运输。例外数量危险货物包件可以与其他危险货物、普通货物混合装载。

需要注意的是,若例外数量危险货物包件与其他危险货物混合装载时,则需要遵守危险货物道路运输的相关规定。

单元五 危险货物运输包装

一 包装的作用及分类

(一)包装的定义

包装是指为在流通过程中保护产品,方便储运,促进销售,按一定技术方法而采用的容器、材料及辅助物等的总体名称。也指为了达到上述目的而采用容器、材料和辅助物的过程中施加一定方法等的操作活动。该定义是从广义角度给出了包装的基本概念。

(二)包装相关主体的职责分工

包装是危险货物运输安全防控体系的重要环节。包装安全性能的好坏,直接决定了运输安全保障水平。

《危险化学品安全管理条例》要求,危险化学品包装物、容器的材质以及危险化学品包装的形式、规格、方法和单件质量(重量),应当与所包装的危险化学品的性质和用途相适应。

托运危险化学品的,托运人应当向承运人说明所托运的危险化学品的种类、数量、危险特性以及发生危险情况的应急处置措施,并按照国家有关规定对所托运的危险化学品妥善包装,在外包装上设置相应的标志。

由上述内容可知,对所托运的危险化学品进行妥善包装是托运人的职责。对于承运人而言:

一是需要了解危险货物包装的基本概念和相关常识。

二是需要指导驾驶人员和押运人员做好运输前的包装外观检查工作,确保不存在包装破损、泄漏、裂纹、变形、异常响声等情形。若存在破损、泄漏等情形,驾驶人员或者押运人员应及时联系托运人或者装货人,由托运人或者装货人负责重新包装或修理加固,或者将破损、泄漏包装从车辆中移除,否则承运人应拒绝运输。因为,根据交通运输部办公厅印发的《道路运输企业和城市客运企业安全生产重大事故隐患判定标准(试行)》(交办运〔2023〕52号),运输危险货物过程中包装容器损坏、泄漏的,属于重大事故隐患。所以,运输企业需要在源头就把控好危险货物包装,防止托运人因未妥善包装导致运输过程中发生因包装问题引发的泄漏、火灾等事故,进而给运输企业的安全生产经营带来严重影响。

(三)包装的作用

对于一般商品来说,其包装的作用主要表现为:

一是保护商品,便于运输,这是包装最基本的功能;

二是扩大销售,增加利润,这是商品市场竞争的必然要求;

三是商品包装在一定程度上还反映出一个国家生产力和科学技术的水平,这是一个国家综合国力和科技水平的外在表现。

危险货物的危险性主要取决于其自身的理化性质,同时也受到外界条件的影响,如温度、雨雪水、机械作用以及不同性质货物之间的影响。对于危险货物运输包装来说,除了一般的经济学、市场营销学上的意义外,还具有如下重要的作用。

(1)防止被包装的危险货物因接触雨雪、阳光、潮湿空气和杂质而变质,或发生剧烈化学反应所造成的事故;

(2)减少货物在运输过程中所受到的碰撞、振动、摩擦和挤压,使危险货物在包装的保护下保持相对稳定状态,从而保证运输过程安全;

(3)防止因货物撒漏、挥发以及与性质相悖的货物直接接触,而发生事故或污染运输设备及其他货物的事件发生;

(4)便于储运过程中的堆垛、搬动、保管,提高车辆生产率、运送速度和工作效率;

(5)防止放射性物质放出的射线对人体的内照射和外照射所造成的危害。

(四)包装的分类

按照包装层次可以分为以下几类。

（1）内包装：运输时需用外包装的包装。内包装通常直接和货物接触，主要针对组合包装而言。

（2）外包装：复合或组合包装的外保护装置，以及为容纳和保护内容器或内包装所需要的吸附性材料、缓冲材料和其他部件。

（3）中间包装：置于内包装或物品和外包装之间的包装。

（4）包件：包装作业的完结产品，包括准备好供运输的包装、大型包装或中型散装容器及其内装物。

按照包装组合方式可以分为以下几种。

（1）单一包装：直接盛放货物的包装，如钢桶、塑料桶等。

（2）复合包装：是指由一个外包装和一个内容器（或复合层）组成一个整体的包装。该包装经装配后便成为单一整体，以用于充装、储存、运输和卸空，如图1-5-1所示。

（3）组合包装：是指为了运输目的而组合在一起的一组包装，由固定在一个外包装中的一个或多个内包装组成。组合包装可以脱离，如塑料罐放在木箱里，如图1-5-2所示。

图1-5-1　复合包装　　　　　　　　图1-5-2　组合包装

（4）集合包装：是指为了方便运输过程中的装卸和存放，将一个或多个包件装在一起以形成一个独立单元所用的包装物。如将多个包件放置或堆垛在托盘上，并用塑料打包带、收缩薄膜或其他适当方式紧固；或者放在箱子或围板箱等外保护包装中，如图1-5-3所示。

图1-5-3 集合包装

(5)内容器:运输时需要外包装的容器,内容器可直接和物料接触,主要针对复合包装而言。

按照包装规格可以分为:

(1)常规包装。是指所装载的货物净重不超过400kg(装载固体危险货物或物品时),或者包装容积不超过450L(装载液体时)的包装。

(2)大型包装。由一个内装多个物品或内包装的外包装组成的包装,其设计应适用于机械方法装卸,其净质量超过400kg或容积超过450L,但体积不超过3m³。

(3)中型散装容器(IBC)。是指满足下列条件的硬质或者柔性可移动容器。

①容量:装包装类别Ⅱ和包装类别Ⅲ的固体和液体时不大于3.0m³;包装类别Ⅰ的固体若装在柔性、硬塑料、复合、纤维板和木制中型散装容器时不大于1.5m³;包装类别Ⅰ的固体若装在金属中型散装容器时不大于3.0m³;装第7类放射性物质时不大于3.0m³。

②设计适用于机械装卸。

③经受装卸和运输中产生的各种应力,该应力由试验确定。

根据容器结构和材质的不同,可分为金属中型散装容器、木质中型散装容器、柔性中型散装容器、纤维板中型散装容器、复合中型散装容器、刚性塑料中型散装容器,如图1-5-4所示。

图1-5-4 不同类型的中型散装容器

包装按照材质可以分为钢、铝、塑料等类型;按照样式可以分为桶、罐、箱等类型,其代码使用阿拉伯数字表示,具体可扫描封面二维码查看。

(五)包装代码和标记

包装标记一般由下列几个部分组成。

1.包装代码

包装代码由三个部分组成。

第一部分:阿拉伯数字,表示容器的种类,如桶、罐等;

第二部分:大写拉丁字母,表示材料的性质,如钢等;

第三部分:阿拉伯数字,表示容器在其所属种类中的类别,如非活动盖、活动盖等。

如果是复合包装,应用两个大写拉丁字母依次写在代码的第二个位置。第一个字母表示内容器的材料,第二个字母表示外包装的材料。如果是组合包装,只使用外包装的代码。

2. 包装类别和内装货物密度/重量

第一部分:大写拉丁字母,表示该包装适用的危险货物包装类别。其中,X表示适用内装包装类别Ⅰ、Ⅱ和Ⅲ类的危险货物;Y表示适用内装包装类别Ⅱ和Ⅲ类的危险货物;Z表示适用内装包装类别Ⅲ类的危险货物。包装标记与包装类别的对应关系见表1-5-1。

包装标记与包装类别的对应关系　　　　表1-5-1

标记中字母	包装类别	可适用的包装类别
X	Ⅰ	适用内装包装类别Ⅰ、Ⅱ和Ⅲ类的危险货物
Y	Ⅱ	适用内装包装类别Ⅱ和Ⅲ类的危险货物
Z	Ⅲ	只限内装包装类别Ⅲ类的危险货物

第二部分:数字。对于拟装固体或内包装的,该数字表示最大装载重量(毛重);对于拟装液体的,该数字表示可以装载的液体最大相对密度(相对于水的密度;如果<1.2,可以省略不标注)。

3. 固体/液体标识

如果该包装适装固体危险货物,则用S表示;如果该包装适装危险货物为液体,用千帕(kPa)表示其能够承受的液压试验压力。

4. 制造年份

该包装制造年份,用两位阿拉伯数字表示。

5. 国家代码

该包装制造国家的代码,例如CN表示中国。

6. 制造厂商标识

制造厂商所在的地区及厂商代码。

7. 生产批次

说明包装内货物的生产批次。

图1-5-5为某包装代码示意图,其中各标记含义为:

(1)包装类型代码。3A1表示钢罐,非活动盖。

(2)包装类别和内装货物密度/重量。Z1.2表示该包装可以装载包装类别为Ⅲ的液体危险货物。该液体的相对密度为1.2。

（3）液压试验压力为100kPa。

（4）制造年份。该包装的制造年份为2022年。

（5）国家代码。CN表示中国。

（6）包装制造厂商标识。C232700。

（7）生产批次：PI：007。

图1-5-5　包装代码示意图

二 包件及中型散装容器和大型包装的使用要求

（一）包装质量合格

（1）危险货物应装在质量合格的包装内（包括中型散装容器和大型包装）。

（2）新的、再次使用的、修复过的和改制的包装（包括中型散装容器和大型包装）均应足够坚固，能够承受装卸、搬运、运输、周转过程中遇到的冲击和荷载。

（3）包装（包括中型散装容器和大型包装）应结构合理、具有良好的密封性，能够防止正常运输过程中由于振动，以及温度、湿度或压力的变化（如因海拔不同所致）引起的任何内装货物损失。

（4）在运输过程中，不应有任何危险残余物质黏附在包装（包括中型散装容器和大型包装）的外表面。

（二）材质与危险货物的理化性质匹配

（1）包装（包括中型散装容器和大型包装）与危险货物直接接触的各个部位，应满足下列要求：

①不应由于危险货物使包装强度明显减弱；

②不应在包件内引发危险效应，例如，促使危险货物发生反应或与危险货物发生反应；

③在正常的运输条件下不会发生危险货物渗透情况；

④必要时，与危险货物直接接触的各个部位可有适当的内涂层或经过适当的处理。

(2)装运液体危险货物的包装，应能够承受正常运输过程中液体对包装的内部压力。如果所装运的危险货物在某些条件下(例如温度升高等原因)释放气体，但不具有毒性、易燃性等危险特性，导致包装内产生压力，则可在包装或中型散装容器上安装一个通气孔。在正常运输条件下，通气孔应能防止液体泄漏、异物渗入等情况发生。

(3)运输固体危险货物时，若该固体在运输过程中可能变为液体，则装载该物质的包装(包括中型散装容器)应具备装载液态物质的能力。

(4)用于装粉末或颗粒状物的包装(包括中型散装容器)应防撒漏或配备衬里。

(5)当使用冰作为冷却剂时，不应影响包装的完好性。

(三)充装液体危险货物的包装需合理确定充装率

当包装(包括中型散装容器和大型包装)装载液体时，应留有足够的膨胀空间，以防止在运输过程中因温度变化引起液体膨胀，而导致容器渗漏或永久变形。具体要求包括：

(1)除非另有特殊规定，液体在55℃时不得完全充满容器。

(2)当中型散装容器装载液体时，液面上方应留有足够的膨胀空间，以保证平均温度为50℃时，中型散装容器的充装度不超过其容量的98%。

(3)除非另有规定，在15℃的充装温度下，应按照最大充装度进行充装。

(四)内包装质量应符合要求

(1)内包装应合理放置在外包装中，应能确保在正常运输条件下，内包装不会破裂、被刺穿或内装物渗漏到外包装中。

(2)装有液体的内包装，包装后封闭装置应朝上。

(3)用玻璃、陶瓷或塑料等材料制成的易于破裂或易被刺破的内包装，应使用合适的衬垫材料固定在外包装中。如果内装物发生泄漏，衬垫材料或外包装的保护性能不应因泄漏受到破坏。

(五)混合包装要求

如果危险货物与其他货物之间会发生危险化学反应，并可能造成如下后果，则不得装在同一个外包装或大型包装内：

(1)燃烧或放出大量的热。

(2)放出易燃、毒性或窒息性气体。

(3)产生腐蚀性物质。

(4)产生不稳定物质。

(六)未清洗的空包装运输要求

除非已采取适当措施消除危险性,否则,装载过危险货物的空包装(包括中型散装容器和大型包装),应与装有该物质的包装适用相同要求。即运输未清洗的危险货物空包装,也应当作危险货物运输。

(七)中型散装容器使用的附加规定

下列危险货物不允许使用中型散装容器装运:
(1)第2类、第6类和第7类危险货物。
(2)次要危险性为第2类、第6类和第7类的危险货物。
(3)蒸气压力在50℃时超过110kPa或55℃时超过130kPa的液体危险货物。
使用中型散装容器运输时,需要遵守下列要求:
(1)使用中型散装容器运输闪点等于或低于60℃的液体,或者运输易于引起粉尘爆炸的粉末物质时,应采取相关措施防止静电。
(2)金属、复合和刚性塑料的中型散装容器,应按照相关标准进行出厂检验。
(3)用于装运液体,带有柔性塑料内容器的31HZ2型复合中型散装容器,应至少装至外壳体积的80%,并始终用封闭的货物运输装置运载。

三 可移动罐柜的使用要求

(一)使用可移动罐柜运输第1类和第3类~第9类物质

1.可移动罐柜的定义

可移动罐柜是指一种适用于多式联运的罐体,在罐壳上装有运输危险货物所需的辅助设备和结构装置;当装运气体时,容积通常大于450L。

从上述定义可以看出,可移动罐柜强调的是一种多式联运的容器,比如公路和水路联运。如果只局限在单一运输方式(如公路)使用,则不能称之为可移动罐柜。

2.可移动罐柜导则

可移动罐柜导则和特殊规定是由字母数字代码来表示的。其中以字母"T"开头的数字表示可移动罐柜导则,如T1、T23等;以字母"TP"开头的数字表示该可移动罐柜导则的特殊规定,具体可扫描封面二维码查看。

可移动罐柜导则适用于第1类~第9类危险货物。
(1)对于第1类和第3类~第9类物质,可移动罐柜导则列明适用的最低试验压力、壳体最小厚度(基准钢)、底部开口要求和安全泄放装置要求。
(2)可移动罐柜导则T23列出了允许使用可移动罐柜运输的4.1项自反应物质和5.2项

有机过氧化物,同时列出了适用的控制温度和应急温度。

(3)可移动罐柜导则T50适用于非冷冻液化气体,规定了允许使用可移动罐柜运输的非冷冻液化气体的最大允许工作压力、底部开口要求、安全释放装置要求和充装度要求。

(4)可移动罐柜导则T75适用于冷冻液化气体。

需要注意的是,虽然JT/T 617.3中危险货物一览表的第(10)列标明了具体的可移动罐柜导则,但在实际使用时,也可选择具有更高试验压力、更大壳体厚度、更坚固底部开口和安全泄放装置的其他可移动罐柜。可移动罐柜的兼容性,具体可扫描封面二维码查看。

3.可移动罐柜的基本结构

由于可移动罐柜是进行多式联运的主要运输工具。在可移动罐柜中,常见类型是国际标准罐式集装箱,也称为ISO tank,其基本结构如图1-5-6所示。

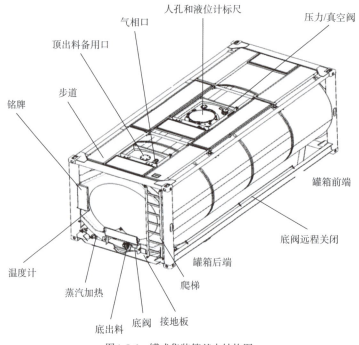

图1-5-6 罐式集装箱基本结构图

以国际标准罐式集装箱为例,主要结构见表1-5-2。

可移动罐柜各部位列表　　　　　　　　　　表1-5-2

部位名称	说明	图示
罐体(单罐或多罐)	由专为装载货物用的单个或多个容器和管路以及为防止货物流动而设置的附件所组成的结构件	

续上表

部位名称	说明	图示
框架	由罐体的底架、端框和所有承力构件组成的结构,用以传递罐式集装箱在起吊、搬运、固缚和运输中所产生的静载和动载	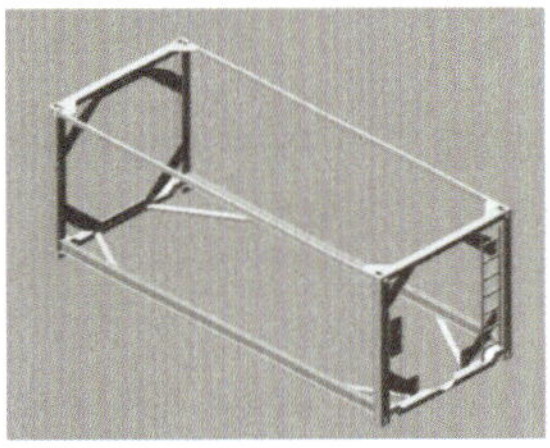
人孔	为便于对罐内各部件进行检查,大多在罐箱中部配置人孔	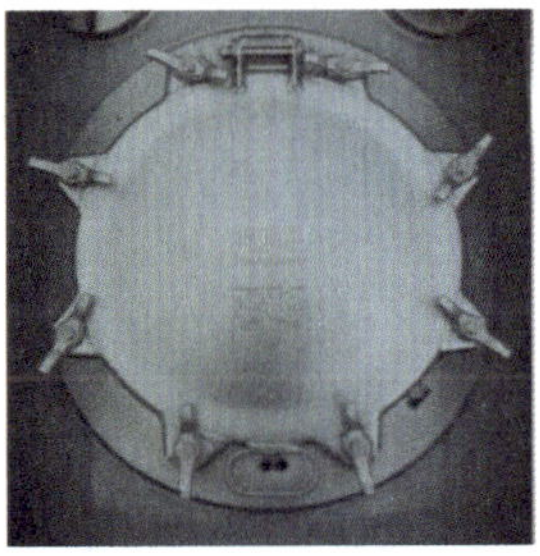
安全阀	当罐箱内压力升高超过规定值时,阀门开启并向系统外排放介质,防止罐内压力超过规定数值	
气相阀	此阀门用于在卸料或者检验时对罐体施加压力或排气;气相阀可安装压力表	
底卸料阀	罐箱底卸料阀通常由紧急切断阀、蝶阀、3英寸(1英寸=2.54cm)的BSP螺纹出口和盖帽组成	

续上表

部位名称	说明	图示
底阀远程关闭	允许人员在罐体一侧安全的位置远程控制关闭底卸料阀	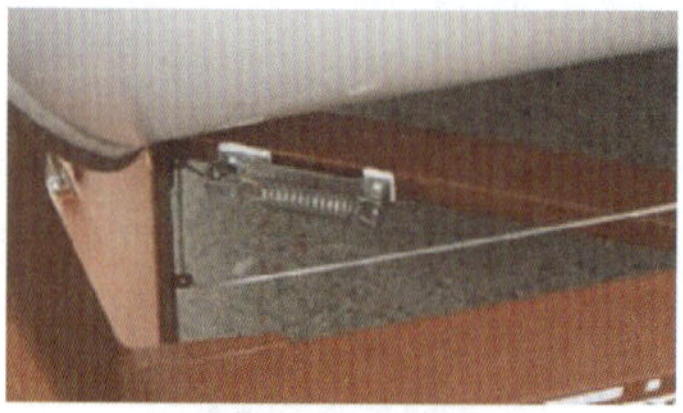
防波板	当运输容积为20%~80%，且介质黏度小于2680mm/s时，须设置防波板，且防波板隔开容积不大于7.5m³	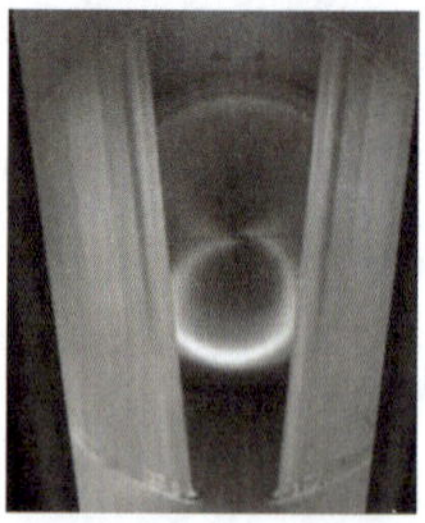
溢流盒	用于保护罐体的阀件，罐箱一般设置两个溢流盒，溢流盒外部配有排水管	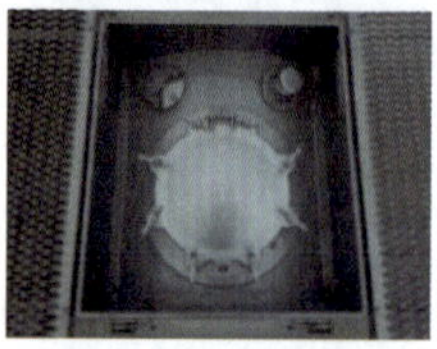
梯子及步道	罐箱配有防滑梯子用于便捷安全地抵达顶部；罐箱顶部有防滑步道，便于罐箱顶部的操作安全	
扶手栏杆	可在罐箱步道旁边安装可折叠的扶手栏杆，降低人员从顶部坠落风险	
接地装置	用于连接导静电地线，采用不腐蚀且导电性好的金属	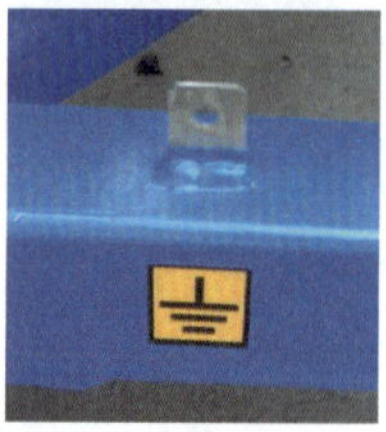

4.可移动罐柜使用一般规定

（1）不是每种危险货物都可以使用可移动罐柜进行运输。

能否使用可移动罐柜运输，需要查看JT/T 617.3中危险货物一览表的第(10)列。如果出现以字母"T"开头的代码,则表示该货物允许使用可移动罐柜运输。

以表1-5-3举例。一是对于过氧化钾(UN 1491),其第(10)列为空白,表示该物质不能使用可移动罐柜运输;二是对于亚硝酸钾(UN 1488),其第(10)列为T3,表示该物质可以使用可移动罐柜运输,且可移动罐柜导则为T3。同样,按照可移动罐柜的兼容性原则,也可以使用表1-5-3所示的T4、T5、T6等可移动罐柜来运输。

可移动罐柜导则使用示例　　　　　　表1-5-3

联合国编号	中文名称和描述	英文名称和描述	类别	分类代码	包装类别	标志	特殊规定	有限数量和例外数量	包装			可移动罐柜和散装容器		罐体		罐式运输车辆
									包装指南	特殊包装规定	混合包装规定	指南	特殊规定	罐体代码	特殊规定	
(1)	(2a)	(2b)	(3a)	(3b)	(4)	(5)	(6)	(7a)	(7b)	(8)	(9a)	(9b)	(10)	(11)	(12)	(13)	(14)
1488	亚硝酸钾	POTASSIUM NITRITE	5.1	O2	Ⅱ	5.1		1kg	E2	P002 IBC08	B4	MP10	T3	TP33	SGAV		TU3	AT
1491	过氧化钾	POTASSIUM PEROXIDE	5.1	O2	Ⅰ	5.1		0	E0	P503 IBC06		MP2						

(2)装货前,托运人应确保使用了合适的可移动罐柜,且所装货物不会与壳体材料、垫圈、装卸设备及任何防护衬料发生危险化学反应。

(3)当可移动罐柜属于移动式压力容器时(即可移动罐柜导则为T50和T75时),还应满足特种设备相关安全技术规范的要求。

(4)如果某些物质的化学性质不稳定,托运人应采取必要的措施,防止运输途中发生危险化学反应。

(5)在运输期间,应采取足够的防护措施,防止因受到横向、纵向的碰撞及侧翻,导致可移动罐柜壳体及其装卸设备的损坏。

(6)在运输期间,可移动罐柜壳体(不包括开口及其封闭装置)或隔热层外表面的温度不应超过70℃。若有需要,壳体应具有绝热层。

(7)未进行清洁、残留有气体的空罐柜,应按照先前充装物质的要求进行运输。

(8)可相互发生危险化学反应的物质,不得装在罐柜相邻的隔舱内运输。

(9)可移动罐柜应按照规定的周期进行定期检验,并取得相应的检验报告,并具有相应的定期检验标识。

(10)可移动罐柜若存在以下情况之一,不得交付运输。

①充装度不合理、可移动罐柜内的液涌可能造成过大的液体冲击力;

②罐体或其辅助设备上黏附有所装物的残留物;

③可移动罐柜存在渗漏情形,或者损坏程度使罐柜完整性或其起吊、紧固受到影响,存

在安全隐患；

④可移动罐柜的辅助设备(附件)未经过检查确认工作状态良好。

(二)使用可移动罐柜运输第2类物质

(1)使用可移动罐柜运输冷冻液化气体、非冷冻液化气体和加压化学品时，应符合《关于危险货物运输的建议书　规章范本》和《移动式压力容器安全技术监察规程》(TSG R0005)等规范的要求。可移动罐柜采用集装箱结构时，还应符合《1972年国际集装箱安全公约》(CSC)以及《系列1集装箱　分类、尺寸和额定质量》(GB/T 1413)、《系列1集装箱　技术要求和试验方法　液体、气体及加压干散货罐式集装箱》(GB/T 16563)和《集装箱　代码、识别和标记》(GB/T 1836)等标准的技术要求。

(2)可移动罐柜应有充分保护，以防运输过程中因横向和纵向的冲击和倾覆而损坏壳体和辅助设备。

(3)对于化学性质不稳定的非冷冻液化气体，应采取相应措施，防止在运输过程中发生危险化学反应。

(4)装运的各种气体名称应标注在可移动罐柜的金属铭牌上。

(5)未经清洗或排空的可移动罐柜，应按照先前充装物质的要求进行运输。

(6)每次运输冷冻液化气体前，均应根据下列影响因素计算维持时间：

①待运冷冻液化气体的参考维持时间；

②实际充装密度；

③实际充装压力；

④安全泄放装置的最低整定压力。

(7)可移动罐柜若存在以下情况之一，不得交付运输：

①充装度不合理、可移动罐柜内出现液涌，可能造成过大的液体冲击力；

②存在渗漏；

③罐柜或其起吊、紧固附件损坏，存在安全隐患；

④可移动罐柜的辅助设备(附件)未经过安全检查确认工作状态良好；

⑤未计算并按规定标记所运冷冻液化气体的实际维持时间，且未标注在可移动罐柜或其金属铭牌上；

⑥冷冻液化气体的运输时间(包括可能遇到的延误)超过维持时间。

四 罐式车辆罐体的使用要求

(一)罐式车辆罐体的分类

罐式车辆罐体主要包括两种类型，一种属于特种设备，归类为移动式压力容器；另一种属于液体危险货物罐式车辆常压罐体。

1. 移动式压力容器

根据《移动式压力容器安全技术监察规程》(TSG R005),移动式压力容器是指由罐体或者大容积钢质无缝气瓶与走行装置或者框架采用永久性连接组成的运输装备,包括铁路罐车、汽车罐车、长管拖车、罐式集装箱和管束式集装箱等,典型样式如图1-5-7所示。

图1-5-7 移动式压力容器典型样式

在道路运输环节,移动式压力容器主要涉及汽车罐车、长管拖车、罐式集装箱和管束式集装箱这四种类型,其适用范围包括:

(1)具有充装与卸载介质功能,并且参与铁路、公路或者水路运输;

(2)罐体工作压力大于或者等于0.1MPa,气瓶公称工作压力大于或者等于0.2MPa;

(3)罐体容积大于或者等于450L,气瓶容积大于或者等于150L且气瓶容积之和不小于3000L;

(4)充装介质为气体以及最高工作温度高于或者等于其标准沸点的液体。

2. 液体危险货物罐式车辆常压罐体

根据《道路运输液体危险货物罐式车辆 第1部分:金属常压罐体技术要求》(GB 18564.1)和《道路运输液体危险货物罐式车辆 第2部分:非金属常压罐体技术要求》(GB 18564.2)的相关定义,常压罐体适用于:

(1)充装介质为液体危险货物;

(2)正常运输过程中,罐体的工作压力小于0.1MPa;

(3)由金属(如碳素钢、低合金钢、耐酸不锈钢、铝及铝合金材料等)或者非金属材料(玻璃纤维增强塑料、聚丙烯塑料、聚乙烯塑料等)制造,且与定型汽车底盘或与罐式半挂车行走机构永久性连接。

(二)罐式车辆罐体的结构

以液体危险货物罐式车辆常压罐体为例,介绍罐式车辆罐体的主要结构。

罐体一般由封头、隔仓板(也可能没有)、防波板(也可能没有)、筒体、人孔、防止筒体刚性破坏的保护装置、倾覆保护装置(也可能没有)等组成。

(1)封头、隔仓板。封头、隔仓板的形状应为碟形,其深度应大于或者等于100mm。也可采用长径方向为圆弧、短径方向为直段的具有相同强度和刚度的结构。

封头、隔仓板不应采用无折边结构,其最小成形厚度应大于或者等于筒体厚度。隔仓板应有足够的强度和刚度,在逐仓进行耐压试验时应保持稳定。

(2)防波板。常压罐体筒体内应设置防波板,防波板与筒体的连接应牢固可靠,相邻防波板及防波板与相邻封头或隔仓板之间的容积应小于或者等于7.5m³,以防止液体波动太大。防波板典型结构如图1-5-8和图1-5-9所示。

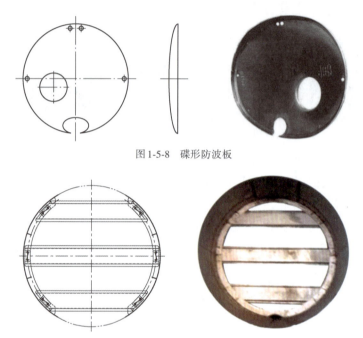

图1-5-8 碟形防波板

图1-5-9 水平分块防波板

当防波板作为加强部件时,其厚度应大于或者等于筒体壁厚,且其有效面积应至少为其所在处筒体横截面积的70%。除用于筒体加强件的防波板外,其余防波板有效面积应大于其所在处的筒体横截面积的40%,且上部弓形面积小于其所在处筒体横截面积的20%。

(3)倾覆保护装置。当罐体顶部的安全附件和装卸附件等突出罐体时,应设置倾覆保护装置,以防止因碰撞、翻车损坏罐顶的安全附件和装卸附件等。该装置可设置为加强环或保护顶盖、横向或纵向构件等形式,其典型结构如图1-5-10~图1-5-12所示。

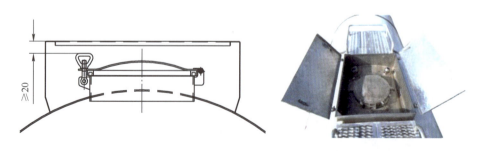

图1-5-10 典型径向和周向的附件保护装置布置(单位:mm)

模块一　道路危险货物运输从业人员基础知识

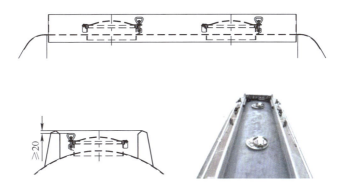

图1-5-11　典型的利用罐体轮廓对附件进行保护的布置（单位：mm）

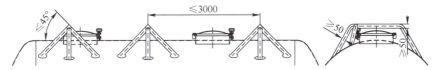

图1-5-12　典型的利用翻转棒对附件进行保护的布置（单位：mm）

（4）防止筒体刚性破坏的保护装置。为了减轻罐车自重、降低材料成本，罐体一般均装有加强部件以减薄罐体壁厚。加强部件包括隔仓板、防波板、外部或内部加强圈（图1-5-13）等形式。

（5）人孔装置。罐体应至少设置一个人孔，一般可设在罐体顶部；多隔舱的罐体，每一个分仓应至少设置一个人孔，如图1-5-14所示。人孔应为大于或等于500mm的圆孔或者500mm×400mm的椭圆孔。

图1-5-13　罐体外部加强圈

图1-5-14　罐体上的人孔

（三）罐体设计代码

1.罐体设计代码的组成

对于液体危险货物常压罐式车辆罐体来说，罐体铭牌和罐体外观上标注的罐体设计代码由4个部分组成，含义及层级关系见表1-5-4。

第1部分：罐内介质形态，字母"L"表示该罐体是供液态物质使用的罐体。

第2部分：计算压力。

第 3 部分:装卸管理系统的位置及要求。

第 4 部分:安全泄放装置的设置要求。

罐体代码及层级关系　　　　　　　　　　　表 1-5-4

部分	代码名称	代码含义及层级
1	罐体类型	L——针对液态物质的罐体
2	计算压力	G 或数值。 当数值为 1.5、2.65、4、10、15、21 时,分别表示最小计算压力×0.1MPa。层级关系由低至高为:G→1.5→2.65→4→10→15→21
3	装卸管路系统的位置及要求	A——充装和卸载开口在底部,具有 2 道相互独立且串联的关闭装置; B——充装或卸载开口在底部,具有 3 道相互独立且串联的关闭装置; C——充装或卸载开口在顶部,罐体底部仅允许清洁孔,其余开孔应大于或等于罐内最高液位; D——充装或卸载开口在顶部,所有开孔均应大于或等于罐内最高液位,液面以下无开孔。 层级关系由低到高为:A→B→C→D
4	安全泄放装置的设置要求	V——带有紧急泄放装置,可不装配阻火器; F——带有紧急泄放装置,并装有阻火器; N——不安装紧急泄放装置,需安装安全阀的罐; H——紧密关闭罐,其计算压力不小于 0.4MPa,紧密关闭为如下的任一种情况: a)不安装安全阀、爆破片、其他安全装置或真空减压阀; b)不安装安全阀、爆破片或其他安全装置,但安装真空减压阀; c)安装爆破片与安全阀的串联组合装置,但不安装真空减压阀; d)安装爆破片与安全阀的串联组合装置,同时安装真空减压阀。 层级关系由低到高为:V→F→N→H

以运输甲醇的罐车为例,如图 1-5-15 所示。

图 1-5-15　甲醇罐体的外观

首先,根据托运清单、化学品安全技术说明书等资料可知,甲醇的联合国编号为 UN 1230,包装类别为Ⅱ类。接着查询 JT/T 617.3 中危险货物一览表,找到 UN 1230 所对应的那一行。再查看第(12)列罐体代码中注明的字母,显示为"L4BH",见表 1-5-5。

甲醇的罐体代码　　　　　　　　　　　　　表1-5-5

联合国编号	中文名称和描述	英文名称和描述	类别	分类代码	包装类别	标志	特殊规定	有限数量和例外数量		包装			可移动罐柜和散装容器		罐体	
										包装指南	特殊包装规定	混合包装规定	指南	特殊规定	罐体代码	特殊规定
(1)	(2a)	(2b)	(3a)	(3b)	(4)	(5)	(6)	(7a)	(7b)	(8)	(9a)	(9b)	(10)	(11)	(12)	(13)
1230	甲醇	METHANOL	3	FT1	Ⅱ	3+6.1	279	1L	E2	P001 IBC02		MP19	T7	TP2	L4BH	TU15

该设计代码表示：L，表示罐内介质形态为液态。计算压力为"4"，表示最小计算压力（4×0.1MPa）为0.4MPa。

小知识

根据《道路运输液体危险货物罐式车辆　第1部分：金属常压罐体技术要求》（GB 18564.1）的要求，当充装毒性程度为极度、高度危害介质或者附录A中液压试验压力大于或等于0.4MPa的罐体应采用圆形截面，见表1-5-6。

甲醇罐体的液压试验压力　　　　　　　　　　　　表1-5-6

序号	GB 12268编号	介质名称和说明	浓度%	危险程度分类	包装类别	特殊要求	罐体设计代码	液压试验压力 MPa
22	1230	甲醇	<100 100	易燃、毒性中度危害	Ⅱ		L4BH	0.4
23	1231	乙酸甲酯	—	易燃	Ⅱ		LGBF	G

装卸管路系统的位置及要求代码为"B"，表示罐体应设置三道相互独立且串联的关闭装置。第一道阀门应为紧急切断阀，第二道为卸阀料，第三道为在卸料口处设置的盲凸缘或者类似的装置，且应有能防止意外打开的功能。

安全泄放装置的设置要求代码为"N"，表示罐体不安装紧急泄放装置，需安装安全阀。

2.装卸口代码要求

罐体设计代码的第3部分规定了装卸管理系统的位置及要求，此部分内容与运输企业关系较大，在获取罐体设计代码后，根据第3部分字母的不同，按如下规则确定装卸口位置及要求。

（1）代码为L*A*。当罐体设计代码的第3部分为A时，表示充装和卸载开口在底部，具有2道相互独立且串联的关闭装置。其中，第1道为卸料阀，第2道为卸料口处设置的盲凸缘或密封盖等，且应有能防止意外打开的功能。该类介质危险程度很低，品种很少，典型结构如图1-5-16所示。

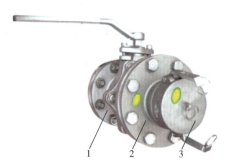

图1-5-16 2道关闭装置的卸料口
1-球阀;2-阳端接头;3-密封盖

（2）代码为L*B*。当罐体设计代码的第3部分为B时,表示充装或卸载开口在底部,具有3道相互独立且串联的关闭装置。其中,第1道为紧急切断装置,应安装在紧靠罐体的位置;第2道为卸料阀;第3道为卸料口处设置的盲凸缘或密封盖等,且应有能防止意外打开的功能。典型结构如图1-5-17和图1-5-18所示。

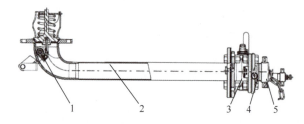

图1-5-17 3道关闭装置的卸料口（样式1）
1-紧急切断阀;2-管道;3-球阀;4-接头;5-密封盖

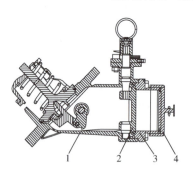 

图1-5-18 3道关闭装置的卸料口（样式2）
1-紧急切断阀;2-蝶阀;3-接头;4-密封盖

（3）代码为L*C*。当罐体设计代码的第3部分为C时,表示充装或卸载开口在顶部,罐体底部仅允许清洁孔,且该孔用盲凸缘盖密封,其余开孔应大于或等于罐内最高液位。该类介质危险性较高,只能采用顶装顶卸。

（4）代码为L*D*。当罐体设计代码的第3部分为D时,表示充装或卸载开口在顶部,所有开孔均应大于或等于罐内最高液位,液面以下无开孔。该类介质危险性很高,只能采用顶装顶卸。

3.安全泄放装置的位置和要求

安全泄放装置包括安全阀、爆破片装置、安全阀与爆破片串联组合装置、紧急泄放装置和呼吸阀等。安全泄放装置应设置在罐体顶部,在设计上应能防止任何异物的进入。除设计图样有特殊要求的,一般不应单独使用爆破片装置。安全泄放装置应能承受罐体内的压力、可能出现的危险超压及包括液体流动力在内的动态载荷。

罐体设计代码的第4部分规定了安全泄放装置的位置和要求:

(1)代码为L**V。当罐体设计代码的第4部分为V时,表示罐体应设置紧急泄放装置,可不装配阻火器。通常罐体的每一分仓应至少设置一个紧急泄放装置。

有的紧急泄放装置安装在人孔盖上,且有紧急泄放装置的罐体还应安装呼吸阀(图1-5-19)。呼吸阀可安装在罐体上,也有集成在紧急泄放装置上。当罐体倾翻时呼吸阀不应产生泄漏,此时的呼吸阀可以没有阻火功能。

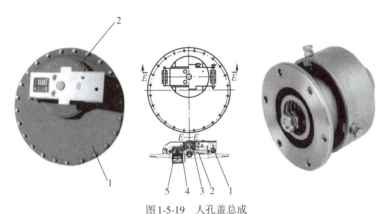

图1-5-19 人孔盖总成
1-人孔盖;2-盖板;3-压簧;4-呼吸阀;5-活动半球

在部件4呼吸阀的进出气口的下方有一个部件5活动半球。当罐体倾翻时,活动半球则翻转到呼吸阀进出气口的上方,活动半球的圆弧面依靠重力正好封闭了进出气口,防止呼吸阀处产生泄漏。

(2)代码为L**F。当罐体设计代码的第4部分为F时,表示罐体应设置紧急泄放装置,并装有阻火器。典型结构如图1-5-20所示。该紧急泄放装置位于人孔盖上,紧急泄放装置上方有盖板。还安装了呼吸阀,当罐体倾翻时呼吸阀不应产生泄漏,呼吸阀有阻火功能。

(3)代码为L**N。当罐体设计代码的第4部分为N时,表示该罐体不安装紧急泄放装置,但需安装安全阀。通常,安全阀安装于罐车顶部,带有紧急泄压功能,当罐内压力超过额定排放压力时,阀瓣开启,从而排出罐内压力。安全阀结构如图1-5-21所示。此时还需注意以下事项:

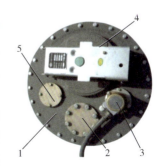

图1-5-20 油罐车人孔盖总成
1-人孔盖l;2-油气回收口;3-防溢系统传感器;4-盖板;5-油尺安装口

①介质不能过于黏稠,以防堵塞安全阀。
②介质凝固点不宜过低,以防堵塞安全阀。
③介质不能对安全阀造成严重腐蚀,以防安全阀失效。
④安全阀应定时送检。
⑤装了安全阀,不能再安装呼吸阀。
⑥如果罐体承受负压的能力较低,应安装安全阀与真空阀的组合装置,或在安装安全阀的基础上加装真空阀。安全阀与真空阀的组合装置如图1-5-22所示,真空阀如图1-5-23所示。

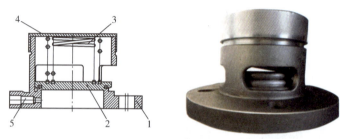

图1-5-21 安全阀
1-阀体;2-安全阀阀芯;3-压簧;4-阀盖;5-压力表安装孔

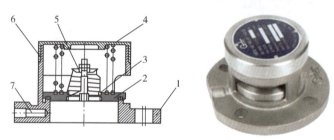

图1-5-22 安全阀+真空阀
1-阀体;2-安全阀阀芯;3-真空阀阀芯;4-安全阀压簧;5-真空阀压簧;6-阀盖;7-压力表安装孔

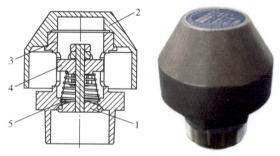

图1-5-23 真空阀
1-阀芯;2-阀盖;3-阀体;4-压板;5-压簧

⑦真空阀安装于常压罐车或者其他压力容器顶部,用于控制罐内负压,使其保持相应的压力范围内。当罐内压力低于罐外压力时,罐外压力作用于真空阀阀瓣克服弹簧压力使之开启,从而起到向内吸气的作用,使之保持在一定的压力范围内。

(4)代码为L**H。当罐体设计代码的第4部分为H时,表示该罐体为紧密关闭罐。紧密关闭为如下的任一种情况:

①不安装安全阀、爆破片、其他安全装置或真空减压阀。此时应严格控制装载量,防止因热胀冷缩导致罐内压力升高,导致罐体破裂;同时罐体应有足够刚度,防止罐体吸瘪。

②不安装安全阀、爆破片或其他安全装置,但安装真空减压阀,且真空减压阀应具有阻火功能。此时应严格控制装载量,防止因罐体因受热膨胀导致罐内压力升高,可能发生罐体破裂的事故风险。

③安装爆破片与安全阀的串联组合装置,但不安装真空减压阀,如图1-5-24所示。为防止爆破片失效,在爆破片与安全阀之间应有压力表。当压力表显示有压力,就应检查爆破片是否已损坏,如损坏应及时更换;如没有损坏,应泄压,以免影响爆破片的爆破压力。

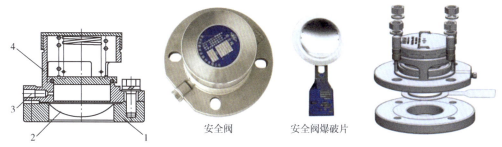

图1-5-24 爆破片与安全阀的串联组合装置
1-凸缘;2-爆破片;3-安全阀上压力表安装孔;4-安全阀

④安装爆破片与安全阀的串联组合装置,同时安装真空减压阀,且真空减压阀应具有阻火功能。

(四)罐式车辆罐体的铭牌

1.液体危险货物罐式车辆常压罐体

根据《道路运输液体危险货物罐式车辆 第1部分:金属常压罐体技术要求》(GB 18564.1)的要求,金属常压罐体的两侧后部色带上方应喷涂"罐体下次检验日期:××××年××月",字高应不小于200mm,字体为仿宋体,字体颜色为红色。罐体两侧前部色带的上方喷涂"罐体设计代码",字高应不小于200mm,字体为仿宋体,字体颜色为红色。罐体或与罐体焊接的支座的右侧应有金属的罐体铭牌,罐体铭牌如图1-5-25所示。

2.移动式压力容器

对于移动式压力容器而言,根据《移动式压力容器安全技术监察规程》(TSG R0005)及其修改单的要求,属于移动式压力容器的汽车罐车和长管拖车,其铭牌信息如图1-5-26和图1-5-27所示。

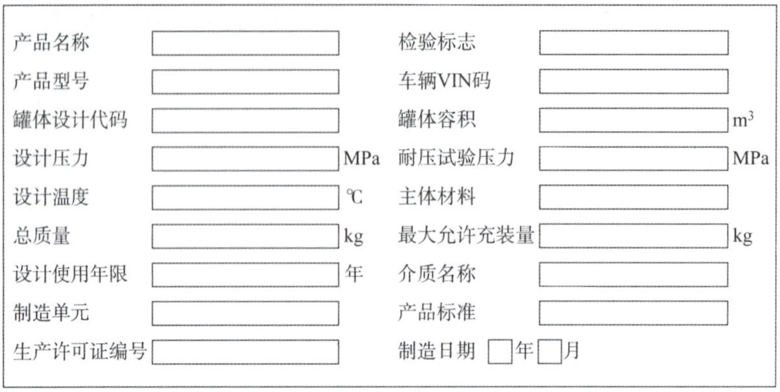

图1-5-25　液体危险货物常压罐式车辆罐体铭牌示意

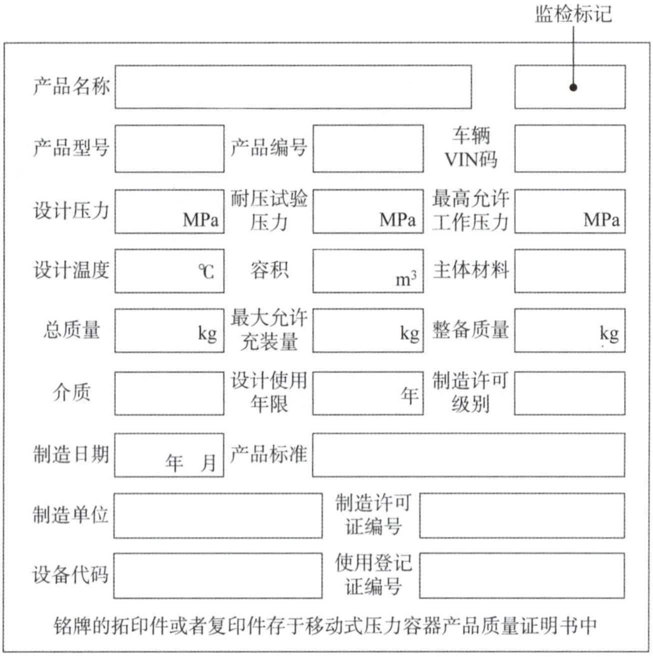

图1-5-26　移动式压力容器(汽车罐车)罐体铭牌示意

(五)罐式车辆罐体的检验检测要求

1.出厂检验

(1)移动式压力容器。

移动式压力容器的制造、检验、试验应符合《移动式压力容器安全技术监察规程》(TSG R0005)及其修改单的要求。出厂时,制造单位至少向移动式压力容器使用单位提供以下技术文件和资料。其中包括产品合格证(含产品数据表)、产品质量证明文件等。其中,对于产品质量证明文件,罐体包括主要受压元件材料质量证明书和材料清单、质量计划或者检验计划、结构尺寸检查报告、焊接记录、无损检测报告、热处理报告及自动记录曲线、耐压试验及泄漏试验报告等;气瓶按《气瓶安全监察规程》有关规定给出产品铭牌的拓印件或者复印件。

图 1-5-27 移动式压力容器(长管拖车)铭牌示意

(2)液体危险货物罐式车辆常压罐体。

液体危险货物罐式车辆金属常压罐体的制造、检验应符合《道路运输液体危险货物罐式车辆 第1部分：金属常压罐体技术要求》(GB 18564.1)的要求,经出厂检验合格后取得产品出厂检验证书。

液体危险货物罐式车辆非金属常压罐体的制造、检验应符合《道路运输液体危险货物罐式车辆 第2部分：非金属常压罐体技术要求》(GB 18564.2)的要求。同样,须经出厂检验合格后取得产品出厂检验证书。

2.定期检验

(1)移动式压力容器。

定期检验是指移动式压力容器停运时,由检验机构进行的检验和安全技术等级评定。其中,汽车罐车、铁路罐车和罐式集装箱的定期检验分为年度检验和全面检验。根据《移动式压力容器安全技术监察规程》(TSG R0005)及其修改单的要求,汽车罐车、罐式集装箱的定期检验周期如下：

①年度检验每年至少一次。

②首次全面检验应于投用后1年内进行。

③下次全面检验周期,由检验机构根据移动式压力容器的安全状况等级,按照全面检验周期要求确定。其中,汽车罐车和罐式集装箱的全面检验周期见表1-5-7。

汽车罐车和罐式集装箱的全面检验周期　　　　　　　　　　　表1-5-7

罐体安全状况等级	全面检验周期	
	汽车罐车	罐式集装箱
1~2级	5年	5年
3级	3年	2.5年

对于长管拖车、管束式集装箱的定期检验周期,根据所充装介质不同,按照表1-5-8所示周期进行定期检验。对于已经达到设计使用年限的长管拖车和管束式集装箱的气瓶,如果要继续使用,充装A组中的介质时,其定期检验周期为3年,充装B组中介质时定期检验周期为4年。

长管拖车、管束式集装箱定期检验周期(部分)　　　　　　　　表1-5-8

介质组别	充装介质	定期检验周期	
		首次定期检验	定期检验
A	天然气(煤层气)、氢气	3年	5年
B	氮气、氦气、氩气、氖气、空气		6年

注:除B组的介质和其他惰性气体和无腐蚀性气体外,其他介质(如有毒、易燃、易爆、腐蚀等)均为A组。

移动式压力容器的检验检测机构,为具有相应移动式压力容器检验资质的检验机构。根据《特种设备检验机构核准规则》(TSG Z7001),移动式压力容器检验机构的核准证上的核准项目代码应包含RD4或者RD5。其中,RD4代表定期检验:移动式压力容器(限长管拖车、管束式集装箱),RD5代表定期检验:移动式压力容器(限汽车罐车、罐式集装箱和铁路罐车)。

(2)液体危险货物罐式车辆常压罐体定期检验。

《危险货物道路运输安全管理办法》第三十八条规定,液体危险化学品常压罐式车辆罐体生产企业应当取得工业产品生产许可证,生产的罐体应当符合《道路运输液体危险货物罐式车辆》(GB 18564)的要求。检验机构应当严格按照国家标准、行业标准及国家统一发布的检验业务规则,开展液体危险化学品常压罐式车辆罐体检验,对检验合格的罐体出具检验合格证书。检验合格证书包括罐体载质量、罐体容积、罐体编号、适装介质列表和下次检验日期等内容。第四十条规定,罐式车辆罐体应当在检验有效期内装载危险货物。检验有效期届满后,罐式车辆罐体应当经具有专业资质的检验机构重新检验合格,方可投入使用。

液体危险货物罐式车辆常压罐体一般应在投入使用后1年内进行首次定期检验,后续定期检验的时间间隔不超过2年。但检验机构可以根据罐体检验情况及缺陷问题处理结果,确定下次定期检验时间。

需要注意的是,液体危险货物罐式车辆常压罐体检验检测机构应在《交通运输部办公厅关于转发具备常压液体危险货物罐车罐体检验资质的检验机构名单的通知》(交办运函〔2022〕1387号)公布的名单内。

(3)罐式集装箱。

根据《危险货物道路运输安全管理办法》,运输危险货物的罐式集装箱应当经具有专业资质的检验机构检验合格,取得检验合格证书,并取得相应的安全合格标志,按照规定用途使用。使用未经检验合格或者超出检验有效期的罐式车辆罐体、可移动罐柜、罐箱从事危险货物运输的,可依据《危险货物道路运输安全管理办法》予以处罚。

(六)罐式车辆罐体的使用要点

1.该货物是否能够使用罐式车辆罐体运输

使用罐式车辆罐体运输危险货物,能够提高运输效率,但并不是所有的危险货物都可以使用罐体运输,有些物质(如部分有机过氧化物)化学性质比较活泼,必须使用小包装方可运输。所以,对于运输企业或者驾驶人员而言,在选择运输工具时,需要判断是否可以使用罐式车辆罐体运输拟承运的危险货物。

判断拟承运的危险货物是否可以使用罐体运输,需要查看JT/T 617.3中危险货物一览表的第(12)列。若该列为空白,则表示该货物不允许使用罐体运输。如过氧化钾(UN 1491),其第(12)列为空白,则表示UN 1491不能使用罐体运输,包括罐式车辆罐体、罐式集装箱等类型,见表1-5-9。

罐体代码使用示例 表1-5-9

联合国编号	中文名称和描述	英文名称和描述	类别	分类代码	包装类别	标志	特殊规定	有限数量和例外数量	包装			可移动罐柜和散装容器		罐体		罐式运输车辆
									包装指南	特殊包装规定	混合包装规定	指南	特殊规定	罐体代码	特殊规定	
(1)	(2a)	(2b)	(3a)	(3b)	(4)	(5)	(6)	(7a) (7b)	(8)	(9a)	(9b)	(10)	(11)	(12)	(13)	(14)
1491	过氧化钾	POTASSIUM PEROXIDE	5.1	O2	I	5.1		0 E0	P503 IBC06		MP2					

2.强腐蚀性危险货物和剧毒化学品的判定

根据《道路危险货物运输管理规定》第八条的规定,罐式专用车辆的罐体应当经检验合格,且罐体载货后总质量与专用车辆核定载质量相匹配。运输爆炸品、强腐蚀性危险货物的罐式专用车辆的罐体容积不得超过20m³,运输剧毒化学品的罐式专用车辆的罐体容积不得超过10m³,但符合国家有关标准的罐式集装箱除外。

该条明确了运输强腐蚀性危险货物的罐式车辆罐体容积不能超过 20m³。那么什么是强腐蚀性危险货物呢?

对于"强腐蚀危险货物"的判定目前没有明确标准。在实际执行时,一般参考《道路运输液体危险货物罐式车辆 第1部分:金属常压罐体技术要求》(GB 18564.1)附表 A.1 中"危险程度分级"中标注为"强腐蚀",或 JT/T 617.3 中危险货物一览表中列明包装类别为 I 类的腐蚀性物质。以表 1-5-10 为例,发烟硫酸(UN 1831)"危险程度分类"中注明为:强腐蚀、毒性中度危害。按照该判定标准,发烟硫酸属于强腐蚀性危险货物,其罐体的容积不能超过 20m³。

强腐蚀性物质　　　　　　表 1-5-10

序号	GB 12268编号	介质名称和说明	浓度%	危险程度分类	包装类别	特殊要求	罐体设计代码	液压试验压力MPa
50	1831	发烟硫酸	>102	强腐蚀、毒性中度危害	Ⅱ		L10BH	0.4

剧毒化学品是指具有剧烈急性毒性危害的化学品,包括人工合成的化学品及其混合物和天然毒素,还包括具有急性毒性易造成公共安全危害的化学品。剧毒化学品的范围以《危险化学品目录》备注栏标注"剧毒"的为准,共计 148 个,如常见的液氯(UN 1017)、丙腈(UN 2404)、叠氮化钠(UN 1687)等。

3. 适装介质列表

根据《危险货物道路运输安全管理办法》第二十三条的规定,危险货物承运人使用常压液体危险货物罐式车辆运输危险货物的,应当在罐式车辆罐体的适装介质列表范围内承运。

需要注意的是,在实际运输过程中,除了需要按照罐体检验报告中适装介质列表中的介质来运输外,还需要同时符合该车辆道路运输证中的经营范围和企业的道路运输经营许可证规定的经营范围,以及适装介质列表中是否存在剧毒化学品、强腐蚀性危险货物等对罐体容积有特殊要求的介质。

4. 非清洗的空罐体运输

未经清洗的空罐体应按照先前充装物质的要求进行运输。

5. 罐体档案

除了车辆技术档案外,运输企业还应当建立定期维护罐体档案,应保留至罐体报废后的 12 个月。罐体档案主要内容包括罐体质量证明、罐体出厂检验报告、定期检验报告等。在罐体使用生命周期内若发生所有者的变更时,罐体档案应移交给新的罐体所有人。

6. 移动式压力容器的专项要求

(1)使用登记。使用单位应当按照规定在移动式压力容器投入使用前,按照铭牌和产品数据表规定的一种介质,逐台申请办理《特种设备使用登记证》及电子记录媒介。

使用移动式压力容器运输危险货物的,应当按照移动式压力容器使用登记证上限定的介质承运。

(2)移动式压力容器技术档案。对于移动式压力容器,使用单位应当根据《移动式压力容器安全监察规程》(TSG R005)的要求,逐台建立移动式压力容器技术档案。技术档案应当包括以下内容:

①《使用登记证》及电子记录卡;

②《特种设备使用登记表》;

③移动式压力容器的技术文件和资料;

④移动式压力容器定期检验报告,以及有关检验的技术文件和资料;

⑤移动式压力容器维修和改造的方案、设计图样、材料质量证明书、施工质量检验技术文件和资料;

⑥移动式压力容器的日常检查和维护与定期自行检查记录、年度检查报告;

⑦安全附件、装卸附件(如果有)的校验、修理和更换记录;

⑧有关事故的记录资料和处理报告。

(3)移动式压力容器使用要求。

①移动式压力容器到达卸载站点后,具有卸载条件的,必须及时卸载;充装易燃、易爆介质的,卸载后罐体内余压不得小于0.05MPa。

②除应急救援情况外,禁止移动式压力容器之间相互装卸作业,禁止移动式压力容器直接向气瓶进行充装。

③禁止使用明火直接烘烤或者采用高强度加热的办法对移动式压力容器进行升压,或者对冰冻的阀门、仪表和管接头等进行解冻。

单元六 危险货物托运

一 托运人基本要求

(一)托运人的定义

根据《中华人民共和国民法典》,托运人是指委托承运人运送货物(行李或包裹)并支付运费的社会组织或个人。托运人是货物运输合同及以运单形式办理承托运输手续的一方,对其与承运人订立并确认的运输合同或运单的内容负法律责任,其权益受法律保护。

根据《中华人民共和国海商法》，托运人是指：

(1)本人或者委托他人以本人名义或者委托他人为本人与承运人订立海上货物运输合同的人。

(2)本人或者委托他人以本人名义或者委托他人为本人将货物交给与海上货物运输合同有关的承运人的人。也就是说，实际交付货物的人依法可成为运输合同中的托运人。但也不排除在特殊情况下，按法律的规定，把发货人、收货人、运输代理人作为托运方的连带责任人。

所以，托运人可能是危险化学品(或其他类别危险货物)生产、使用、经营企业，或者运输企业(业务分包)，或者货代等第三方企业，甚至可能是自然人。

(二)托运人的法定职责

根据《危险化学品安全管理条例》《道路危险货物运输管理规定》和《危险货物道路运输安全管理办法》等法律法规及标准要求，托运人在托运危险货物进行道路运输时，需要履行下列职责，具体包括以下几个方面。

(1)正确分类。托运人应当按照《危险货物道路运输规则》(JT/T 617)及其修改单，确定危险货物的类别、项别、品名、编号，遵守相关特殊规定要求。需要添加抑制剂或者稳定剂的，托运人应当按照规定添加，并将有关情况告知承运人。

(2)妥善包装并粘贴包装标志(图1-6-1)。托运人应当按照《危险货物道路运输规则》(JT/T 617)妥善包装危险货物，并在外包装设置相应的危险货物标志。

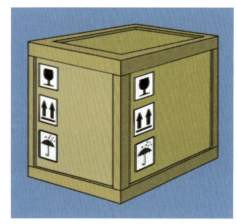

图1-6-1 在外包装粘贴包装标志

《危险化学品安全管理条例》第十七条规定，危险化学品的包装应当符合法律、行政法规、规章的规定以及国家标准、行业标准的要求。危险化学品包装物、容器的材质以及危险化学品包装的形式、规格、方法和单件质量(重量)，应当与所包装的危险化学品的性质和用途相适应。

在《危险货物道路运输规则 第4部分:运输包装使用要求》(JT/T 617.4，以下简称JT/T 617.4)中，对包装的类型及性能要求与危险货物的匹配性做了非常明确的规定，比如某些危险货物只能使用容积小于450 L的包装规格来运输等。此外，在危险货物标志方面，在JT/T 617.4中也有比较明确的规定。

(3)合法托运。托运人应委托具有相应危险货物道路运输资质的企业承运危险货物。托运民用爆炸物品、烟花爆竹的，应当委托具有第一类爆炸品或者第一类爆炸品中相应项别运输资质的企业承运。

(4)危险信息传递。托运人在托运危险货物时，应当向承运人提交电子或者纸质形式的危险货物托运清单。托运人应当妥善保存危险货物托运清单，保存期限不得少于12个月。

托运人托运例外数量危险货物的，应当向承运人书面声明危险货物符合《危险货物道路运输规则》（JT/T 617）的包装要求，并在托运清单中注明例外数量危险货物以及包件的数量。托运人托运有限数量危险货物的，应当向承运人提供包装性能测试报告或者书面声明危险货物符合《危险货物道路运输规则》（JT/T 617）包装要求，并在托运清单中注明有限数量危险货物以及包件的数量、总质量（含包装）。

危险货物托运人托运危险化学品的，还应当提交与托运的危险化学品完全一致的安全技术说明书和安全标签。显然，安全技术说明书或者“危险货物运输条件鉴定书”是识别货物是否属于危险货物的重要依据，这是由托运人提供的，即表明对危险货物做出正确的分类是托运人的责任。

（5）运输文件准备。托运人托运剧毒化学品、民用爆炸物品、烟花爆竹或者放射性物品的，应当向承运人提供公安机关核发的剧毒化学品公路运输通行证、民用爆炸物品运输许可证、烟花爆竹道路运输许可证（图1-6-2）、放射性物品道路运输许可证明或者文件。托运人托运第一类放射性物品的，应当向承运人提供国务院核安全监管部门批准的放射性物品运输核与辐射安全分析报告。托运人托运危险废物（包括医疗废物）的，应当向承运人提供生态环境主管部门发放的电子或者纸质形式的危险废物转移联单。

烟花爆竹道路运输许可证

字第______号

供货单位：______________

兹批准______________将下列烟花爆竹由：______启运，经______、______、______至______。特此证明。

物品名称	规格	数量	备注

1. 此证从　　年　月　日起至　　年　月　日有效，逾期作废。
2. 严禁转让、转借、重复使用、涂改无效；
3. 物品运抵目的地后，收货单位在备注栏内签章，注明物品到达情况，应当在3日内将此证交回公安机关。

收货单位：　　　　承运人：

填发人：　　　　托运人：

发证机关（盖章）：

年　月　日

第二联　交承运单位

图1-6-2　烟花爆竹道路运输许可证

（6）应急协助。托运人应当在危险货物运输期间保持应急联系电话畅通。这条要求在整个危险货物道路运输过程中，托运人必须提供应急支援，当出现运输事故时可以通过拨打公司或其授权的第三方的应急联系电话，以便及时获取有关货物的理化特性和应急处置建议等信息。

（7）协助及时收货。根据《中华人民共和国民法典》第八百三十一条的规定，收货人提货时应当按照约定的期限检验货物。对检验货物的期限没有约定或者约定不明确，依据《中华人民共和国民法典》第五百一十条的规定,仍不能确定的,应当在合理期限内检验货物。收货人在约定的期限或者合理期限内对货物的数量、毁损等未提出异议的,视为承运人已经按照运输单证的记载交付的初步证据。

考虑到运输合同的产生,是因为托运人与收货人之间的货物运送需要而产生,所以,托运人在收货环节也应承担积极联系收货人收货等责任。

二 包件的标记与标志

危险货物的包件标志(图1-6-3),是以危险货物的分类为基础,以便于根据货物或包件所贴标志的一般形式(标志图案、颜色、形状等),识别出危险货物及其特性,并为装卸、搬运、储存提供基本指南。

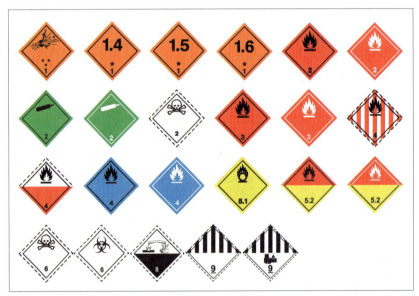

图1-6-3 包件的标志

近年来,发生的多起危险货物运输事故均因包装上未粘贴包装标志或者安全标签,导致运输和操作接触该货物的人员不知货物的基本特性,当作普通货物运输,或者在装卸作业未采取相应的安全防护措施,导致人员死亡的情况。

根据《危险化学品安全管理条例》,托运危险化学品的,托运人应当向承运人说明所托运的危险化学品的种类、数量、危险特性以及发生危险情况的应急处置措施,并按照国家有关规定对所托运的危险化学品妥善包装,在外包装上设置相应的标志。所以,正确粘贴包装标志是托运人的职责。

(一)包件标志

根据《危险货物包装标志》(GB 190),危险货物包装标志分为标记和标签两类,其中标记

4个,标签26个,其图形分别标示了9类危险货物的主要特性。

1.标记

标记包括危害环境物质和物品标记、方向标记和高温运输标记三种。

(1)危害环境物质和物品标记为与水平线呈45°角的正方形,符号(树)为黑色,(鱼)为白色,底色为白底或其他反差鲜明的颜色,如图1-6-4和图1-6-5所示。

(符号:黑色;底色:白色)

图1-6-4　危害环境物质和物品标记样式

图1-6-5　粘贴危害环境物质和物品标记

(2)方向标记。该标记符号为两个黑色或红色箭头,底色为白色或其他反差鲜明的颜色,可选择在方向箭头的外围加上长方形边框,方向标记图例如图1-6-6所示。

当容器装有液态危险货物的组合包装、配有通风口的单一包装或者拟装运冷冻液化气体的开口低温储器时,需要粘贴方向标记,确保在运输过程中以正确的朝向放置,防止因操作人员误操作引起内装危险货物泄漏(图1-6-7)。

方向标记应粘贴在包件相对的两个垂直面上,箭头显示正确的朝上方向。

图1-6-6　方向标记图例

图1-6-7　包件的方向标记

(3)高温运输标记。该标记为等边三角形。标记颜色为红色(图1-6-8)。

需要说明的是,根据《危险货物道路运输规则　第5部分:托运要求》(JT/T 617.5,以下简称JT/T 617.5)的要求,高温运输标记则需要粘贴在内装液态物质温度大于或等于100℃,或固态物质温度大于或等于240℃时的集装箱、罐式集装箱或者可移动罐柜上。对于常规危险货物运输包装、中型散装容器、散装容器等,则不需要粘贴高温运输标记。

(符号:正红色;底色:白色)

图1-6-8　高温运输标记

(二)包件标签

《危险货物包装标志》(GB 190)规定了危险货物包装标签类别。具体可扫描封面二维码查看。此外,根据JT/T 617.5,锂电池(UN 3480、UN 3090)及其供电设备(UN 3091、UN 3481),以及钠离子电池(UN 3551、UN 3552)在运输时,如果满足特殊规定188的要求,则需要在其运输包件外表面加贴图1-6-9所示的运输标记。

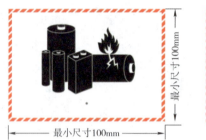

图1-6-9　含有锂电池或锂电池组的包件标记(满足特殊规定188)

> **小知识**
>
> "特殊规定188"是指JT/T 617.3的附录B适用于某些物品或物质的特殊规定中的"188"对应的规定。
>
> 　　该条款是针对瓦时数较小的锂离子电池、锂含量较低的锂金属电池以及钠离子电池,如包件性能满足相关要求,电池又得到了较好的保护,可以豁免当普通货物运输。

锂电池标记应标明内装货物所属的联合国编号。当一个包件内装多个归属于不同联合国编号的锂电池时,所有涉及的联合国编号应在一个或多个锂电池标记上标明。

对于含有锂电池、锂电池组、钠离子电池且不能豁免当普通货物运输的包件,应在其外包装上粘贴"9A锂电池标志",如图1-6-10所示。

图1-6-10　含有锂电池或锂电池组的包件标记

(三)标志的使用

危险货物包件标志使用应符合下列要求:

(1)除另有规定外,危险货物的包件上应粘贴JT/T 617.3中危险货物一览表的第(5)列给出的主要或次要危险性类别对应的标志【第(6)列有特殊规定的除外】。不同类型包件的包装标志粘贴样式,如图1-6-11~图1-6-14所示。

(2)若危险货物采用无包装运输,标记应标示在物品或其托架或装卸、存储设施上,如图1-6-15所示。

(3)一般情况下,所有标志应粘贴在包件同一表面,并紧邻粘贴,粘贴的标志不应被遮盖。当包件形状不规则或尺寸太小时,可在包件上牢固系挂一个标牌来粘贴标志,也可采取其他等效方式。

图1-6-11 单一包装的包件标记粘贴方法

图1-6-12 组合包装的包件标记粘贴方法

图1-6-13 符合有限数量运输条件的包件标记

图1-6-14 符合例外数量运输条件的包件标记粘贴方法

图1-6-15 无包装运输时包装标记粘贴方法

(4)容量超过450 L的中型散货集装箱和大型包装,应在其相对的两个侧面粘贴标记。

(5)包装标志应满足下列要求:
①清晰可见且易辨识;
②能够经受日晒雨淋而不显著减弱其显示功能。

(6)气瓶应粘贴符合《气瓶警示标签》(GB/T 16804)要求的标志。

(7)装有危害环境物质的包装,应粘贴危害环境物质的标记,标记应耐久。如果单一包装或者组合包装的每个内包装满足以下条件之一时,可以不粘贴危害环境物质标记:

①内装液体容量小于或等于5L。

②内装固体净重小于或等于5kg。

(8)方向箭头使用规定:

①除了第(3)条规定的情形外,内容器装有液态危险货物的组合包装;配有通风口的单一包装应粘贴方向标记。

②方向标记应粘贴在包件相对的两个垂直面上,箭头朝上。

③以下包件可以不粘贴方向标记。

a.内装压力容器的外包装;

b.装有危险货物的内包装置于外包装之中,每个内包装的装载量不超过120mL,内包装和外包装之间有足够的吸收材料,能够吸收内包装中的全部液体危险货物;

c.内装含有6.2项感染性物质的主容器,且每个主容器的装载量不超过50 mL;

d.内装危险货物在任何方向上都不会泄漏的外包装,如温度计中的酒精或汞、气雾剂等;

e.所装危险货物均密封在内包装中,且每个内包装的装载量不超过500mL。

三 罐体及车辆标记与标志

危险货物运输车辆标志作为危险货物运输车辆区别于其他车辆的主要标识,在运输危险货物的过程中,可对相关作业人员、周边社会车辆和社会公众提供警告、警示以及危险信息,在保障作业安全、行车安全、应急救援等方面发挥了重要作用。危险货物运输车辆标志使用的主要依据为《道路运输危险货物车辆标志》(GB 13392)。

根据《道路运输危险货物车辆标志》(GB 13392),危险货物运输车辆标志包括:矩形标志牌、菱形标志牌和特殊标志牌三种。

1. 矩形标志牌

(1)样式和尺寸。矩形标志牌分标准版和缩小版两种类型。标准版的尺寸为400mm(长)×300mm(高),样式如图1-6-16所示。其中,上半部分为"危险性识别号",下半部分为该危险货物的联合国编号。

缩小版的尺寸为300mm(长)×120mm(高),样式如图1-6-17所示。只显示该危险货物的联合国编号。

需要注意的是,缩小版的矩形标志牌有使用范围。仅允许总质量小于或等于3500kg以下的CT型车辆,若前端外廓尺寸和结构没有足够面积,可装用缩小版矩形标准牌,如图1-6-18所示。但车辆后端仍应装用标准版矩形标志牌。

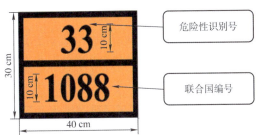 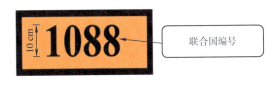

图1-6-16 标准版矩形标志牌的结构　　　　图1-6-17 缩小版矩形标志牌的结构

图1-6-18 缩小版矩形标志牌只悬挂在车辆前端

(2)材质。矩形标志牌的材质应满足下列要求：

①矩形标志牌使用的基板材质应采用符合《不锈钢 牌号及化学成分》(GB/T 20878)的要求,且熔点高于900℃的钢板,或经大火燃烧15分钟后,不影响信息显示效果的其他材料;

②矩形标志牌的基板表面应贴覆Ⅰ类或以上反光膜;

③矩形标志牌上的数字、字母、线条应采用冲压成型工艺,凸出量不小于0.5mm。

小知识

从上述对矩形标志牌的基板材质、字体冲压成型等要求来看,矩形标志牌的要求较高。图1-6-19中使用贴纸粘贴的方式无法满足"耐火"和"冲压成型工艺"要求,不符合标准规定的技术要求。

图1-6-19 矩形标志牌不符合标准要求

(3)危险性识别号的含义。标准版矩形标志牌的上半部分为该危险货物的"危险性识别号",危险性识别号是由2~3个阿拉伯数字组成的,用来表示该货物的危险性。有时还会在数字前添加字母"X",以警示该货物能够与水反应。每个数字代表的含义见表1-6-1。

危险性识别号中各个数字和字母代表的含义　　　　　　　表1-6-1

数字/字母	含义
2	由压力或化学反应导致的气体泄漏
3	液体(蒸汽)、气体和自发热液体的易燃性
4	固体或自发热固体的易燃性
5	氧化(助燃型)作用
6	毒性或感染性危险
7	放射性
8	腐蚀性
9	自发剧烈反应引起的危险(包括物质本身性质具有爆炸性而产生的爆炸可能性,分解和聚合反应后释放大量的热或易燃和/或有毒气体)
X	该物质会与水发生危险化学反应

危险性识别号中的数字字母组合具有下列含义。

①危险性识别号的双写数字表示重点强调此类特别危害性,如数字"33"则表示强调"3"这个数字所代表的含义,即易燃性。

②某一物质的危害性由单个数字表示时,数字后应加0,如数字"30"则表示该货物只有单一的危害性。

③某危险性识别号以"X"打头,表示该物质会与水发生危险化学反应。对于这类物质,只有专家允许后,才能用水进行应急处理。

④对第1类爆炸性物质和物品,可以使用分类代码(如1.1D、1.2F、1.3G等)作为危险性识别号。部分危险性识别号的含义见表1-6-2。

部分危险性识别号的含义(示例)　　　　　　　表1-6-2

危险性识别号	含义
20	导致窒息的气体或无次要危险性的气体
22	冷冻液化气体,窒息性
223	冷冻液化气体,易燃性
225	冷冻液化气体,氧化性(助燃型)
23	易燃气体
288	气体,易燃且具有腐蚀性
289	易燃气体,能自发引起剧烈反应
25	氧化性(助燃型)气体

续上表

危险性识别号	含义
26	毒性气体
263	毒性气体,易燃性
265	毒性气体,氧化性(助燃型)
268	毒性气体,腐蚀性
28	气体,腐蚀性
30	易燃液体(闪点为23~60℃,包含23℃和60℃在内)或易燃液体,或闪点在60℃以上,在高于或等于其闪点的温度下呈融化状态的固体,或加热液体
323	遇水反应的易燃液体,释放易燃气体
X328	遇水发生危险化学反应的易燃液体,释放易燃气体(专业人士允许后,才能用水进行应急处置)
33	高易燃性液体(闪点低于23℃)
333	自燃液体
X333	遇水发生危险化学反应的自燃液体(专业人士允许后,才能用水进行应急处置)
336	高易燃性液体,毒性
338	高易燃性液体,腐蚀性

2.菱形标志牌

(1)样式和尺寸。菱形标志牌分为标准版(边长为250mm)、缩小版(边长为100mm)和放大版(边长为350mm),对应相应危险货物所属的危险货物类别、项别,标有中文文字及图案,用以显示第1类~第9类危险货物类别、项别的主要特性和危险性。

一般情况下,危险货物运输车辆、罐体上装用的菱形标志牌及特殊标志牌应为标准版。只有当满足下列条件时,可使用缩小版或者放大版菱形标志牌:

①容积不超过$3m^3$的罐体、容量不超过1000L的散装容器以及内容积小于$3m^3$的集装箱可以使用缩小版的菱形标志牌。

②车辆外廓尺寸较大、装用位置允许,可以装用放大版菱形标志牌。

(2)技术要求。菱形标志牌可以采用基板也可以不使用基板。若采用基板时,基板应为铝合金材质,基板的力学性能应符合《一般工业用铝及铝合金板、带材 第2部分:力学性能》(GB/T 3880.2)的要求,或不低于同等强度的其他材料。同时,菱形标志牌上应贴覆符合《道路交通反光膜》(GB/T 18833)要求的Ⅰ类或以上反光膜。

对于罐式车辆,可以使用反光材料在罐体上喷绘菱形标志牌和特殊标志牌。所以,从这点要求来看,菱形标志牌、特殊标志牌可以使用粘贴、喷绘、悬挂等多种方式,且材质不需要满足耐火要求。

3.特殊标志牌

(1)样式和尺寸。特殊标志牌主要包括危害环境物质标记和高温物质标记两种,见

表1-6-3。

特殊标志牌图形   表1-6-3

序号	名称	图形及说明
01	危害环境物质标记	(符号：黑色；底色：白色)
02	高温物质标记	(符号：红色；底色：白色)

危害环境物质标记按尺寸大小分为标准版（边长为250mm）、缩小版（边长为100mm）和放大版（边长为350mm）。高温物质标记也按尺寸大小分为标准版（边长为250mm）、缩小版（边长为100mm）和放大版（边长为350mm）。

（2）材质要求。特殊标志牌和菱形标志牌一样，可以采用基板也可以不使用基板。若采用基板时，基板应为铝合金材质，基板的力学性能应符合《一般工业用铝及铝合金板、带材 第2部分：力学性能》（GB/T 3880.2）的要求，或不低于同等强度的其他材料。特殊标志牌的表面应贴覆符合《道路交通反光膜》（GB/T 18833）要求的Ⅰ类或以上反光膜。

同样，对于罐式车辆，可以使用反光材料在罐体上喷绘特殊标志牌。所以，从这点要求来看，特殊标志牌也可以使用粘贴、喷绘、悬挂等多种方式，且材质也不需要满足耐火要求。

四 危险货物托运清单

根据《道路危险货物运输管理规定》的规定，托运人托运货物时应提交与托运的危险化学品完全一致的安全技术说明书和安全标签。

此外，根据《危险货物道路运输安全管理办法》和JT/T 617.5的要求，托运人在托运危险货物时，还应向承运人提交危险货物托运清单，危险货物托运清单至少应包含以下信息：

(1)托运人的名称和地址；

(2)收货人的名称和地址；

(3)装货单位名称；

(4)实际发货/装货地址；

(5)实际收货/卸货地址；

(6)运输企业名称；

(7)所托运危险货物的联合国编号(含大写"UN"字母)；

(8)危险货物正式运输名称；

(9)危险货物类别及项别；

(10)危险货物包装类别及规格；

(11)危险货物运输数量；

(12)24小时应急联系电话；

(13)必要的危险货物安全信息，作为托运清单附录，主要包括操作、装卸、堆码、储存安全注意事项以及特殊应急处理措施等。

托运清单和化学品安全技术说明书是危险货物相关信息正确传递的重要依据，因此，托运人是否按照《化学品安全技术说明书编写指南》(GB/T 17519)和JT/T 617.5等标准正确编制安全技术说明书和托运清单，将直接影响到危险货物道路运输整个过程的操作和应急处置等要求，对确保危险货物道路运输安全具有重要作用。但托运清单中的相关信息在化学品安全技术说明书中已有体现时，两者可以配合使用。

单元七 危险货物装卸

一 装卸作业基本要求

(一)区分装卸管理人员和装卸作业人员

《道路危险货物运输管理规定》第三十八条规定，危险货物的装卸作业应当遵守安全作业标准、规程和制度，并在装卸管理人员的现场指挥或者监控下进行。危险货物运输托运人和承运人应当按照合同约定指派装卸管理人员；若合同未予约定，则由负责装卸作业的一方指派装卸管理人员。

从该条内容表述来看，属于道路危险货物运输从业人员之一的装卸管理人员是在装卸现场指挥或者监控装卸作业的管理人员,不是具体的装卸作业人员。

从实际的装卸作业来看,装卸作业可以由托运人、承运人、仓库、场站以及委托专业的第三方负责等,即货物装卸有的是由货主来完成,有的是由承运人负责,或者由承运人或托运人委托的第三方,如站场、经营人进行装卸作业的。不管是托运人、承运人还是第三方,只要其从事装卸作业行为,其就是装货人,需要履行《危险货物道路运输安全管理办法》和JT/T 617.1中有关装货人、充装人和卸货人等参与方的职责。

(二)装货人、充装人、卸货人的基本概念

1.装货人

装货人是指承担将危险货物装载至车辆上任务的企业或单位。装载危险货物既包括将危险货物包件、小型集装箱或可移动罐柜装进车辆或集装箱中,又包括将集装箱、散装容器、罐式集装箱或可移动罐柜装载在车辆上。

危险货物装货人应遵循以下要求。

(1)仅将允许道路运输的危险货物移交给承运人;

(2)将危险货物交付运输时,应检查包装是否损坏;若包装已损坏或者有泄漏风险时,不应将包件交付给承运人;

(3)将危险货物装入车辆或者集装箱时,应遵守《危险货物道路运输规则 第6部分:装卸条件及作业》(JT/T 617.6,以下简称JT/T 617.6)的规定;

(4)应遵守危险货物混合装载的相关规定,以及与其他货物的隔离要求。

2.充装人

充装人是指将危险货物装进罐体,或者将散货装进车辆或集装箱的单位或企业。充装人应遵循以下要求。

(1)充装前,确认罐体在检验有效期内,罐体及其辅助设备技术状况良好;

(2)充装前,应确认罐体可以充装该危险货物,且符合JT/T 617.4的要求;

(3)充装时,应遵循有关罐体相邻隔舱危险货物的要求;

(4)充装过程中,应遵守所充装物质的最大允许充装系数或者每升容积的最大允许充装质量要求;

(5)充装完成后,应确保所有的封口装置均处于关闭状态且无泄漏,罐体外表面无充装物质的危险残留物;

(6)在准备交付运输时,应确保矩形标志牌、菱形标志牌、高温物质、熏蒸或者环境危害物质的标记正确粘贴或悬挂在罐体(或者车辆、集装箱等)上;

(7)使用车辆或集装箱装载散装危险货物时,应遵守JT/T 617.6的有关要求。

3.卸货人

卸货人是指承担卸载危险货物的企业或者单位。车辆卸载既包括将集装箱、散装容器、

罐式集装箱或可移动罐柜从车辆上卸下,又包括将危险货物包件、小型集装箱或可移动罐柜从车辆上或集装箱中取出,还包括将危险货物从罐体中卸放,或者从散装运输的车辆、大小型集装箱或者散装容器中卸载。卸货人应遵循以下要求。

(1)卸载前,将运输单据与包件、集装箱、罐体或车辆的相关信息进行核对,确保卸载正确的货物;

(2)卸载前,应检查包件、罐体、车辆或集装箱是否已损坏或者存在安全风险,若已损坏或存在风险应采取适当措施后方可卸载;

(3)卸载过程中,应遵守JT/T 617.6中有关卸载的作业要求;

(4)卸载完成后,应立即清除卸载过程中粘在罐体、车辆或集装箱外侧的危险残留物,同时确保按照要求关闭阀门和辅助设备;

(5)对车辆或者集装箱进行必要的清洗和去污处理。

根据《移动式压力容器安全技术监察规程》(TSG R0005)和《移动式压力容器充装许可规则》(TSG R4002)的要求,从事移动式压力容器的充装人员、检查人员和卸载人员应取得移动式压力容器操作人员证书。

二 包件运输装卸条件及要求

本部分重点介绍在装卸作业前,如何判断选择的车辆是否与拟承运的危险货物相符合。

由于危险货物的理化性质多样,不同的危险性会对运输车辆的结构、防水防潮等特性产生影响。对于危险货物包件运输而言,危险货物包件可以使用下列类型的车辆或者集装箱装载:

(1)封闭式车辆或者封闭式集装箱;

(2)侧帘式车辆或者软开顶集装箱;

(3)敞开式车辆或者开顶集装箱。

包件采用的包装若由易受潮湿环境影响的材质制成,应通过侧帘式车辆、封闭式车辆、软开顶集装箱或封闭式集装箱进行装载。

依据《道路交通管理 机动车类型》(GA 802),载货汽车分为栏板货车、厢式货车、仓栅式货车、封闭式货车、罐式货车、集装箱车等;挂车也分为栏板半挂车、厢式半挂车、仓栅式半挂车、封闭式半挂车、罐式半挂车、集装箱半挂车等。其中,厢式货车、封闭式半挂车等可称为封闭式车辆,栏板货车、仓栅式货车、仓栅式半挂车等可称为敞开式车辆。机动车类型分类具体可扫描封面二维码查看。

使用何种车辆或者集装箱来运输危险货物包件,需要查询JT/T 617.3中危险货物一览表的第(16)列显示的以"V"开头的代码。该代码的具体含义在JT/T 617.6附录A包件运输的装卸操作特殊规定中有明确说明。

以碳化钙"电石"的运输车辆选择为例,查看JT/T 617.3中危险货物一览表的第(16)列可知,该列代码为V1。再查找JT/T 617.6的附录A包件运输的装卸操作特殊规定可知,V1表示"包件应装载在侧帘车辆或封闭式车辆中,或者装载在封闭式集装箱或软开顶式集装箱中"。即表示运输电石的车辆应选择封闭式车辆或者侧帘车辆,或者封闭式集装箱或软开顶集装箱。

三 散装运输装卸条件及要求

由于危险货物具有易燃、易爆、腐蚀等危险特性,不是所有危险货物都可以采用散装运输方式进行运输。

一种危险货物是否可以采用散装运输方式,需要查看JT/T 617.3中危险货物一览表的第(10)列是否出现以"BK"为开头的代码。若有,表示该货物运输可以使用散装容器进行运输。

此外,还可查看JT/T 617.3中危险货物一览表的第(17)列是否出现以"VC"为开头的代码。若有,表示该货物可采用散装形式将货物装在集装箱或车厢内进行运输。若第(10)列或者第(17)列无以"BK"或者"VC"为开头的代码,则表示该货物是不允许散装运输的。VC代码的具体含义在JT/T 617.6的6.3节和附录B具有VC标记的散装运输的装卸操作特殊规定中有明确说明。

同样,以碳化钙来举例,有两个包装类别。包装类别为Ⅰ类的碳化钙,不允许使用散装运输。包装类别为Ⅱ类的碳化钙,可以使用散装运输,其代码为VC1、VC2、AP1、AP2。由JT/T 617.6及其附录B可知:

(1)VC1允许通过侧帘车辆、软开顶集装箱或软开顶散装容器进行散装运输;

(2)VC2允许通过封闭式车辆、封闭式集装箱或封闭式散装容器进行散装运输;

(3)VC3运输方案经具有资质的专业机构认可后方可散装运输。

AP1和AP2的具体含义见表1-7-1。

具有VC标记的散装运输的装卸操作特殊规定的含义 表1-7-1

货物类别	VC标记	装卸操作特殊规定
4.1项	AP1	车辆和集装箱应具有金属箱体,并加装非可燃性衬板
	AP2	车辆和集装箱应具备足够的通风性
4.2项	AP1	车辆和集装箱应具有金属箱体,并加装非可燃性衬板
4.3项	AP2	车辆和集装箱应具备足够的通风性
	AP3	侧帘车辆和软开顶集装箱应能运输碎片状物质而非粉末状、颗粒状、粉尘状或灰烬状物质
	AP4	封闭式车辆和封闭式集装箱应安装气密口以防止装卸时气体溢出和水汽进入

续上表

货物类别	VC标记	装卸操作特殊规定
4.3项	AP5	封闭式车辆或封闭式集装箱的货舱门上应使用不小于25mm高的字体,书写"警告""不通风""小心开启"标记。托运人或承运人应向从业人员说明标记的含义

此外,散装运输时如果危险货物与其他货物容易发生危险反应,两者不能混装。常见的危险反应主要有燃烧或释放大量热、释放易燃或有毒气体、生成腐蚀性液体、生成不稳定物质等。

四 罐式运输装卸条件及要求

(一)可采用罐式容器或车辆运输的货物

罐式运输能提升运输效率,但某些危险货物具有活泼的化学性质。为减少运输过程中的风险,会对这些货物的包装容量等进行限制,因此并非所有危险货物都适合采用罐式运输方式。

一种危险货物是否可以使用罐式运输,需要查看JT/T 617.3中危险货物一览表的第(10)列是否出现以"T"字母开头的代码,或者第(12)列是否出现以"S""L""R""C""P""M"等字母开头的代码。

第(10)列若出现以"T"字母开头的代码,表示该货物可以使用可移动罐柜来运输。若第(10)列为空白,则表示该货物不允许使用可移动罐柜运输。

第(12)列若出现以"C""R"或者"P"字母开头的代码,表示该货物需要使用移动式压力容器来运输。若出现以"S"字母开头的代码,表示该货物可以使用运输固体的罐式车辆运输。若出现以"L"字母开头的代码,表示该货物可以使用危险货物道路运输常压罐体、罐式集装箱来运输。若出现以"M"字母开头的代码,表示该货物可以使用多单元气体容器来运输,如长管拖车、气瓶集束装置等。若第(12)列为空白,则表示该货物不允许使用罐体运输。如过氧化钾(UN 1491),其第(12)列为空白,则表示UN 1491不能使用罐体运输,包括罐式车辆罐体、罐式集装箱等类型。

(二)罐式车辆的选择

若可以采用罐式运输方式运输,其车辆(包括罐式汽车、半挂牵引车和半挂车等)类型,应符合JT/T 617.3中危险货物一览表的第(14)列的规定。

罐式车辆的车辆代码主要有FL和AT型两种。例如,甲醇的罐式运输车辆代码为FL。需要注意的是,由于车辆类型可以向下兼容,例如,亚硝酸钾(UN 1488)的第(14)列罐式运输车辆代码为AT型,在实际运输时,也可以使用车辆代码为FL型的车辆运输该物质。因为FL型车辆可以向下兼容AT型车辆。相反,AT型车辆不能向上兼容FL型车辆。

单元八 危险货物运输

一 随车装备

根据《中华人民共和国安全生产法》《危险化学品安全管理条例》《危险货物道路运输安全管理办法》和《机动车运行安全技术条件》(GB 7258)、《危险货物道路运输规则》(JT/T 617)等法律、法规、规章及标准的要求,运输危险货物应当根据危险货物的危险特性采取相应的安全防护措施,并配备必要的防护用品和应急救援器材。

根据 JT/T 617.7,危险货物运输车辆的随车装备主要包括灭火器等应急救援器材和眼部防护装备、手部防护装备等个人防护用品等。

1. 随车灭火器配置要求

根据《火灾分类》(GB/T 4968),火灾分为6个类型,见表1-8-1。

常见火灾类型　　　　　　　　　　　　　　　　　表1-8-1

类型	含义	举例
A类	固体物质火灾。这种物质通常具有有机物性质,一般在燃烧时能产生灼热等	如木材、棉、毛、麻等
B类	液体或可熔化固体燃烧的火灾	如汽油、原油、沥青、石蜡等
C类	气体火灾	如煤气、天然气、甲、乙、丙烷、氢气火灾
D类	金属火灾	如钾、钠、镁、钛、铝等
E类	带电火灾。物体带电燃烧的火灾	
F类	烹饪器具内的烹饪物火灾	如动植物油脂

危险货物运输车辆随车携带的灭火器主要是手提式灭火器。根据《手提式灭火器》(GB 4351),按充装的灭火剂分类(图1-8-1),手提式灭火器可分为:

(1)干粉灭火器;

(2)水基型灭火器(包括纯水或带添加剂的水,如添加湿润剂、增稠剂、阻燃剂、发泡剂、湿化学剂等);

(3)二氧化碳灭火器；

(4)洁净气体灭火器。

图1-8-1　手提式灭火器的种类

危险货物品种繁多,性质各异,有的易燃易爆(如汽油等);有的遇水反应会分解出大量易燃气体(如金属钠、碳化钙等);有的遇酸会分解释放出大量的剧毒气体(如氯化物等)。大多数易燃液体具有不溶于水,且密度小于水的理化特性。

灭火器种类、规格多样,性能不同,灭火效果各异。不管哪种灭火方式,都要慎重选择。不同的灭火器喷出的灭火药剂性质不同,所产生的效果也不同。所以,从事危险货物道路运输的车辆,必须配备适用于发动机或驾驶室以及与所运危险货物性质相适应、有效的灭火器。

根据JT/T 617.7及相关标准的要求,危险货物运输车辆的灭火器配备须满足下列要求。

(1)运输单元运载危险货物时,应随车携带便携式灭火器。灭火器应适用于扑救A、B、C三类火灾。

(2)便携式灭火器的数量及容量应符合表1-8-2所示的规定。

危险货物运输车辆灭火器配备要求　　　　表1-8-2

运输单元最大总质量(t)	灭火器配置最小数目(个)	适用于发动机或驾驶室的灭火器		额外灭火器	
		最小数量(个)	最小容量(kg)	最小数量(个)	最小容量(kg)
$M \leq 3.5$	2	1	1	1	2
$3.5 < M \leq 7.5$	2	1	1	1	4
$M > 7.5$	3	1	1	2	4

注:容量是指干粉灭火剂(或其他同等效用的适用灭火剂)的容量。

对于液化气体运输车辆,其灭火器数量要求应符合《液化气体汽车罐车》(GB/T 19905)的规定,即液化气体运输罐车两侧各应至少配备一只不小于4 kg的手提灭火器,且安装牢靠,取放方便。

总体而言,依据《消防设施通用规范》(GB 55036),不同类型火灾应配备的灭火器类型有:

(1)A类火灾应选择同时适用于A类、E类火灾的灭火器。

(2)B类火灾应选择适用于B类火灾的灭火器。B类火灾场所存在水溶性可燃液体(极性溶剂)且选择水基型灭火器时,应选用抗溶性的灭火器。

(3)C类火灾应选择适用于C类火灾的灭火器。

(4)D类火灾应根据金属的种类、物态及特性选择适用于特定金属的专用灭火器。

(5)E类火灾场所应选择适用于E类火灾的灭火器。带电设备电压超过1kV且灭火时不能断电的场所不应使用灭火器带电扑救。

(6)F类火灾场所应选择适用于E类、F类火灾的灭火器。

此外,根据《危险货物运输车辆结构要求》(GB 21668),运输2.2项非易燃无毒气体和第9类危险货物时,可以使用纯电动汽车,车辆宜配备能适用于A、E类火灾的灭火器。

2.用于个人防护的装备配备

根据JT/T 617.7的要求,应根据所运载的危险货物标志式样(包括包件标志、车辆或集装箱标志牌),为每个车组人员(通常为驾驶人员和押运人员两人)随车配备下列个人防护装备。

①反光背心;

②防爆的(非金属外表面,不产生火花)便携式照明设备;

③合适的防护性手套;

④眼部防护装备;

⑤对于2.3项或6.1项,每位车组人员随车携带一个应急逃生面具,逃生面具的功能需与所装载化学品相匹配(如具备气体或粉尘过滤功能)。

3.其他随车装备

除了灭火器和个人防护用品外,危险货物运输车辆随车还应配备下列装备:

①每辆车需携带与最大允许总质量和车轮尺寸相匹配的轮挡;

②一个三角警示牌;

③眼部冲洗液(第1类和第2类除外);

④对于第3类、4.1项、4.3项、第8类或第9类固体或液体的危险货物,配备一把铲子(对具有第3类、4.1项、4.3项危险性的货物,铲子应具备防爆功能)和一个下水道口封堵器具,如堵漏垫、堵漏袋等。

综上所述,危险货物运输车辆随车装备见表1-8-3。

危险货物运输车辆随车装备　　　　　表1-8-3

名称	样式	名称	样式
轮挡(2个)		三角警示牌	

续上表

名称	样式	名称	样式
眼部冲洗液		反光背心(2个)	
防爆手电筒(2个)		防护性手套(2双)	
眼部防护装备(2个)		应急逃生面具(防毒面具,2个)	
铲子		下水道口封堵器具	

此外,危险货物道路运输企业还可以根据危险货物的危险特性及运输途中应急处置等实际需要,配备包括安全帽、防静电工作服、化学防护服等装备。

二 人员培训要求及内容

《中华人民共和国安全生产法》第二十八条规定:

(1)生产经营单位应当对从业人员进行安全生产教育和培训,保证从业人员具备必要的安全生产知识,熟悉有关的安全生产规章制度和安全操作规程,掌握本岗位的安全操作技能,了解事故应急处理措施,知悉自身在安全生产方面的权利和义务。未经安全生产教育和培训合格的从业人员,不得上岗作业。

(2)生产经营单位使用被派遣劳动者的,应当将被派遣劳动者纳入本单位从业人员统一管理,对被派遣劳动者进行岗位安全操作规程和安全操作技能的教育和培训。劳务派遣单位应当对被派遣劳动者进行必要的安全生产教育和培训。

(3)生产经营单位接收中等职业学校、高等学校学生实习的,应当对实习学生进行相应的安全生产教育和培训,提供必要的劳动防护用品。学校应当协助生产经营单位对实习学生进行安全生产教育和培训。

(4)生产经营单位应当建立安全生产教育和培训档案,如实记录安全生产教育和培训的时间、内容、参加人员以及考核结果等情况。

《危险货物道路运输安全管理办法》第七条规定,托运人、承运人、装货人应当制定危险货物道路运输作业查验、记录制度,以及人员安全教育培训、设备管理和岗位操作规程等安全生产管理制度。托运人、承运人、装货人应当按照相关法律法规和《危险货物道路运输规则》(JT/T 617)要求,对本单位相关从业人员进行岗前安全教育培训和定期安全教育。未经岗前安全教育培训考核合格的人员,不得上岗作业。托运人、承运人、装货人应当妥善保存安全教育培训及考核记录。岗前安全教育培训及考核记录保存至相关从业人员离职后12个月;定期安全教育记录保存期限不得少于12个月。

《道路危险货物运输管理规定》第四十四条规定,危险货物道路运输企业或者单位应当通过岗前培训、例会、定期学习等方式,对从业人员进行经常性安全生产、职业道德、业务知识和操作规程的教育培训。

从上述内容可知,对从业人员的安全生产教育和培训一直是《中华人民共和国安全生产法》《危险化学品安全管理条例》以及行业规章中反复强调的内容,既是生产经营单位的义务,也是从业人员的权利。

人员培训包括岗前培训、日常培训两种形式。其中,岗前培训必须考核,且须考核合格后,方可上岗作业。

1. 岗前培训

岗前安全生产教育培训不得少于24学时,每个学时不得少于45分钟。

(1)驾驶人员的岗前培训。

内容包括但不限于:危险货物道路运输、道路交通安全和安全生产相关法律法规和标准、驾驶人员职责和职业道德、运输业务涉及的危险货物分类和危险特性、运单使用要求、卫星定位监控系统使用要求、包装和车辆标志要求、车辆和相关设备使用要求、运输文件和单据要求、车辆或集装箱混合装载要求和限制、通行禁限行要求、安全运输操作程序、安全行车知识和应急驾驶操作技能、交通事故案例警示教育、交通事故法律责任规定、防御性驾驶技术、基本应急处置要求、基本应急装备和个人防护用品使用方法、企业有关安全运营管理的规定等。

(2)押运人员的岗前培训。

内容包括但不限于：危险货物道路运输、道路交通安全和安全生产相关法律法规和标准、押运人员职责、涉及的危险货物分类和危险特性、包装和车辆标志要求、运输过程中停车防护要求、车辆相关设备使用要求、车辆或集装箱混合装载要求和限制、危险货物运输安全状态检视要求、交通事故案例警示教育、职业道德、交通事故法律责任规定、基本应急处置要求、基本应急装备和个人防护用品使用方法、企业有关安全运营管理的规定等。

(3)装卸管理人员的岗前培训。

内容包括但不限于：危险货物道路运输、道路交通安全和安全生产相关法律法规和标准、装卸管理人员职责、涉及的危险货物分类和危险特性、装卸作业规程、交通事故案例警示教育、职业道德、基本应急处置知识、企业有关安全运营管理的规定等。

2.日常培训

日常培训是在日常工作中定期、持续进行的培训活动。日常培训应当覆盖本单位所有人员。对于驾驶人员、押运人员、装卸管理人员的日常培训，应当每季度至少面向全员开展一次。每人每年安全生产教育培训不得少于24学时。培训内容应满足相关法规标准要求，并符合企业实际业务情况。

三 运输单证

从事危险货物道路运输时，需要携带必要的运输单证。根据《危险化学品安全管理条例》《危险货物道路运输安全管理办法》等文件要求，随车携带的运输单证主要包括以下几种。

(1)人员资格条件类：包括驾驶人员的驾驶证、从业资格证等；押运人员的从业资格证等。

(2)车辆条件类：包括机动车行驶证、道路运输证等，以及可通过电子方式获取的保险凭证等，如承运人责任险、交强险等。

(3)罐体检验检测报告类：包括特种设备使用登记证及电子记录媒介等；液体危险货物常压罐式车辆罐体检验合格证书或者检验检测报告；可移动罐柜、罐式集装箱的检验合格证书和安全合格标志等。

(4)凭证运输文件类：包括剧毒化学品公路运输通行证、民用爆炸物品运输许可证、烟花爆竹道路运输许可证、危险废物转移联单，以及放射性物品道路运输许可证明或者文件。

(5)危险货物道路运输电子运单。

(6)道路运输危险货物安全卡。

(7)其他单据，如托运清单、化学品安全技术说明书、危险货物运输条件鉴定书、提货单等。

四 电子运单

根据《危险货物道路运输安全管理办法》，危险货物承运人应当制作危险货物运单，并交由驾驶人员随车携带。危险货物运单应当妥善保存，保存期限不得少于12个月。危险货物运单格式由国务院交通运输主管部门统一制定。危险货物运单可以是电子或者纸质形式。

依据《交通运输部办公厅关于全面推进实施危险货物道路运输电子运单管理工作的通知》（交办运〔2023〕71号），危险货物道路运输运单的基本格式如图1-8-2所示。企业设计运单时，内容、顺序在与下述运单格式一致的情况下，版式可有所差别。

危险货物道路运输运单

运单编号：					
托运人	名称		收货人	名称	
	联系电话			联系电话	
装货人	名称		起运日期		
	联系电话		起运地		
目的地				□城市配送	
承运人	单位名称		联系电话		
	许可证号				
	车辆信息	车牌号码(颜色)		挂车信息	车牌号码
		道路运输证号			道路运输证号
	罐体信息	罐体编号			罐体容积
	驾驶员	姓名		押运员	姓名
		从业资格证			从业资格证
		联系电话			联系电话
货物信息	包括序号，UN开头的联合国编号，危险货物运输名称，类别及项别，包装类别，包装规格，单位，数量等内容，每项内容用逗号隔开				
备注			（电子运单二维码*）		
调度人：			调度日期：		

注：* 电子运单会由系统生成二维码，具体参见第六章内容。

图1-8-2 危险货物运单的基本格式

运单各数据项具体填写要求可扫描封面二维码查看。

五 车辆停放要求

根据JT/T 617.3中危险货物一览表的第(19)列的规定,当危险货物适用于附录A中S1 d)、S14~S24特殊规定时,危险货物车辆停车时应受到监护,并按以下优先顺序选择危险货物车辆停车场所。

(1)未经允许不能进入的公司或工厂的安全场所;
(2)有停车管理人员看管的停车场,驾驶人员应告知停车管理人员其去向和联系方式;
(3)其他公共或私人停车场,但车辆和危险货物不应对其他车辆和人员构成危害;
(4)一般不会有人经过或聚集的、与公路和民房隔离的开阔地带。

单元九 危险货物运输事故应急处置

为确保道路运输安全,危险货物在加强运输管理和安全监管的同时,还应提高事故应急处置与救援的能力。诸多事故分析表明,一些事故由于从业人员应急处置不当,致使事故损失扩大。做到科学施救,减少事故造成的人员伤亡和财产损失,需要强化从业人员应急处置能力,确保在现场处置与救援过程中要采取科学的应急处置措施,正确使用应急器材,并应做好救援人员自身的安全防护。

一 危险货物运输事故报告流程

在危险货物道路运输过程中若发生泄漏、火灾、爆炸或者交通事故,事故现场的驾驶人员和押运人员能够全面、准确和及时地将事故信息报送到企业及相关部门,是及时有效组织应急救援的重要保障。

目前,我国现有的法律法规中对危险货物运输事故报告的要求见表1-9-1。

法律法规对危险货物运输事故报告的要求　　　　表1-9-1

法律法规名称	条目	具体内容
中华人民共和国安全生产法	第八十三条	生产经营单位发生生产安全事故后,事故现场有关人员应当立即报告本单位负责人

续上表

法律法规名称	条目	具体内容
中华人民共和国道路交通安全法	第七十条	在道路上发生交通事故,车辆驾驶人员应当立即停车,保护现场;造成人身伤亡的,车辆驾驶人员应当立即抢救受伤人员,并迅速报告执勤的交通警察或者公安机关交通管理部门。因抢救受伤人员变动现场的,应当标明位置。乘车人、过往车辆驾驶人员、过往行人应当予以协助。 在道路上发生交通事故,未造成人身伤亡,当事人对事实及成因无争议的,可以即行撤离现场,恢复交通,自行协商处理损害赔偿事宜;不即行撤离现场的,应当迅速报告执勤的交通警察或者公安机关交通管理部门。 在道路上发生交通事故,仅造成轻微财产损失,并且基本事实清楚的,当事人应当先撤离现场再进行协商处理
生产安全事故报告和调查处理条例	第九条	事故发生后,事故现场有关人员应当立即向本单位负责人报告;单位负责人接到报告后,应当于1小时内向事故发生地县级以上人民政府安全生产监督管理部门和负有安全生产监督管理职责的有关部门报告。 情况紧急时,事故现场有关人员可以直接向事故发生地县级以上人民政府安全生产监督管理部门和负有安全生产监督管理职责的有关部门报告
危险化学品安全管理条例	第五十一条	剧毒化学品、易制爆危险化学品在道路运输途中丢失、被盗、被抢或者出现流散、泄漏等情况的,驾驶人员、押运人员应当立即采取相应的警示措施和安全措施,并向当地公安机关报告
道路危险货物运输管理规定	第四十七条	在危险货物运输过程中发生燃烧、爆炸、污染、中毒或者被盗、丢失、流散、泄漏等事故,驾驶人员、押运人员应当立即根据应急预案和道路运输危险货物安全卡的要求采取应急处置措施,并向事故发生地公安部门、交通运输主管部门和本运输企业或者单位报告。运输企业或者单位接到事故报告后,应当按照本单位危险货物应急预案组织救援,并向事故发生地安全生产监督管理部门和环境保护、卫生主管部门报告
道路运输从业人员管理规定	第四十二条	在道路危险货物运输过程中发生燃烧、爆炸、污染、中毒或者被盗、丢失、流散、泄漏等事故,道路危险货物运输驾驶人员、押运人员应当立即向当地公安部门和所在运输企业或者单位报告,说明事故情况、危险货物品名和特性,并采取一切可能的警示措施和应急措施,积极配合有关部门进行处置

1.事故报告的时限

根据《生产安全事故报告和调查处理条例》和《中华人民共和国道路交通安全法》等相关要求,事故发生后,事故现场从业人员应及时向公安机关交通管理部门进行报告,涉及火灾等事故的还应向消防部门报告,同时立即向本单位负责人报告。企业负责人接到报告后,应当于1小时内向事故发生地县级以上人民政府安全生产监督管理部门和交通运输主管部门报告。情况紧急时,事故现场有关人员可以直接向事故发生地县级以上人民政府安全生产监督管理部门和交通运输主管部门报告。

2.事故报告的内容

根据《生产安全事故报告和调查处理条例》《交通运输突发事件信息报告和处理方法》的

相关要求,载运危险货物或油类的车辆发生交通事故,事故信息报告的内容至少应包括以下部分:

(1)报告人姓名、联系方式;
(2)发生的事故及部位;
(3)发生时间、具体地点(如,×××公路×××km处)、行驶方向;
(4)车辆牌照、荷载吨位、车辆类型、罐车罐体容积、当前状况;
(5)联合国编号、危险货物品名、数量、当前状况;
(6)人员伤亡及危害情况;
(7)已采取或拟采取的应急处置措施;
(8)事故的简要经过,初步判定事故原因(如由交通事故引发的危险货物泄漏、火灾、爆炸等)。

3.补报续报

现场从业人员在确保自身安全的情况下,根据相关负责人的指示要求,进行后续报告工作,并根据事故发展情况,及时向企业续报事故情况。续报内容主要包含事故发展现况、有无新的伤亡和损失、现场应急处置情况、事故发展趋势判定等。

二 危险货物运输事故个人防护要点

为了确保危险货物运输从业人员的作业安全,需要根据所运载的危险货物类别特性,以及作业时可能接触的身体部位等特点,从头部防护、面部防护、呼吸防护、躯干防护、手部防护、足部防护和皮肤防护多方面考虑,针对性穿戴相应的个人防护用品。

(一)一般要求

(1)配备的个体防护装备应符合国家标准或者行业标准的要求。常见的个体防护装备及其技术标准见表1-9-2。

常见的个体防护装备及其技术标准　　　　　表1-9-2

序号	物资名称	主要用途或者技术要求
1	防爆手电筒	用于现场照明
2	防化学品手套	能够对各类化学品和不包括病毒在内的其他各类微生物形成有效屏障,从而避免化学品和微生物对手部或手臂的伤害。其技术性能应符合《手部防护 化学品及微生物防护手套》(GB 28881)的要求
3	防化学品鞋	脚部和腿部防护。防化学品鞋的技术性能符合《足部防护 防化学品鞋》(GB 20265)的要求
4	护目镜	保护眼部或者面部。至少应配备符合《眼面防护具通用技术规范》(GB 14866)要求的眼镜型或眼罩型眼面部防护产品

续上表

序号	物资名称	主要用途或者技术要求
5	急救箱或者急救包	物资清单符合《工业企业设计卫生标准》(GBZ 1)中表A.4的要求
6	自吸过滤式防毒面具	用于呼吸防护。自吸过滤式防毒面具技术性能应符合《呼吸防护 自吸过滤式防毒面具》(GB 2890)的要求
7	安全帽	对人头部受坠物及其他特定因素引起的伤害起防护作用的装备,其技术要求应符合《头部防护 安全帽》(GB 2811)的要求
8	防静电工作帽	防止帽体上的静电荷积聚而制成的工作帽,其技术要求应符合《防静电工作帽》(GB/T 31421)的要求
9	防静电服	应符合《防护服装 防静电服》(GB 12014)的相关要求
10	防静电手套	用于需要戴手套操作的防静电环境。其技术要求应符合《防静电手套》(GB/T 22845)的要求
11	防寒手套	用于避免低温环境对人员手部的伤害。其技术要求应符合《手部防护 防寒手套》(GB/T 38304)的要求

(2)应与作业场所的环境状况、作业状况、存在的危害因素和危害程度相适应,与作业人员相适合,且个体防护装备本身不应导致其他额外的风险。

(3)应在保证有效防护的基础上,兼顾舒适性。

(4)需要同时配备多种个体防护装备时,应考虑使用的兼容性和功能替代性,确保防护有效。

(5)应为正式员工、劳务派遣人员、临时聘用人员、实习生和允许进入作业地点的其他人员进行个体防护装备的配备和管理。

(6)使用前仔细阅读使用说明书,并按照产品说明书等资料定期做好校验、养护、检查,并在有效期内使用,确保有效防护。

(7)必须选择合适的尺码,做好标签、标记,个人妥善保管。必须随车携带的个体防护用品应放置在车辆合适位置。

(8)可重复使用的个体防护用品在使用后应立即清洗,清洁后晾干保存,防毒口罩和防毒面具可更换吸附滤芯或滤盒。一次性个体防护用品或已到期、破损、失效的防护用品,应及时更换补充。

(二)常见个人防护用品的具体使用方法

1.安全帽

根据《头部防护 安全帽》(GB 2811),安全帽按照性能分为普通型(P)和特殊型(T)。普通型安全帽是用于一般作业场所,具备基本防护性能的安全帽产品;特殊型安全帽是除具备基本防护性能外,还具备一项或多项特殊性能的安全帽产品,适用于与其性能相应的特殊作业场所。安全帽的分类标记见表1-9-3。

安全帽的分类标记   表1-9-3

产品类别	符号	特殊性能分类	性能标记		备注
普通型	P	—			—
特殊型	T	阻燃	Z		—
		侧向刚性	LD		—
		耐低温	−30℃		—
		耐极高温	+150℃		—
		电绝缘	J	G	测试电压2200V
				E	测试电压20000V
		防静电	A		—
		耐熔融金属飞溅	MM		—

正确佩戴安全帽可以有效保护头部安全,安全帽的佩戴要求如下。

(1)检查安全帽是否与工作场所的危险性相符合,如易燃易爆场所应配备防静电的特殊型安全帽。

(2)检查安全帽是否完好无损。在佩戴安全帽之前,应该先检查安全帽是否完好无损,是否存在裂缝、漏洞等问题。如果存在问题,应该及时更换安全帽。

(3)调整安全帽的大小。应该根据头型进行调整,过大或过小的安全帽都起不到保护作用。佩戴时应该将安全帽放在头上,调整好位置,确保其不会掉落。

(4)拉紧下颏带。下颏带是安全帽的重要部件之一,可以有效地固定安全帽。在佩戴安全帽时,应该拉紧下颏带,使其不会松动。

(5)检查安全帽是否戴正。佩戴安全帽时应该将安全帽戴正,使帽檐位于眉毛上方,并且与头部垂直。如果安全帽没有戴正,可能会影响头部受到冲击时的缓冲效果。

(6)不要将安全帽放在尖锐物体的下方。在佩戴安全帽时,应该避免将其放在尖锐物体的下方,以免被砸坏或者刺破。

(7)不要随意拆卸安全帽上的部件。为了确保安全帽的正常使用和保护效果,不要随意拆卸其上的部件,包括下颏带等。

(8)不要用火烤或者微波炉加热安全帽。如果需要加热安全帽,应该使用温水浸泡后晾干,以免造成损坏或者变形。

(9)如果佩戴安全帽时感觉不适或者头部受伤,应该立即取下安全帽并就医检查,以免延误治疗或者造成更大的伤害。

2.防静电工作服

防静电工作服是指为防止服装上的静电积累,用防静电织物面料缝制的工作服。防静电织物是在纺织时,大致等间隔地或均匀地混入导电纤维或防静电合成纤维或两者混合交织而成的织物。防静电工作服有分体式、连体式、套头式等多种款式,还有袜套、帽子、口罩可以自由组合穿戴。

在使用防静电工作服时,需要注意以下几点。

①凡是在正常情形下,爆炸性气体混杂物持续地、短时间频繁地涌现或长时间存在的场合,以及爆炸性气体混杂物有可能呈现的场合,应穿用防静电工作服。

②禁止在易燃易爆场合穿、脱防静电工作服。

③禁止在防静电工作服上附加或佩戴任何金属物件,以防打火。

④穿用防静电工作服时,还应与防静电鞋配套应用,同时地面也应是防静电地板并有接地系统。

⑤防静电工作服应保持干净,确保防静电性能,清洗时用软毛刷、软布蘸中性洗涤剂洗擦,或浸泡轻揉,不可破坏布料导电纤维,不可暴晒。

⑥普通防静电工作服可自行清洗,要求高的防静电工作服须由专业清洗机构清洗。

⑦防静电工作服须定期更换。

3.自吸过滤式防毒面具

自吸过滤式防毒面具和过滤件是呼吸防护装备的重要组成部分,对保障安全生产和劳动者的职业健康尤为关键。自吸过滤式防毒面具技术性能应符合《呼吸防护 自吸过滤式防毒面具》(GB 2890)的要求。

过滤式防毒面具主要由面罩主体和过滤件两部分组成。其中,按照面罩与过滤件的连接方式,可以分为导管式防毒面具和直接式防毒面具。按照面罩结构分为全面罩和半面罩。

过滤件类型可以分为普通过滤件、多功能过滤件和综合过滤件三种。

(1)普通过滤件。普通过滤件包括:

①A型:用于防护沸点大于65℃的有机气体或蒸气,例如苯、四氯化碳、硝基苯、环己烷等;

②B型:用于防护无机气体或蒸气,例如氯化氰、氢氰酸、氯气等;

③E型:用于防护二氧化硫和其他酸性气体或蒸气;

④K型:用于防护氨及氨的有机衍生物;

⑤CO型:用于防护一氧化碳气体;

⑥Hg型:用于防护汞蒸气;

⑦H_2S型:用于防护硫化氢气体;

⑧AX型:用于防护沸点不大于65℃的有机气体或蒸气;

⑨SX型:用于防护某些特殊化合物。

(2)多功能过滤件。用于防护普通过滤件中两种或两种以上类型的过滤件。

(3)综合过滤件。具有防颗粒物功能的过滤件,按照防护颗粒物性质不同分为KN和KP两类,其中KN类只适用于过滤非油性颗粒物,KP类适用于过滤油性和非油性颗粒物。

过滤件的标记由过滤件防护气体类型、过滤件防护时间级别、颗粒物防护性能级别(适用时)组成。组合式综合过滤件防颗粒物组件上标记颗粒物防护性能级别,防毒气和(或)蒸气组件上标记防护气体类型、过滤件级别。

(1)1级A型普通过滤件标记为:A1。

(2)2级具有防护A、B两种类型气体的多功能过滤件标记为:A2B2。

(3)1级E型KN95级别的整体式综合过滤件标记为:E1KN95。

(4)用于防护某些特殊化合物标记为:SX-(防护气体名称)。

三 危险货物运输事故初期处置措施

发生危险货物运输事故时,从发生事故到专业救援队伍赶赴现场,从业人员在事故现场要采取自我保护和公众保护应急措施,保护自我并为后续救援工作奠定基础。有效开展危险货物运输事故初期处置,能够最大限度减少事故造成的人员伤亡、环境污染和财产损失,还能防止事故进一步扩大和蔓延,维护交通运输的正常秩序。

在危险货物运输过程中发生燃烧、爆炸、污染、中毒或者被盗、丢失、流散、泄漏等事故,驾驶人员、押运人员应当在确保自身安全的前提下,根据应急预案和道路运输危险货物安全卡的要求,采取应急处置措施,防止损害及危害的扩大,控制事故发展。

1.处置原则

初期现场应急处置要坚持"以人为本、生命至上、科学救援"的原则,明确"救人"为应急救援首要任务,按照国家行业标准、规范,科学开展应急处置(图1-9-1)。

现场应急处置原则主要包括:

(1)先了解,再行动。在采取措施之前,现场初期应急处置人员应先了解事故的基本情况,如周边环境、现场情况以及涉及的危险货物情况等。

承运危险货物的危险信息可以从以下几种方式获取:

①通过标志牌(矩形标志牌、菱形标志牌等)、外包装标签、运单、车辆外观、化学品安全技术说明书、现场人员的经验等;

②通过电子运单上的联合国编号、危险货物分类号和危险货物名称等信息;

③通过道路运输危险货物安全卡,或者相关应急指南等文件。

图1-9-1 救援现场应急处置

根据获得的信息,初步评估现场情况,包括是否发生火灾、泄漏或撒漏;天气状况;地形;谁/什么有风险:人、财产或环境;应采取哪些行动:疏散、就地避难或筑堤?需要什么资源:人力和设备;立即可以做什么。按照这些基本条件,再配合应急处置技术,以及配置的人员和资源等,制定出应急处置措施。

切记:不要盲目冲进去,应从上风、上坡和/或上游谨慎接近,且远离蒸气、火花、烟雾和泄漏物,并按照初始隔离距离疏散周边群众,隔离事故区域,做好周边人群和自己的人身安全保护。

(2)控制火源。因为部分危险货物具有易燃易爆特性,所以必须禁止明火、火花、烟花等热源的出现,至少对于初始隔离区域内任何可能产生明火或者火花的作业都必须制止或者隔离。易燃、易爆危险货物运输事故现场应该使用防爆、防静电类器材装备。近年来,多起危险货物运输事故均与事故现场随意启动车辆等有关,所以,应确保在初始隔离区域内无明火及其他热源。

(3)谨慎用水。需要通过事故区域内车辆上粘贴的矩形标志牌、菱形标志牌或者电子运单等信息,初步了解事故现场是否具有4.3项等遇水发生反应的物质。因为,部分危险货物在遇水之后会出现化学反应、燃烧,甚至会产生有毒有害的气体。

另外,低温液化气体泄漏时,会吸热,也不能直接用水喷射。需要在确定危险货物特性的前提下,才可以用水冷却或者对泄漏物进行抑制,确保应急人员安全。

(4)安全第一。事故应急处置应该满足科学、智慧、周密计划和有效实施的要求,确保人员安全。如从上风向进入现场,根据危险货物的危险特性穿戴合适的防护装备;对于现场初期应急处置,以疏散、隔离、初期应急处置为主,后续的应急处置则由专业人员来负责。

切记:不要认为气体或蒸气是无害的,因为无色无味气体或者蒸气可能有害。同时,处理空的容器时需要小心,在清洗和处置之前,它们可能仍然存在危险残留物。

2.基本应急处置措施

若运输过程中发生事故,驾驶人员和押运人员应在安全可行的情况下采取如下措施:

(1)在安全可行的条件下,尽量将车辆行驶至空旷或人员稀少处,避免造成更大伤害。

(2)备好运输单据,关闭发动机,关闭电源总开关,拉上驻车制动器,固定车辆防止溜动。

(3)避免火源,特别禁止吸烟、电子香烟(或相似设备)以及任何形式的明火、烟火等热源。对于具有易燃、易爆等危险特性的危险货物发生事故时,应注意禁止在初始隔离区域内打开非防爆电子设备。初始隔离区域的设定原则可扫描封面二维码查看。

(4)穿上反光背心,并在恰当的地方放置三角警示标志。一般道路上,在车辆来车方向同车道50~100m处摆放危险警告标志;城市快速路和高速公路上,在故障车辆来车方向150m外摆放危险警告标志。夜间应适当增加距离。

(5)观察危险货物状态,确保自身、公众及周围环境安全,及时拨打119、112等急救电话请求帮助。同时,立即拨打企业应急值班电话或运单上的应急电话,向企业进行信息报告,报告事故发生的基本情况,也可拨打运单或者MSDS上面的应急响应电话,或者国家化学事故应急响应专线(0532-83889090),获取相应的应急救援指导。

(6)不应走近或碰触泄漏的危险货物,不应站在下风口。

(7)在确保安全可行的条件下,可以根据危险货物的理化特性,在正确穿戴必要防护用品的前提下,使用灭火器扑灭轮胎、制动系统和发动机的小火或初始火源。特别注意轮胎起火,因为可能复燃,在保持安全距离的前提下,备好灭火器,以防再次燃烧。若罐车罐体或者货箱内货物出现火源,应避免自行处理,及时请求外部专业应急救援力量。

(8)现场初期处置人员在安全可行情况下,可就近使用沙土等惰性吸收材料收集和吸附泄漏物,在泄漏处周围铺设围堰,使用随车沙袋对泄漏的危险货物进行封堵,或者使用随车配置的堵漏或者吸附工具防止泄漏物进入下水道、地下室或密闭空间;有爆炸风险时,禁止使用砂土进行吸附。

(9)根据事故事态划分初始隔离区。必要时,及时请求公安交警部门进行现场控制、交通管制、隔离警戒、疏散撤离周边群众等。在上级应急指挥机构到来后配合协助开展警戒疏散工作。

初始隔离区的设置可按照下列要求开展:

①可根据道路运输危险货物安全卡、《道路危险货物运输事故应急处置指南》(GB/T 39652)的要求,使用随车携带的警示锥、警示带、警示桶等警示标志,初步划定初始隔离区域(图1-9-2)。进行信息报告时应选择上风处,且远离初始隔离区域。当罐体变色或者安全阀发出声响,立即撤离。

一般情况下,气体类(非毒性气体)货物发生泄漏时的初始隔离区域为四周100m,液体类货物发生泄漏时的初始隔离区域为四周50m,固体类货物发生泄漏时的初始隔离区域为四周25m。对于带有毒性的货物,初始隔离区域应适当增加,如四周100m范围。1.1、1.2、1.3和1.5项爆炸品发生

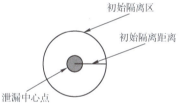

图1-9-2 初始隔离区和初始隔离距离

泄漏时,初始隔离区域为四周500m。在初始隔离区内,所有公众应予以疏散。群众可按照初始隔离距离并沿着上风处撤离事故区域。

若出现罐车火灾等现象,一般易燃或者带有腐蚀性的气体罐式车辆的初始隔离和疏散区域是四周1600m,常压罐式车辆的隔离和疏散区域是四周800m,危险货物的初始隔离距离及常见毒性气体泄漏的初始隔离距离和防护距离,可扫描封面二维码查看。

②组织周边人群沿着上风处撤离初始隔离区域,并听从应急救援人员的建议。距离事故发生地最近人群和能直接看到事故现场的室外人群应优先撤离。当撤离更危险或者不可能采取撤离措施情况下应采用就地躲避,且远离窗户、玻璃等。需要注意的是若事故泄漏物是易燃气体或建筑物门窗等不能紧闭时,则不适合采取就地躲避措施。鉴于部分气体比空气重,会沿着地面扩散,泄漏气体会聚集在地势低洼区域或者密闭区域,所以,应远离地势低洼区域。

(10)脱掉被污染的衣物,以及已使用且被污染的防护设备,并将其进行安全处理。

3.危险货物运输应急救援指南卡的使用

《危险货物运输应急救援指南 第2部分:应急指南》(GB/T 39652.2)列出了主要危险货物的基本应急处置措施,并以代码的形式显示相关应急指南细则。使用方法如下:

(1)确认危险货物。通过标志牌、运单或包装上的联合国编号或者运单、托运清单等单证或包装上的危险货物名称进行确认或认定。

(2)查找对应的应急救援指南卡。根据现场确认的危险货物,参照《危险货物运输应急救援指南 第2部分:应急指南》(GB/T 39652.2)中危险货物中文名称索引和危险货物联合国编号索引,查找指南号,并确定相应的应急措施指南。

(3)多途径应对措施。当按(1)和(2)仍不能确定危险货物或应急救援指南卡时,可采取以下途径获取应急救援指南卡:

①通过菱形标志牌上的危险货物类别号或者项别号,以及矩形标志牌上的危险性识别号查找对应的指南号,菱形标志牌上的类别号或者项别号与指南号之间的对应关系见表1-9-4。

危险货物类别号或项别号与指南号的对应关系 表1-9-4

菱形标志牌上的类别号或者项别号	指南号	菱形标志牌上的类别号或者项别号	指南号
1.1、1.2、1.3、1.5	112	4.3	139
1.4、1.6	114	5.1	143
2.1	118	5.2	148
2.2	120(氧气对应122)	6.1	153
2.3	123(无水氨对应125)	6.2	158
3	127(燃料油对应128)	7	163
4.1	134	8	153
4.2	136	9	171(锂电池对应138、147)

②拨打运单上的应急电话,获取危险货物信息。

③如果危险货物类别号或项别号对应多个指南号,应优先利用最保守(即需要最大限度保护)的应急救援指南卡。

四 常见危险货物道路运输应急装备使用

依据《危险化学品安全管理条例》《危险货物道路运输安全管理办法》等文件要求,运输危险货物应当根据危险货物的危险特性,采取相应的安全防护措施,并配备必要的防护用品和应急救援器材。

在行车过程中,危险货物道路运输应急救援器材主要见本模块单元八危险货物运输中的"表1-8-3 危险货物运输车辆随车装备"。灭火器、安全帽、自吸过滤式防毒面具等应急救援器材的使用方法在前面内容中均已介绍,本部分主要介绍下水道封堵器具的使用方法。

(一)下水道封堵器具

根据JT/T 617.7,运输第3类、4.1项、4.3项、第8类或第9类固体或液体的危险货物的车辆,应随车配备一把铲子(对具有第3类、4.1项、4.3项危险性的货物,铲子应具备防爆功能)和一个下水道口封堵器具,如堵漏垫、堵漏袋等。

此外,根据《北美应急响应手册》(ERG 2024年版)和《危险货物运输应急救援指南 第2部分:应急指南》(GB/T 39652.2)的要求,气体类、液体类危险货物若发生溢出或者泄漏,均需要采取措施防止泄漏物进入下水道、地下室和封闭区域(如指南115、116、127等)。

由于运输具有移动性,一旦在运输过程中发生事故,泄漏的货物会快速通过下水道口等入口进入地下管网、地下水源、水库甚至饮用水源等区域,一旦有火星掉落下水道口内会引起受限空间爆炸等危害,同时也会导致更大范围的环境、土壤污染等不可挽回的损害。如2020年9月9日广东揭阳苯酚泄漏事故,导致赤岗镇埔下村附近长约8km、宽约2m的沟渠水体受污染,共转运受污染水体约23万t。

下水道口堵漏垫是一种能在危险货物车辆、罐体发生泄漏、遗撒等情形时,快速对下水道口、排水口进行封堵,防止危险货物进入地下排水设施的软垫。它应具备快速封堵等功能,且与常规运输的危险货物具有相容性。常见的下水道口堵漏垫如图1-9-3所示。

图1-9-3 下水道口堵漏垫的样式

主要使用方法如下:

(1)选择合适尺寸的堵漏垫。应根据封堵口(如下水道口)尺寸选择合适规格的产品。为确保堵漏效果,产品尺寸应比封堵口尺寸至少大100mm。

(2)使用前,请尽量清除掉下水道口附近的碎石、树枝等杂质,以确保正确密封。

(3)去除堵漏垫底面层上的保护膜并保存好,以便再次使用。

(4)将堵漏垫的密封面放置在下水道口、格栅、人孔等拟堵漏口表面上,与下水道口各侧重叠至少50mm。

(5)用手按或者脚踩产品四周边缘。不要在泄漏的危险货物已到达堵漏口时尝试此操作,避免二次伤害。

(6)使用完毕后,可以用水、非研磨性清洁剂或石油溶剂清洁剂清洗。清洗完毕后,使用布擦干或阴凉处晾干后备用。

(二)吸附棉产品

吸附棉产品形式通常有垫(片)、条(索)、卷、枕、围栏。吸附产品都是包裹在以线缝制的经表面活化处理剂处理的聚丙烯无纺布中,外层布极其坚韧耐用,具有强的吸附性,从而吸收泄漏液体流向吸附棉,有效阻止了泄漏的扩散,产品经绞、挤压后可回收72%的泄漏液,如图1-9-4所示。

图1-9-4　吸附棉产品

吸附棉片适用于小面积范围的泄漏处理,使用时可直接把吸附棉片放在液体表面。泄漏液体将会迅速被吸附,安全方便。

吸附棉条适用于大面积或多容量的泄漏使用,可先使用吸附棉来圈定泄漏范围并逐渐缩小泄漏范围。根据实际泄漏面积,选择适宜长度的吸附棉条,圈定时要确保棉条两端的接点重叠,形成泄漏物的强大屏障。

吸附棉枕单独使用或配合吸附棉条使用。使用时,操作者可直接把吸附棉枕放在较大面积的(或已被吸附棉条圈定范围后的)泄漏液体上,直接、迅速吸附泄漏液体。

通用型吸附棉适用于油品、水、冷却剂、溶剂、颜料、染剂和其他不明液体。通用型吸附棉通常为灰色。

吸油棉专业适用于吸收石油氢类、碳氢化合物等,只吸油,但不吸收水。内部填充物为吸收油排斥水的聚丙烯,此类产品用于水面上时因不吸收水,吸附饱和以后,然后漂浮在水上。可吸附本身自重15~40倍的油。通常为白色。

吸液棉(化学品吸附棉)适用于酸、腐蚀性及其他化学液体、化学油品的吸附,适用于诸如酸、腐蚀性及其他危害性液体的泄漏处理。通常为粉红色或红色。

单元十 危险货物运输事故案例

一 道路危险货物装卸过程典型事故案例分析

1.事故基本情况

某日凌晨1时许,某化工企业储运部装卸区的一辆液化石油气运输罐车在卸车作业过程中发生液化气泄漏,引起重大爆炸着火事故(图1-10-1),造成10人死亡,9人受伤,直接经济损失4468万元。

图1-10-1 救援现场应急处置

事故调查显示,某物流公司驾驶人员唐某驾驶一辆液化气体罐式车辆经过长途奔波、连续作业后,驾车驶入某化工公司并停放在该公司装卸区卸车位准备卸车。驾驶人员唐某下车后先后将装卸臂气相、液相连接管口与车辆卸车口连接,并打开气相阀门对罐体进行加压,车辆罐体压力从0.6MPa上升至0.8MPa以上。在打开罐体液相阀门一半时,液相连接管口突然脱开,大量液化气喷出并急剧气化扩散。

正在值班的某化工公司现场作业人员未能有效处置,致使液化气泄漏长达2分钟10秒,泄漏后的液化气急剧气化,迅速扩散,与空气形成爆炸性混合气体达到爆炸极限,遇点火源发生爆炸燃烧。液化气泄漏区域的持续燃烧,先后导致泄漏车辆罐体、装卸区内停放的其他运输车辆罐体发生爆炸。爆炸使车体、罐体分解,罐体残骸等飞溅物击中周边设施、物料管廊、液化气球罐、异辛烷储罐等,致使2个液化气球罐发生泄漏燃烧,2个异辛烷储罐发生燃烧爆炸。

2. 事故主要原因

（1）肇事罐车驾驶人员长途奔波、连续作业，在午夜极度疲惫状态下进行液化气卸车作业时，没有严格执行卸车规程，出现严重操作失误，装卸臂快接口两个定位锁止扳把没有闭合，致使快接接口与罐车液相卸料管未能可靠连接，在开启罐车液相球阀瞬间发生脱离，造成罐体内液化气大量泄漏。

据调查事故车辆行驶的GPS记录，肇事罐车驾驶人员唐某在近32小时只休息了4小时，其间等候装卸车2小时50分钟，其余24小时均在驾车行驶和装卸车作业。押运人员没有驾驶证，行驶过程都是唐某在驾驶车辆。

（2）某化工公司现场人员未能有效处置，致使泄漏后的液化气急剧气化，迅速扩散，与空气形成爆炸性混合气体达到爆炸极限，遇点火源发生爆炸燃烧。

（3）据分析，引发第一次爆炸可能的点火源是该化工公司生产值班室内在用的非防爆电器产生的电火花。

3. 事故教训

事故造成当班驾驶人员直接死亡，损失极为惨重，30多名企业及政府官员受到处理。肇事车辆驾驶人员疲劳驾驶和装卸操作失误是主要原因，现场处置人员现场未能采取有效措施也是导致事故发生的重要因素。因此，作为危险货物运输从业人员，应从事故中吸取如下教训。

（1）强化安全意识。从业人员要牢牢树立"安全第一，预防为主"的作业观念，时刻牢记安全行驶是首要任务，将安全放在工作的第一位，积极采取各种措施，预防危险作业行为的发生。从业人员应对所承运的危险货物有足够的了解，熟悉所承运货物的危险性及相关的应急操作，严格按照企业的操作规程进行作业。

（2）杜绝疲劳驾驶。因危险货物道路运输的不间断性，以及装卸环节的等待时间较长，危险货物运输从业人员疲劳作业的概率大大增加。疲劳作业是导致危险货物运输事故的最主要原因之一，因为人在疲劳状态下往往导致精神麻痹、注意力不集中、疏忽大意，难以按照规范的操作规程作业，从而导致事故发生。因此，从业人员要合理安排作息，确保自己有足够的休息时间。遵守企业的作息制度，不疲劳驾驶，不超时工作，并在动态监控人员提醒时，积极回应，确保作业安全。

（3）认真参加技能培训。危险货物运输从业人员应积极参加由企业组织的危险品运输技能培训，克服消极应付思维，抓住企业培训的良好契机，认真对待，提高专业技能水平；要掌握危险品运输的相关知识和操作技能，提高安全操作规程的掌握水平，特别是装卸操作等常规培训易于忽视的内容，确保在运输过程中能够正确应对各种情况；要积极参与应急演练，熟悉应急处置流程和操作方法，在遇到危险品泄漏、火灾等紧急情况时，能够迅速、准确地采取科学合理措施，保护自身生命安全，并减少事故损失。

二 道路危险货物运输过程典型事故案例分析

(一)发生在隧道等特殊构造物内的重大道路交通危化品燃爆事故

1.事故基本情况

某日14时45分许,某高速公路一隧道内,2辆运输甲醇的铰接列车追尾相撞,前车甲醇泄漏起火燃烧,隧道内滞留的另外2辆危险货物运输车辆和31辆煤炭运输车等车辆被引燃引爆,造成40人死亡、12人受伤和42辆车烧毁,直接经济损失8197万元(图1-10-2)。

图1-10-2 事故现场

该日14时43分许,驾驶人员汤某和押运人员冯某驾驶一辆装载29.66t甲醇的铰接列车(事发时位于前方,以下简称前车),沿高速公路由北向南行驶至该隧道入口约100m处时,发现右侧车道上有运煤车辆排队等候,遂从右侧车道变道至左侧车道进入隧道。

14时45分许,驾驶人员李某和押运人员牛某驾驶另外一辆装载29.14t甲醇铰接列车(事发时位于后方,以下简称后车),在沿高速公路行驶至该隧道入口约100m处时,看到右侧车道上有运煤车辆排队缓慢通行,但左侧车道内至隧道口前没有车辆,遂从右侧车道变至左侧车道。驶入隧道后,突然发现前方5~6m处停有前车。后车驾驶人员李某虽采取紧急制动措施,但仍与前车追尾,碰撞致使后车前部与前车尾部铰合在一起,造成前车尾部防撞设施及卸料管断裂、甲醇泄漏,后车前脸损坏。

两车追尾碰撞后,前车押运人员冯某从右侧车门下车,由车前部绕到车身左侧尾部观察,发现甲醇泄漏。为关闭主卸料管根部球阀,冯某要求汤某向前移动车辆。该车向前移动1.18m后停住,汤某下车走到车身左侧罐体中部时,冯某发现地面泄漏的甲醇起火燃烧。甲醇形成流淌火迅速引燃了两辆事故车辆(后车罐体没有泄漏燃烧)和附近的4辆运煤车、货车及面包车,由于事发时受气象和地势影响,隧道内气流由北向南,且隧道南高北低,高差达17.3m,形成"烟囱效应",甲醇和车辆燃烧产生的高温有毒烟气迅速向隧道内南出口蔓延。

发现着火后,后车驾驶人员李某、押运人员牛某从隧道北口跑出,前车驾驶人员汤某、押运人员冯某跑向隧道南口,并警示前方车辆的驾乘人员后方起火。当时隧道内共有87人,部分人员在发现烟、火后驾车或弃车逃生,48人成功逃出。事故导致滞留隧道内的42辆车辆全部烧毁,隧道受损严重。

2.事故主要原因

铰接列车(后车)在隧道内追尾另一铰接列车(前车),造成前车甲醇泄漏,后车发生电气短路,引燃周围可燃物,进而引燃泄漏的甲醇。

后车在进入隧道后,驾驶人员未及时发现停在前方的铰接列车,距前车仅5~6m时才采取制动措施;后车牵引车准牵引总质量(37.6t)小于其罐式半挂车的整备质量与运输甲醇质量之和(38.34t),存在超载行为,影响车辆制动。后车车辆公告所载介质为汽油,车辆出厂罐体资料所载介质为轻质燃油,均不含甲醇,而事发时车辆实际充装介质为甲醇,后车未按规定充装介质。后车罐体存在未按规定安装紧急切断阀、壁厚不符合设计要求等问题,且罐体底部卸料管根部球阀长期处于开启状态。

追尾造成前车半挂车的罐体下方主卸料管与罐体焊缝处撕裂,造成甲醇泄漏。前车罐体也未按规定安装紧急切断阀,使用罐体壁厚为4.5mm,不符合《道路运输液体危险货物罐式车辆 第1部分:金属常压罐体技术要求》(GB 18564.1)的规定,属于不合格产品。车辆未经过检验机构检验销售出厂,不符合《危险化学品安全管理条例》的规定。前车车辆公告所载介质为二异丙胺,事发时车辆实际充装介质为甲醇,前车未按规定充装介质。车辆运行时,罐体底部卸料管根部球阀长期处于开启状态。

后车发动机舱内高压油泵向后位移,启动机正极多股铜芯线绝缘层破损,导线与输油泵输油管管头空心螺栓发生电气短路,引燃该导线绝缘层及周围可燃物,进而引燃泄漏的甲醇。

3.事故教训

该事故涉及了不合格罐车选用、违规充装、超载运输、不安全驾驶等违法违规行为,造成了严重后果。危险货物运输从业人员应从事故中吸取如下教训。

(1)使用合规罐式车辆。罐车选用应综合考虑所承运介质、罐体设计要求、罐体安全阀件等方面。在罐车使用时,要确保罐车所充装介质在其准运介质范围内。罐车准运介质必须符合工信部《车辆生产企业及产品》和《机动车辆整车出厂合格证》,并须检验机构检测合格方可出厂。未在准运介质范围内充装介质是严重的违规行为,安全隐患十分突出。

(2)确保车辆安装紧急切断阀。紧急切断阀对于预防危险货物泄漏事故扩大具有十分重要的作用,危险货物运输从业人员要确保所驾驶车辆按照《道路运输液体危险货物罐式车辆 第1部分:金属常压罐体技术要求》(GB 18564.1)要求安装紧急切断阀,并确保其技术状况良好。紧急切断阀应按要求开展年度检验检测,对于不能正常使用的,应及时进行维修或更换。出车前,从业人员应严格落实车辆例检,检查紧急切断阀及其他罐体安全阀件状态良好,并处于正常的状态。

(3)杜绝超载运输。超载运输已被交通运输部列为重大事故隐患,而超载运输危险货物隐患尤其突出。超载运输显著影响车辆制动性能,加大对车辆罐体的损坏,增加了泄漏的风险。交通运输部、工业和信息化部、公安部、工商总局、质检总局于2017年5月联合印发《关于进一步做好货车非法改装和超限超载治理工作的意见》,常态化打击超限超载。危险货物运输从业人员要本着对个人和社会负责的态度,坚决抵制危险货物运输超载现象,确保运输安全。

(4)强化安全驾驶技能。当车辆进入隧道时,环境由明变暗,会出现短暂的视觉失灵,即所谓"暗适应",给行车安全带来较大风险。因此,从业人员要强化安全意识,当车辆进入隧道时,要提前减速,并提前打开车灯,防范"暗适应"带来的潜在风险。同时,当车辆由隧道驶出时,环境由暗变明,造成短暂的光线耀眼发眩,眼睛睁不开,也存在一定的风险,即所谓的"明适应"。因此,从业人员在车辆无论是驶入还是驶出隧道时,均需提前减速,并注意前方车辆动向。

(5)强化应急技能培训。从业人员应积极参加由企业组织的危险品运输应急预案的培训和演练,对所运危险货物的基本理化特性应有所了解,熟悉应急处置流程和操作方法,在遇到危险品泄漏、火灾等紧急情况时,能够迅速、准确地采取应急处置措施,保护自身生命安全,并减少事故损失。

(二)系列违法违规行为导致的危险货物运输事故

1.事故基本情况

某日2时57分,某高速公路一辆自东向西行驶运载乙醇的轻型货车,与前方停车排队等候的大型普通客车(以下简称"大型客车")发生追尾碰撞。轻型货车运载的乙醇瞬间大量泄漏起火燃烧,致使大型客车、轻型货车等5辆车被烧毁,造成54人死亡、6人受伤(其中4人因伤势过重医治无效死亡),直接经济损失5300余万元(图1-10-3)。

图1-10-3 事故现场

该日2时57分,贾某驾驶大型客车到达高速公路事发处时,因前方临时交通管制停于第一车道排队等候。前日17时,刘某驾驶轻型货车在湖南省某公司仓库充装6.52t乙醇(车辆核定载质量1.58t),22时45分进入事发高速公路。事发日2时57分,轻型货车沿事发高速公路由东向西行驶至事发路段时,以每小时85km的速度与前方排队等候通行的大型客车发生追尾碰撞,致轻型货车运载的乙醇瞬间大量泄漏燃烧,引燃轻型货车、大型客车及前方快车道上排队的小型越野车、右侧行车道上排队的一重型厢式货车和一铰接列车,造成大型客车52人死亡、4人受伤,轻型货车2人死亡,重型厢式货车和小型越野车各1人受伤,5辆车被烧毁以及公路设施受损。

2. 事故主要原因

这起事故直接原因是轻型货车追尾大型客车致使轻型货车所运载乙醇泄漏燃烧所致。

刘某驾驶严重超载的轻型货车(超载率312%),未按操作规范安全驾驶,忽视交警的现场示警,未注意观察和及时发现停在前方排队等候的大型客车,未采取制动措施,致使轻型货车以每小时85km的速度碰撞大型客车。刘某不具备危险货物运输从业资格证,所驾驶轻型货车不具备危险货物运输资质,且经非法改装,违规增设货箱并置入不合格罐柜。涉事托运方违规将危险货物托运于不具备资质的承运方,从事危险货物运输。这些违法行为最终导致了车辆追尾碰撞。

轻型货车高速撞上前方停车排队等候的大型客车尾部,车厢内装载乙醇的聚丙烯材质罐体受到剧烈冲击,焊缝大面积开裂,乙醇瞬间大量泄漏并迅速向大型客车底部和周边弥漫,轻型货车车头右前部由于碰撞变形造成电线短路产生火花,引燃泄漏的乙醇,火焰迅速沿地面向大型客车底部和周围蔓延将大型客车及其他车辆包围。

3. 事故教训

在该起事故中,涉事车辆为违规非法改装车辆,并无资质运输危险货物(涉事车辆仅有普通货物运输许可),驾驶人员不具备危险货物运输从业资格并超速行驶。为其托运的危险货物托运人也未履行托运前的资质查验,并为其超载充装危险货物。系列违法行为最终酿成该起事故,后果极为严重。危险货物运输从业人员应从事故中吸取如下教训。

(1)严守法律法规。危险货物运输从业人员要具备法律意识,杜绝侥幸心理,不得触碰法律法规的底线。在我国,危险货物运输实行许可制度,未经许可从事危险货物运输是十分严重的违法行为。非法改装已取得营运许可的车辆、超载运输均为是十分严重的违法违规行为,并被交通运输部列入重大事故隐患。这些行为一经查实,将对个人及企业带来不可挽回的损失。

(2)对自身安全负责。违法违规现象的背后,是非常严重的安全隐患,危险货物运输从业人员如果为了一时的经济利益,违规改装营运货车、超载运输、无资质运输,意味着不具备相关安全保障从事危险的营运行为,安全隐患极为突出,对自己和他人的安全都是极不负责的行为,一经查实和曝光,在受到法律严惩的同时,还要承受人身及财产的巨大损失。

(3)杜绝超速行驶。因危险货物运输对时效性的要求,从业人员存在超速行驶的概率大大增加。危险货物运输车辆超速行驶也日益成为导致事故的最主要原因之一。从业人员在行车过程中,要合理控制车速,遵守法律法规和企业制度,杜绝超速行驶,并在动态监控人员提醒时,积极回应,确保作业安全。

(三)发生在行驶转弯过程中的危险货物运输事故

1.事故基本情况

某日16时41分许,某高速公路出口下匝道发生一起液化石油气运输槽罐车重大爆炸事故,造成20人死亡,175人入院治疗(其中24人重伤),直接经济损失9477.815万元(图1-10-4)。

图1-10-4 事故与救援现场

该日5时51分,一危险货物运输槽罐车从某公司储备站出发,11时45分到达某液化石油气经营企业,充装25.36t液化石油气后出发返回出发地。16时40分54秒该车驶入事发高速公路出口匝道,半挂车后部开始向右倾斜,随后车体完全向右侧翻,碰擦匝道外侧旋转式防撞护栏并向前滑行,罐体与匝道跨线桥混凝土护栏端头发生碰撞,罐体破裂、解体,牵引车和半挂车分离,其中罐体残片及半挂车呈不同方向飞出,罐体中的液化石油气迅速泄出、汽化、扩散并蔓延。扩散至事发高速公路跨线立交桥下的石油气首先发生爆燃,火势向西蔓延,发生大面积剧烈爆炸。事故造成重大人员伤亡,附近车辆、道路、周边部分民房、厂房不同程度损坏。

2.事故主要原因

驾驶人员谢某驾驶车辆从限速60km/h路段行驶至限速30km/h的弯道路段时,未及时采取减速措施导致车辆发生侧翻,罐体内液化石油气迅速泄出、汽化、扩散、爆燃,最后发生蒸气云爆炸。此外运输过程中还存在着动态监控主体责任落实不到位、电子运单未填报等问题。

3.事故教训

该起事故是由危险货物运输驾驶人员在车辆转弯过程中的不安全驾驶行为导致的一起事故,最终导致了严重的后果。因此,危险货物运输从业人员应从事故中吸取如下教训。

(1)不断强化安全行车技能。牢固树立"安全第一,预防为主"的理念,将安全驾驶放在第一位,对于行车转弯、驶入匝道、进入隧道等行驶中可能危及安全的场景要熟悉并掌握应对措施,积极参加驾驶人员防御性驾驶培训等与事故预防相关的培训,提升防御性驾驶技能。

（2）积极参加日常培训。危险货物运输从业人员要积极参与企业组织的日常培训和警示教育，克服消极应付思维，抓住良好契机，认真对待，提升安全技能水平；积极参与应急处置演练，熟悉应急处置流程和操作方法，在遇到危险品泄漏、火灾等紧急情况时，能够迅速、准确地采取应急处置措施，保护自身生命安全，并减少事故损失。

（3）强化合规意识。从业人员对于法律法规要求应有明确的认识，行车过程中对于企业监控人员提醒的超速、疲劳驾驶等行为要及时予以改正。出车前要落实车辆例检，并确保随车单据齐全。电子运单应由企业制作并派发给从业人员，未携带运单的行为是非常显著的违规行为。

三 危险货物运输车辆停车、维修典型事故案例分析

（一）某停车场危险货物道路运输事故

1. 事故基本情况

某日15时30分许，某停车场发生危险货物道路运输车罐体泄漏火灾事故，造成8人受伤、36辆危险货物道路运输车烧毁，直接经济损失约792万元（图1-10-5）。

图1-10-5　事故现场

该日0时56分许，驾驶人员滕某驾驶装载汽油（实载30.17 t，核载33.5t）的危险货物道路运输车出发，于15时10分许驶入事发停车场停车。在运输途中及停车场停车时，罐体顶部呼吸阀与罐体间阀门处于关闭状态。15时21分许，滕某爬上该车辆罐顶，打开罐顶2个呼吸阀下面的阀门放气。15时30分许，滕某手持长棍撬开该车前部、罐体顶部的紧急泄放装置，罐内油气瞬间喷出，40秒后滕某将该紧急泄放装置关闭，喷出的油气快速蔓延扩散，在周边空气中形成可燃爆气体，紧急泄放装置关闭17秒后，距离该车西北方向的某危险货物道路运输车驾驶人员于某欲驶离，启动车辆引发爆燃。

2. 事故主要原因

驾驶人员滕某所驾驶的危险货物道路运输车罐体顶部呼吸阀与罐体间阀门关闭，其没

有及时发现并消除该隐患。经长途运输、天气高温等原因致使车辆罐体内压力升高。滕某未具备必要的安全生产和应急知识,在达不到安全条件的区域强行打开罐体顶部紧急泄放装置,导致油气大量喷出。肇事危险货物道路运输车驾驶人员于某发现其运输车罐体油气泄漏后,明知现场存在易燃易爆气体混合物状态下,仍选择发动车辆,而在启动车辆时,引发可燃气体爆燃。

3.事故教训

该起事故中,车辆驾驶人员缺乏安全意识,安全防范技能欠缺,造成了十分严重的后果。因此,危险货物运输从业人员应吸取如下教训。

(1)强化安全意识。从业人员在运输作业过程中,要始终将安全放在首位,做任何决定、任何措施时,首要考虑是否安全,存在的安全隐患有哪些。树立预防性思维,学懂识别安全隐患,需将事故抹杀在萌芽状态。

(2)认真锤炼安全技能。从业人员要高质量完成企业的日常培训,重点掌握所运输危险货物的理化性质、包装特性等基本知识,熟悉运输作业安全操作规程。要遵守企业的安全生产管理制度,严格按照操作规程作业。定期参加罐车泄漏、着火、燃爆事故应急预案培训和演练,提高应对突发情况能力,避免事故波及范围扩大和次生事故发生。

(3)严格落实车辆日常检查。从业人员要严格落实车辆出车前、行车中、收车后的"一日三检",确保车辆技术性能、安全部件状态良好,使用罐式车辆时,还应着重检查罐车完好度及有关的安全部件状态,确保安全部件处于正常状态。

(二)某服务区危险货物车辆事故

1.事故基本情况

某日17时33分,某高速公路服务区发生一起装载重烃的危险货物车辆泄漏爆炸燃烧事故,造成2人死亡、2人受伤,直接经济损失441万元(图1-10-6)。

图1-10-6 事故现场与应急处置

该日,某能源公司鄢某电话通知李某到公司装运重烃,李某随即电话通知陈某进行重烃装运。驾驶人员何某搭载押运人员驾驶危险货物运输车辆到某能源公司,空车过磅后进入充装现场,开始充装重烃,共计装载重烃8.5t后该车驶离充装现场。何某驾驶车辆自能源公司出发,并进入事发高速服务区。2名服务区保安先后指引该车停放至危化品车位,当车辆驶离危化品车位行驶至服务区出口处,何某与押运人员发现车辆异常并下车查看。随即,何某驾车返回服务区危化品车位,押运人员跑步到达危化品车位。

何某及押运人员持维修工具后登上罐顶,2人同时对油气回收阀连接软管泄漏点进行处置。随后,两人打开人孔小盖压板时,罐体顶部重烃开始喷出,并迅速扩散形成气体云团。气体云团遇服务区综合楼外正常运行的制冷设备压缩机组产生的电火花发生爆燃。

2. 事故主要原因

何某所驾驶车辆违法运输重烃,罐体呼吸阀不能起到泄压作用。运输过程中罐内压力升高,气体从罐车顶部油气回收阀连接管处泄漏。驾驶人员、押运人员违规处置泄漏点时致重烃喷出,重烃与空气混合形成爆炸性气体云团,遇服务区综合楼外运行的非防爆制冷设备压缩机组引发爆炸燃烧。

此次事故爆炸燃烧的物质为重烃,主要成分:C3、C4为25%,C5~C7为68%。何某所驾驶重型罐式货车核发的道路运输证载明适装介质为"柴油",运输重烃属于违法运输。经分析,重烃中气体(C3、C4)因温度变化及车体晃动从重烃中解析出,导致罐内压力升高,且呼吸阀未起到泄压作用,气体从罐车顶部油气回收阀连接管处泄漏。

涉事罐式货车罐体顶部人孔盖板为C801-580型,铝合金材料压铸制造。何某及押运人员使用工具紧固油气回收阀与罐体连接处螺栓,随后打开罐体顶部的人孔小盖泄压,违反安全操作规程及生产安全事故应急处置措施要求,致使事故发生。

3. 事故教训

该起事故中,托运人违规托运、车辆超范围承运、从业人员安全操作技能不足的问题集中出现,最终造成事故发生。危险货物运输从业人员应从事故中吸取如下教训。

(1)强化守法观念。法律法规对于托运人的行为有着严格的规范,如果托运人存在不查验承运人资质而托运,且不出具托运清单等行为,都是明显违法。而承运人超越经营范围承运,也是法律法规明令禁止的行为。从业人员应明确这些行为都是不合规、不合法,应坚决禁止该类行为。

(2)提高安全意识。违法违规行为的背后,往往就是重大安全隐患的所在。超越经营范围承运的行为,意味着车辆的不适用性、人员培训的不适用性、电子运单失实或没有电子运单,也就是说围绕安全行为的系列措施均面临失效的局面,因而其背后的安全风险也非常高。从业人员要从切身利益出发,杜绝此类不安全运营行为。

(3)重视教育培训。从业人员要切实提高对于企业安全教育培训的重视程度,主动学习所运输危险货物的理化特性,掌握其相应的应急处置措施和安全操作规程。积极参加企业应急预案的培训和演练,切实掌握应急操作技能。

单元十一 剧毒化学品运输特殊要求（※）

一 剧毒化学品品名表

（一）剧毒化学品的定义

根据《危险化学品目录》，剧毒化学品是指具有剧烈急性毒性危害的化学品，包括人工合成的化学品及其混合物和天然毒素，还包括具有急性毒性易造成公共安全危害的化学品。

剧烈急性毒性判定界限：急性毒性类别1，即满足下列条件之一：大鼠实验，经口LD_{50}≤5mg/kg，经皮LD_{50}≤50mg/kg，吸入（4小时）LC_{50}≤100ml/m³（气体）或0.5mg/L（蒸气）或0.05mg/L（尘、雾）。经皮LD_{50}的实验数据，也可使用兔实验数据。

（二）剧毒化学品清单

在《危险化学品目录》中，备注栏标注"剧毒"的，即为剧毒化学品，共计148条。具体信息可扫描封面二维码查看。

（三）常见的剧毒化学品

1. 氯气（UN 1017）

氯气是氯元素形成的一种单质，常温常压下为黄绿色，有强烈刺激性气味的剧毒气体，具有窒息性。氯气的蒸气密度为2.5，密度比空气大，所以，氯气泄漏在空气中会沉在下部沿地面扩散，使地面人员受害。熔点-101.00℃，沸点-34℃。

氯气可溶于水和碱溶液，常温下1体积水可溶解2.5体积的氯气。依据此特性，当氯气瓶漏气时可大量浇水，或迅速将其推入水池，或用潮湿的毛巾捂住口鼻，以减轻伤害。

氯气易溶于有机溶剂，难溶于饱和食盐水。易压缩，可液化为黄绿色的油状液氯。

氯气中混合体积分数为5%以上的氢气时，遇强光可能会有爆炸的危险。氯气具有毒性，主要通过呼吸道侵入人体并溶解在黏膜所含的水分里，会对上呼吸道黏膜造成损害。空气中的最高允许浓度2mg/m³，如浓度超过0.1~0.5mg/m³，人吸入后会发生咽喉、鼻、支气管痉挛，眼睛失明，并导致肺炎、肺气肿、肺出血而死亡；如超过2.5g/m³，则会立即使人畜窒息死亡。

氯气是氯碱工业的主要产品之一，化学性质活泼，有极强的氧化性，能与有机物和无机物进行取代反应和加成反应生成多种氯化物。如铜能在氯气中燃烧；氯气与易燃气体能直接化合，其混合气遇光照会发生爆炸；氯与非金属如磷、砷等接触也会发生剧烈的反应甚至爆炸。氯气与有机物接触也会发生强烈反应。在一般运输的气体中，氢气和氯气、氧气占了储运量中的极大部分，瓶装氯气如图1-11-1所示。

图1-11-1　液氯气瓶

京沪高速淮安段"3·29"液氯泄漏事故

2005年3月29日晚，京沪高速公路淮安段发生一起运输液氯罐车左前轮爆胎，冲断高速公路中间隔离栏至逆向车道，与载有空液化气钢瓶的货车碰撞，导致液氯罐车车头与罐体脱离，液氯大量泄漏，造成28人中毒死亡，周围村镇350人被送往医院救治，1万多村民被紧急疏散，直接经济损失1700余万元。事故发生后，罐车驾驶人员向高速公路交管部门打电话报告，但并没有说明是什么危险货物，后又逃逸，延误了最佳应急处置救援时机，进一步加重了事故后果。罐车严重超载和罐车驾驶人员的不正当驾驶操作是事故的主要原因（图1-11-2）。

液氯为黄绿色的油状液体，有剧毒。在常压下即汽化成气体，吸入人体导致严重中毒，有剧烈刺激作用和腐蚀性，在日光下与其他易燃气体混合时发生燃烧和爆炸，性质活泼，可以和大多数单质（或化合物）起反应。液氯为基本化工原料，可用于冶金、纺织、造纸等工业，是合成盐酸、聚氯乙烯、塑料、农药的原料。

图1-11-2　"3·29"液氯泄漏事故现场

2. 三氧化二砷(UN 1561)和五氧化二砷(UN 1559)

砷为非金属，故其氧化物为酸性氧化物。有两种氧化物：三氧化二砷(As_2O_3，UN 1561)和五氧化二砷(As_2O_5，UN 1559)均为剧毒化学品。

三氧化二砷是砷的三价氧化物，又称氧化亚砷，俗称砒霜、白砒等。三氧化二砷是无臭无味的白色粉末，有剧毒，是最具商业价值的砷化合物，也是最古老的毒物之一。其有单斜、立方和无定形三种形态，其熔点和沸点随晶形的不同稍有差异。三氧化二砷微溶于水，生成亚砷酸。单斜晶体和立方晶体溶于乙醇、酸类和碱类；无定形体溶于酸类和碱类，但不溶于乙醇。三氧化二砷是一种两性氧化物，但酸性超过碱性，水溶液呈弱酸性；既能与酸反应，也能与碱反应，分别生成亚砷盐和亚砷酸盐。由于工业三氧化二砷所含的杂质不同，故略呈红色、灰色或黄色。

五氧化二砷，是一种无机化合物，为易潮解的白色无定形固体，有剧毒。虽然砷与磷性质类似，但其晶体结构与五氧化二磷非常不同。五氧化二砷在空气中吸潮，易溶于水(20℃时每100g水溶解230g)。对热不稳定，在熔点附近即失去O变成三氧化二砷。它是强氧化剂，溶于水可得砷酸，但形成正砷酸的过程很慢，若用碱溶液则相当快地生成砷酸盐。

3. 氟乙酸甲酯(UN 2929有机毒性液体，易燃，未另作规定的)

氟乙酸甲酯是一种有机化合物，化学式为$C_3H_5FO_2$，有剧毒，是一种重要的含氟有机化合物，在染料、医药、农药等工业领域有着广泛的用途和良好的发展前景。在医药工业，氟乙酸甲酯是一个重要的医药中间体，是制备氟代嘧啶类抗肿瘤药物和氟喹诺酸类抗菌药物的起始原料。

氟乙酸甲酯是剧毒化学品，能刺激眼睛、呼吸系统和皮肤，接触不慎有致命危险。氟乙酸甲酯易燃，燃烧能生成有毒化学品氟化氢气体。

氟乙酸甲酯毒理是其水解生成氟乙酸，氟乙酸与细胞线粒体的辅酶A结合生成氟代乙酰辅酶A，再与草酰乙酸结合形成氟柠檬酸、抑制马头酸酶，使体内柠檬酸积聚，丙酮酸代谢受阻，妨碍体内正常的氧化磷酸化过程，影响机体生理代谢，引起中枢神经系统、消化及心血管等系统难以逆转的病理改变。

二 剧毒化学品运输特殊要求

(一)取得剧毒化学品公路运输通行证

根据《剧毒化学品购买和公路运输许可证件管理办法》，国家对通过公路运输剧毒化学品行为实行许可管理制度。

通过公路运输剧毒化学品，应当依照《剧毒化学品购买和公路运输许可证件管理办法》申请，取得剧毒化学品公路运输通行证。未取得通行证，任何单位和个人不得通过公路运输剧毒化学品。任何单位或者个人不得伪造、变造、买卖、出借或者以其他方式转让剧毒化学品公路运输通行证，不得使用作废的通行证。

通过道路运输剧毒化学品的，托运人应当向运输始发地或者目的地县级人民政府公安机关申领剧毒化学品公路运输通行证。

申领时，托运人应当如实填写《剧毒化学品公路运输通行证申请表》，同时提交下列证明文件和资料，并接受公安机关交通管理部门对运输车辆和驾驶人员、押运人员的查验、审核：

（1）剧毒化学品购买凭证或者剧毒化学品准购证。运输进口或者出口剧毒化学品的，应当提交危险化学品进口或者出口登记证。

（2）承运单位从事危险货物道路运输的经营（运输）许可证（复印件）、机动车行驶证、运输车辆从事危险货物道路运输的道路运输证。运输剧毒化学品的车辆必须设置安装剧毒化学品道路运输专用标识和安全标示牌。安全标示牌应当标明剧毒化学品品名、种类、罐体容积、载质量、施救方法、运输企业联系电话。

（3）驾驶人员的机动车驾驶证，驾驶人员、押运人员的身份证件以及从事危险货物道路运输的上岗资格证。

（4）随《剧毒化学品公路运输通行证申请表》附运输企业对每辆运输车辆制作的运输路线图和运行时间表，每辆车拟运输的载质量。

承运单位不在目的地的，可以向运输目的地县级人民政府公安机关交通管理部门提出申请，委托运输始发地县级人民政府公安机关交通管理部门受理核发剧毒化学品公路运输通行证，但不得跨省（自治区、直辖市）委托。

剧毒化学品每次运输一车一证，有效期不超过15天。

剧毒化学品运达目的地后，收货单位应当在剧毒化学品公路运输通行证上签注接收情况，并在收到货物后的七日内，将剧毒化学品公路运输通行证送至目的地县级人民政府公安机关治安管理部门备案存查。剧毒化学品公路运输通行证样式如图1-11-3所示。

图1-11-3 《剧毒化学品公路运输通行证》样式

(二)剧毒化学品道路运输企业和从业人员要求

根据《道路危险货物运输管理规定》,承运剧毒化学品的道路运输企业,其道路运输经营许可证的经营范围中应注明剧毒化学品。若经营许可证中有剧毒化学品除外的,不得承运剧毒化学品。承运剧毒化学品的危险货物运输车辆,其道路运输证的经营范围栏内应注明剧毒化学品,或者注明具体承运的剧毒化学品名称,如液氯(剧毒)等。

从事剧毒化学品道路运输的驾驶人员、装卸管理人员、押运人员,应当经考试合格,取得注明为"剧毒化学品运输"类别的从业资格证。

(三)剧毒化学品运输车辆相关要求

剧毒化学品运输车辆除须符合危险货物运输车辆的基本要求外,还需要遵守下列要求。

(1)车辆公告和达标车辆信息。

由于剧毒化学品中,既有属于2.3项的毒性气体,又有属于6.1项的毒性物质。故在选择车辆时,需要综合考虑剧毒化学品的状态。若为气体类剧毒化学品,则需要查询车辆公告栏中是否标明该车辆可以运输2.3项毒性气体。

然后,查询车辆的达标车辆记录,确认在"特定运输介质"栏中是否注明"剧毒化学品"(表1-11-1)。

剧毒化学品的达标车辆核查信息表　　　表1-11-1

产品型号	××××	产品名称	毒性气体厢式运输车
危险货物车辆类型	CT	悬架型式	非独立式钢板弹簧/非独立式空气悬架
特定运输介质	剧毒化学品		
备注	……(略)		

(2)剧毒化学品运输车辆的安全技术条件应符合《危险货物运输车辆结构要求》(GB 21668)的相关要求,包括:

①应为罐式车辆或者货厢为独立封闭厢体的车辆。

②车辆的排气管出口应置于货厢或者罐体前端面之前,不高于车辆纵梁上平面的区域。

③排气管出口应安装符合《机动车排气火花熄灭器》(GB 13365)规定的机动车排气火花熄灭器。

④车辆的货厢内底板应铺设阻燃导静电胶板,厚度应不小于5mm。导静电胶板任意一点与拖地带之间的电阻值应为$10^4\Omega \sim 10^8\Omega$。

⑤车辆的车载终端的主电源应为车辆电源。在无法获得车辆电源时应自动切换至车载终端的备用电池组供电,备用电池组支持正常工作的时间应大于或等于8小时。

⑥车辆按照符合要求的安全标示牌。

针对具体的剧毒化学品,首先应确定该剧毒化学品的联合国编号。

例如,首先,查询 JT/T 617.3 中危险货物一览表,发现"氯气"的联合国编号为 UN 1017。随后,查询《危险化学品目录》发现氯气的备注栏中有"剧毒",则表明氯气属于剧毒化学品。然后,查询 JT/T 617.3 中危险货物一览表的第(10)列和第(12)列,分别显示"T50""P22DH"和"M",表明氯气可以使用 T50 可移动罐柜,以及移动式压力容器或者多单元气体容器来运输。查询第(14)列,显示 AT,则表明氯气可以使用 AT 型车辆运输。若使用气瓶运输氯气,其车辆类型则为 CT 型。

(3)载重量限制。

根据《道路危险货物运输管理规定》的要求,运输剧毒化学品的罐式车辆的罐体容积不得超过 $10m^3$,但符合国家有关标准的罐式集装箱除外。运输剧毒化学品的非罐式车辆,核定载质量不得超过 10t,但符合国家有关标准的集装箱运输车辆除外。

所以,在实际运输场景中,除了罐式、厢式车辆等剧毒化学品车辆外,还有使用骨架式半挂车运输盛装剧毒化学品的集装箱或者罐式集装箱。使用骨架式半挂车运输剧毒化学品集装箱或者罐式集装箱的前提是:骨架式半挂车和牵引车的道路运输证中均注明剧毒化学品。

(4)防护设施。

剧毒化学品道路运输车辆上随车配备的防护设施参见第八节"危险货物运输"中的相关内容。一般包括灭火器、自吸式过滤防毒面具等。除此之外,还可以根据运输企业实际情况,随车携带正压式空气呼吸器、防护服等。

(四)剧毒化学品运输应急处置及运输要求

(1)应急处置要求。

剧毒化学品在道路运输途中出现丢失、被盗、被抢或者出现流散、泄漏等情况,驾驶人员、押运人员应当立即采取相应的警示措施和安全措施,并向当地公安机关报告。公安机关接到报告后,应当根据实际情况立即向安全生产监督管理部门、环境保护主管部门、卫生主管部门通报。有关部门接到报告后,应当采取必要的应急处置措施。

(2)运输要求。

除了需要遵守危险货物道路运输的普适性要求外,通过公路运输剧毒化学品的,应当遵守《中华人民共和国道路交通安全法》《危险化学品安全管理条例》等法律、法规对剧毒化学品运输安全的管理规定,悬挂警示标志,采取必要的安全措施,并按照剧毒化学品公路运输通行证载明的运输车辆、驾驶人员、押运人员、装载数量、有效期限、指定的路线、时间和速度运输,禁止超载、超速行驶;押运人员应当随车携带剧毒化学品公路运输通行证,以备查验。

剧毒化学品运达目的地后,收货单位应当在剧毒化学品公路运输通行证上签注接收情况,并在收到货物后的七日内,将剧毒化学品公路运输通行证送至目的地县级人民政府公安机关治安管理部门备案存查。

未申领剧毒化学品公路运输通行证,擅自通过公路运输剧毒化学品的,由公安机关依法采取措施予以制止,处以一万元以上三万元以下罚款;对已经实施运输的,扣留运输车辆,责令购买、使用和承运单位共同派员接受处理;对发生重大事故,造成严重后果的,依法追究刑事责任。

通过公路运输剧毒化学品,未随车携带剧毒化学品公路运输通行证的,由公安机关责令提供已依法领取剧毒化学品公路运输通行证的证明,处以五百元以上一千元以下罚款。

除不可抗力外,未按剧毒化学品公路运输通行证核准载明的运输车辆、驾驶人员、押运人员、装载数量、有效期限、指定的路线、时间和速度运输剧毒化学品的,尚未造成严重后果的,由公安机关对单位处以一千元以上一万元以下罚款,对直接责任人员依法给予治安处罚;构成犯罪的,依法追究刑事责任。

单元十二 爆炸品运输特殊要求(※※)

一 爆炸品分类及民用爆炸物品品名表

(一)爆炸的基本概念

爆炸是某种形式的能量在有限空间和极短时间内快速释放的过程。在爆炸过程中,爆炸瞬间产生的高温、高压及大量的气体使爆炸物质及周围介质发生机械运动。

爆炸现象根据其产生的原因,可以分为化学爆炸、物理爆炸和核爆炸。

(1)化学爆炸是物质发生快速化学变化引起的爆炸。发生化学爆炸时,反应物瞬间分解或化合成新的物质,同时发生能量转换。化学反应将物质的化学能迅速释放出来,转变成热能、机械能等形式,使爆炸产物达到高温、高压的状态,爆炸产物迅速向外膨胀,在空气中形成冲击波,并对外做功。炸药的爆炸、石油液化气体与空气混合所引起的爆炸属于化学爆炸。

(2)物理爆炸是物质发生物理变化引起的爆炸。如过热的蒸汽锅炉导致的爆炸是典型的物理爆炸。在这种爆炸中,过热的水产生大量蒸汽,使锅炉内压力不断提高,当压力超过锅炉能够承受的极限时,锅炉破裂,形成爆炸。其他如雷电、火山爆发或冬天水管的冻爆都属于物理爆炸。

(3)核爆炸是原子裂变反应或者核聚变反应引起的爆炸。原子弹、氢弹的爆炸属于核爆炸。原子弹是通过铀235或钚239的裂变实现的。核裂变时,铀235或钚239的原子核在中子的作用下分裂为较轻的原子核,放出大量的核能。1 g铀235全部进行核裂变放出的能量,相当于$2×10^7$ kg TNT爆炸的能量。核爆炸是更加剧烈的爆炸现象。

综上所述,爆炸是一种极其迅速的物理或化学的能量释放过程,在此过程中,系统的潜能转变为动能、热能等,并对外做功。爆炸的主要特征是爆炸点周围介质中压力的急剧上升,这个突然上升的压力是破坏作用的直接原因。爆炸的对外特征是介质振动所产生的声响、抛掷、强光、电离辐射等效应。

对于第1类爆炸性物质和物品来说,其爆炸现象主要是化学爆炸。是在外界作用下(如受热、撞击等),能发生剧烈的化学反应,瞬间产生大量的气体和热量,使周围压力急剧上升,发生爆炸,对周边环境造成破坏。

爆炸性物质和物品的定义及分项参见模块一单元三中"三、常见爆炸性物质和物品的危险特性"。

(二)爆炸性物质和物品的配装组划分

由于部分爆炸性物质和物品的运输量较小,出于运输便捷和经济性的考虑,在确保安全的前提下,不同项的爆炸性物质和物品可以混装在同一个车辆上进行运输。因此,第1类爆炸性物质和物品在细分为6个子项的基础上,还可进一步细化成若干个配装组。

(1)配装组划分。

依据《危险货物道路运输规则》(JT/T 617),第1类爆炸性物质和物品可分为13个配装组,用A～S字母表示,如1.4S表示第1.4项S配装组的爆炸性物质和物品。配装组的划分见表1-12-1。

第1类爆炸性物质和物品的配装组划分　　　　表1-12-1

危险项别	配装组													ΣA~S
	A	B	C	D	E	F	G	H	J	K	L	N	S	
1.1	1.1A	1.1B	1.1C	1.1D	1.1E	1.1F	1.1G		1.1J		1.1L			9
1.2		1.2B	1.2C	1.2D	1.2E	1.2F	1.2G	1.2H	1.2J	1.2K	1.2L			10
1.3			1.3C			1.3F	1.3G	1.3H	1.3J	1.3K	1.3L			7
1.4		1.4B	1.4C	1.4D	1.4E	1.4F	1.4G						1.4S	7
1.5				1.5D										1
1.6												1.6N		1
Σ 1.1~1.6	1	3	4	4	3	4	4	2	3	2	3	1	1	35

显然,同一项别爆炸性物质和物品可能被划分为不同的配装组(如1.4项可划分为B、C、D、E、F、G和S配装组),同一配装组也可能含有不同项别的爆炸品(如B配装组中可能涉及

1.1、1.2和1.4项),但不是所有项都能找到所有的配装组。配装组的具体含义见表1-12-2。

第1类爆炸性物质和物品配装组的具体含义 表1-12-2

配装组代码	含义	分类代码
A	一级爆炸性物质	1.1A
B	含有一级爆炸性物质,但不含有两种或两种以上有效保护装置的物品。某些物品,例如爆破用雷管、爆破用雷管组件和帽型起爆器,即使不含一级爆炸性物质,也属于该类物质	1.1B 1.2B 1.4B
C	推进爆炸性物质或其他爆炸性物质或含有这类爆炸性物质的物品	1.1C 1.2C 1.3C 1.4C
D	二级起爆物质或黑火药或含有二级起爆物质的物品,无引发装置和发射药;或含有一级爆炸性物质和两种或两种以上有效保护装置的物品	1.1D 1.2D 1.4D 1.5D
E	含有二级起爆物质的物品,无引发装置,带有发射药(不包括含有易燃液体或胶体或自燃液体)	1.1E 1.2E 1.4E
F	含有二级起爆物质的物品,有引发装置,带有发射药(不包括含有易燃液体或胶体或自燃液体)或不带有发射药	1.1F 1.2F 1.3F 1.4F
G	烟火物质或含有烟火物质的物品或既含有爆炸性物质又含有照明、燃烧、催泪或发烟物质的物品(不包括遇水激活产生照明、发烟等效果的物品,以及含有白磷、磷化物、发火物质、易燃液体或胶体、自燃液体)	1.1G 1.2G 1.3G 1.4G
H	含有爆炸性物质和白磷的物品	1.2H 1.3H
J	含有爆炸性物质和易燃液体或胶体的物品	1.1J 1.2J 1.3J
K	含有爆炸性物质和毒性化学试剂的物品	1.2K 1.3K
L	爆炸性物质或含有特殊危险性的爆炸性物质(例如由于遇水激活产生照明、发烟等效果的物品或含有自燃液体、磷化物或发火物质),需要彼此隔离的物品	1.1L 1.2L 1.3L
N	只含有极端不敏感起爆物质的物品	1.6N

续上表

配装组代码	含义	分类代码
S	包装或产品设计符合以下要求的物质或物品:除了包件被火烧损的情况外,意外起爆引起的任何危险效应仅限于包件之内。在包件被火烧损的情况下,所有爆炸和迸射效应不会对在包件紧邻处救火或其他应急处理产生不利影响	1.4S

注:1. 每一种特定包装的物质或物品,都只划分在一组配装组中。由于配装组 S 的标准是以试验为依据的,因此这一组的划分应与分类试验相联系。

2. 配装组 D 和 E 的物品,如安装各自的引发装置并与其包装在一起,那么这些引发装置至少具有两种有效保护性装置,以防止引发装置意外启动时引起爆炸。这种物品和包件仍被划分在配装组 D 或 E 中。

3. 配装组 D 和 E 的物品,如与各自的引发装置包装在一起,即使该引发装置不具有两种有效保护性装置(即划分在配装组 B 中的引发装置),但仍能确保这种货物不会在运输途中发生爆炸。这样物品(包件)仍被划分在配装组 D 或 E 中。

4. 各自具有引发装置的物品,只要在运输过程中引发装置不被启动,它们则可以被安装或包装在一起。

5. 配装组 C、D 和 E 的物品可以包装在一起,这样的包件划分为配装组 E。

(2)配装原则。

爆炸性物质和物品的配装原则是:如果两种或两种以上物质或物品在一起能安全积载货运输,而不会明显增加事故概率,或在一定数量情况下不会明显提高事故危害程度的,可视其为同一配装组。

爆炸性物质和物品的配装,一般将性质相似的一类划分为同一配装类,并根据不同配装类提出相应的隔离要求,属于同一配装组的爆炸性物质和物品可以放在一起运输,属于不同配装组的爆炸性物质和物品一般不能放在一起运输。例如:1.1A 与 1.1B 不能配装,即不能同车运输;1.1B 与 1.2B 可以配装,即能同车运输。

爆炸性物质和物品的包件是否可以在同一车辆或集装箱中混合装载,需要查看表 1-12-3 中的要求。

第1类爆炸性物质和物品不同配装组的包件混合装载要求　　表 1-12-3

配装组	A	B	C	D	E	F	G	H	J	L	N	S
A	X											
B		X		a								X
C			X	X	X		X				b、c	X
D		a	X	X	X		X				b、c	X
E			X	X	X		X				b、c	X
F						X						X
G			X	X	X		X					X
H								X				X
J									X			X

续上表

配装组	A	B	C	D	E	F	G	H	J	L	N	S
L										d		
N			b、c	b、c	b、c						b	X
S		X	X	X	X	X	X	X	X		X	X

注：X表示允许混合装载。

a 表示配装组B和配装组D的包件，如果经具有专业资质的第三方机构认可的内部使用单独隔舱或者将其中一个配装组放入特定的容器系统从而有效防止配装组B爆炸危险性传递给配装组D，可以装载在同一个车辆或集装箱中。

b 表示不同类型的1.6项N配装组物品只有通过实验或类推证实物品间不存在附加的殉爆风险时，可以按1.6项N配装组一起运输，否则应被认定具有1.1项的风险。

c 表示配装组N和配装组C、D、E的物质或物品一起运输时，配装组N的物品应被认为具有配装组D的特征。

d 表示含配装组L的物质和物品的不同类型的包件可在同一车辆或集装箱内混合装载。

（三）常见的爆炸性物质

1.TNT炸药

TNT炸药，化学名为三硝基甲苯，又名2,4,6-三硝基甲苯（Trinitrotoluene，TNT），是一种有机化合物，为白色或黄色针状结晶，无臭，有吸湿性，是一种比较安全的炸药，能耐受撞击和摩擦，但任何量突然受热都能引起爆炸。中等毒性，可经皮肤、呼吸道、消化道侵入。易与苦味酸混淆，被误称为"黄色炸药"（图1-12-1）。

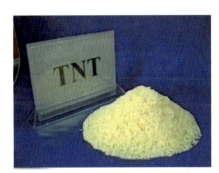

图1-12-1　TNT炸药

如表1-12-4所示，根据含水量不同，可将三硝基甲苯归到不同类别。比如，按质量含水低于30%的三硝基甲苯则归类为第1类爆炸性物质和物品中的1.1D项。若含水量高于（不低于）30%，则可归类为第4.1项易燃固体。

三硝基甲苯的分类　　　　表1-12-4

联合国编号	运输名称	类项
UN 0209	三硝基甲苯（TNT），干的或湿的，按质量含水低于30%	1.1D
UN 1356	三硝基甲苯（TNT），湿的，按质量含水不少于30%	4.1

2. 黑索金

黑索金（Hexogen，通用符号RDX），化学名为环三亚甲基三硝胺，又名为旋风炸药。遇明火、高温、振动、撞击、摩擦能引起燃烧爆炸，是一种爆炸力极强大的烈性炸药，比TNT炸药猛烈1.5倍，如图1-12-2所示，分类见表1-12-5。

图1-12-2 黑索金

黑索金的分类　　　　　　　　　　　　　　　表1-12-5

联合国编号	运输名称	类项
UN 0072	环三亚甲基三硝胺（旋风炸药，黑索金，RDX），湿的，按质量含水不少于15%	1.1D
UN 0483	环三亚甲基三硝胺（旋风炸药，黑索金，RDX），退敏的	1.1D

3. 硝化纤维素（硝化棉）

硝化纤维素又称硝化棉，浅白色或淡黄色絮状体，不溶于水，能溶于有机溶剂，极易着火，具有爆炸性（图1-12-3）。硝化棉外观像受过潮的棉花，色白而纤维长，误认其为棉花而发生事故也时有发生。

图1-12-3 硝化纤维素

硝化纤维素通常由脱脂棉或短绒（纤维素）在浓硝酸存在下发生酯化反应而制得。硝化棉是工业产品的重要原料，已被广泛用于生产无烟粉末、单基、双基推进剂、漆、摄影胶片、赛璐珞、塑料、火棉胶、黏合剂、瓶口胶套等。

纯净干燥的硝化棉是一种易燃易爆的危险化学品，易因摩擦而产生静电。鉴于其潜在的自燃特性，为了提高硝化棉在生产、储存和运输过程中的稳定性，通常会添加水或醇等作为湿润剂。

通常认为含水或者酒精超过25%时较为安全。此外,硝化棉中含氮量不超过12.6%时,只能引起自燃,不会爆炸。因此,按照添加的水或者酒精湿润剂的多少,以及含氮量大小,可以将硝化棉分别归类到1.1项、4.1项和第3类等。硝化纤维素的分类见表1-12-6。

硝化纤维素的分类　　　　　　表1-12-6

联合国编号	运输名称	类项
UN 0340	硝化纤维素(硝化棉),干的或湿的,按质量含水或酒精少于25%	1.1D
UN 0341	硝化纤维素(硝化棉),非改性的或增塑的,按质量含增塑剂少于18%	1.1D
UN 0342	硝化纤维素(硝化棉),湿的,按质量含酒精不少于25%	1.3C
UN 2059	硝化纤维素溶液,易燃的,按干重含氮不超过12.6%,且含硝化纤维素不超过55%	3
UN 2555	含水的硝化纤维素(按质量含水不少于25%)	4.1
UN 2556	含酒精的硝化纤维素(按质量含酒精不少于25%且按干重含氮不超过12.6%)	4.1
UN 2557	硝化纤维素(按干重含氮不超过12.6%),混合物含或不含增塑剂,含或不含颜料	4.1

4. 黑火药

黑火药是我国古代的四大发明之一,距今已有1000多年的历史。黑火药通常由硝酸钾、木炭和硫黄机械混合而成(图1-12-4)。黑火药是在适当的外界能量作用下,自身能进行迅速而有规律的燃烧,同时生成大量高温燃气的物质。在军事上主要用作枪弹、炮弹的发射药和火箭的推进剂及其他驱动装置的能源,是弹药的重要组成部分。

图1-12-4　黑火药

5. 雷管

雷管是爆破工程的主要起爆材料,它的作用是产生起爆能来引爆各种炸药及导爆索、传爆管。

6. 烟花爆竹

烟花爆竹,是指以烟火药为原料配制成的工艺美术品,通过着火源作用燃烧(爆炸)并伴有声、光、色、烟、雾等效果的娱乐产品,如图1-12-5所示。

根据《烟花爆竹运输默认分类表》(GB/T 38040),我国生产制造的烟花爆炸主要包含UN 0333、0334、0335、0336和0337,对应的项别和配装组主要包括1.1G、1.2G、1.3G、1.4G和1.4S。具体对应关系可以查看《烟花爆竹运输默认分类表》(GB/T 38040),部分烟花爆炸产品分类情况可扫描封面二维码查看。

图1-12-5 烟花爆竹

7.民用爆炸物品

根据《民用爆炸物品管理条例》,民用爆炸物品是指非军用的下列爆炸物品,具体包括:

(1)爆破器材,包括各类炸药、雷管、导火索、导爆索、非电导爆系统、起爆药和爆破剂;

(2)黑火药、烟火剂、民用信号弹和烟花爆竹;

(3)公安部认为需要管理的其他爆炸物品。

民用爆炸物品根据《民用爆炸物品品名表》来认定。根据《工业和信息化部 公安部关于调整〈民用爆炸物品品名表〉品名的通知》(工信部联安全〔2022〕60号),现行的《民用爆炸物品品名表》可扫描封面二维码查看。从第1类爆炸性物质和物品及民用爆炸物品的定义来看,两者存在一定重叠,也有区别。第1类爆炸性物质和物品主要从货物的危险性角度来判定。民用爆炸物品则不仅考虑物品本身的爆炸危险特性,还考虑其用途是否运用于非军用领域。此外,从数量来看,第1类爆炸性物质和物品的数量要大于民用爆炸物品的范围。

二 爆炸品运输特殊要求

(一)爆炸品运输车辆相关要求

爆炸品运输车辆除需符合危险货物运输车辆的基本要求外,还需要遵守下列要求:

(1)运输第1类爆炸性物质和物品且配载限额符合《危险货物运输车辆结构要求》(GB 21668)要求的危险货物时,车辆类型应为EXⅡ或者EXⅢ型。

车辆属于何种类型可以查看车辆公告信息中的相关描述,见表1-12-7。表中显示该车辆类型为EXⅢ型,车辆可承运的运输介质类项号为1.1B、1.1C、1.1D、1.1G、1.2C、1.3C、1.4G、1.4 D、1.5D、1.1F。

某爆炸品运输车辆的技术资料　　　　表1-12-7

×××××型爆破器材运输车产品主要技术资料			
产品名称	×××××型爆破器材运输车	外形尺寸(mm)	5995×2120×2890
整车型号	×××××	货厢尺寸(mm)	4060×2005×1730
总质量(kg)	8275	接近/离去角(°)	20/13
额定载质量(kg)	4165	前悬/后悬(mm)	1118/1569

续上表

×××××型爆破器材运输车产品主要技术资料				
整备质量(kg)	3915	最高车速(km/h)		80
其他	……(略) 该车为危险货物运输车辆,该车用于运输具有独立容器(瓶)包装的危险物品,类别和项号: 1.1B,1.1C,1.1D,1.1G,1.2C,1.3C,1.4G,1.4 D,1.5D,1.1F。该车为危险货物运输车辆,类型为EX/Ⅲ型(略)			

（2）EX Ⅱ /EX Ⅲ型爆炸品运输车辆的安全技术条件应符合《危险货物运输车辆结构要求》(GB 21668)的相关要求,包括:

①应为罐式车辆或者货厢为独立封闭厢体的车辆。

②车辆的排气管出口应置于货厢或者罐体前端面之前,不高于车辆纵梁上平面的区域。

③排气管出口应安装符合《机动车排气火花熄灭器》(GB 13365)规定的机动车排气火花熄灭器。

④车辆的货厢内底板应铺设阻燃导静电胶板,厚度应不小于5mm。导静电胶板任意一点与拖地带之间的电阻值应为$10^4\Omega \sim 10^8\Omega$。

⑤车辆的车载终端的主电源应为车辆电源。在无法获得车辆电源时应自动切换至车载终端的备用电池组供电,备用电池组支持正常工作的时间应大于或等于8小时。

⑥车辆按照符合要求的安全标示牌。

⑦不应使用电涡流缓速器。

⑧燃烧加热器只能用于加热乘员舱或发动机。燃烧加热器本体及其有关的任何辅助运行的部件不应安装在载货区域内。

⑨车辆发动机应放置在载货装置前壁的前方。

⑩配备车用起重尾板时,起重尾板的平台承载面应铺设阻燃导静电胶板,胶板厚度应不小于5mm,导静电胶板任意一点与导静电橡胶拖地带之间的电阻值应为$10^4\Omega \sim 10^8\Omega$;起重尾板平台承载面采用有色金属材料时,可不铺设阻燃导静电胶板。

⑪货厢应为整体封闭结构,货厢侧壁或前后壁板应根据需要设置具有防雨功能的通风窗。

⑫制造货厢的材料不应与所运输的物质发生反应形成危险混合物。

⑬货厢的所有开口都应是可锁闭的、可紧密关闭的门或刚性盖。

⑭货厢内不应敷设电气线路。

⑮安装在货厢内部的电气装置应至少具备《外壳防护等级(IP代码)》(GB/T 4208)规定的IP54防护等级。若车辆准运范围包括配装组J货物,防护能力应至少为IP65或等效的防护措施。

⑯货厢内蒙皮应采用有色金属或不易发火的非金属材料。货厢所有面板内外蒙皮之间应采用阻燃隔热材料填充,材料的燃烧性能等级应不低于《建筑材料及制品燃烧性能分级》

（GB 8624）中要求,阻燃隔热材料的厚度应大于或等于10mm。

⑰EX Ⅲ型车辆的货厢内货物承载面必须是连续水平的。货厢内的固定紧固装置在使用过程中不应产生火花、静电等。

（3）EX Ⅱ/EX Ⅲ型爆炸品运输车辆的报警监控系统应符合下列要求：

①应安装烟火报警系统。感烟火灾探测器应设在货厢内,报警蜂鸣器应设在驾驶室内,且感烟火灾探测器应符合《点型感烟火灾探测器》（GB 4715）的规定。

②货厢门应安装防盗报警系统,防盗报警触发装置应设在货厢门上,报警蜂鸣器应设在驾驶室内,当有门被非正常打开时,防盗报警器应在10s内响起。

③所有报警系统应不受电源总开关的控制,报警音响声级应大于或等于100dB。

④总质量大于或等于7500 kg的车辆应安装尾部视频监控系统,视频摄像头应设在货厢外后部上端,对车辆尾部货厢门状态进行监控。

（4）若同时运输炸药和雷管,EX Ⅱ/EX Ⅲ型车辆还应满足以下要求：

①货厢内应设置隔板将厢体分隔成两个独立的货舱。其中一个独立的货舱内应安装抗爆容器,雷管应装载在抗爆容器内。

②炸药运输药量应小于或等于1000kg,雷管运输药量应小于或等于300g。单个抗爆容器存药量不应超过100g(或折合8号瞬发工业电雷管数量不应超过100发)。

根据《道路危险货物运输管理规定》的规定,运输剧毒化学品、爆炸品、强腐蚀性危险货物的非罐式车辆,核定载质量不得超过10t,但符合国家有关标准的集装箱运输车辆除外。所以,在实际运输场景中,除了厢式等爆炸品运输车辆外,还有使用骨架式半挂车运输盛装爆炸性物质和物品的集装箱。使用骨架式半挂车运输爆炸性集装箱的前提是,骨架式半挂车和牵引车的道路运输证中均涵盖第1类爆炸性物质和物品或者第1类爆炸品中相应项别。

（二）爆炸品运输企业和从业人员要求

根据《道路危险货物运输管理规定》,承运第1类爆炸性物质和物品的道路运输企业,其道路运输经营许可证的经营范围中应涵盖第1类爆炸品或者第1类爆炸品中相应项别。承运第1类爆炸性物质和物品的车辆,其道路运输证的经营范围栏内应涵盖第1类爆炸品中相应项别。

从事爆炸品道路运输的驾驶人员、装卸管理人员、押运人员,应当经考试合格,取得注明为"爆炸品运输"类别的从业资格证。

（三）民用爆炸物品和烟花爆竹运输要求

由前述内容可知,民用爆炸物品和烟花爆炸从危险性来看,均可以归类为第1类爆炸性物质和物品。

根据《危险货物道路运输安全管理办法》的要求,托运民用爆炸物品、烟花爆竹的,应当委托具有第一类爆炸品或者第一类爆炸品中相应项别运输资质的企业承运。即只有运输资质中涵盖了第1类爆炸品或者第1类爆炸品中相应项别的道路运输企业方可作为承运人承运民用爆炸物品、烟花爆竹。

例如，托运民用爆炸物品"梯恩梯(TNT)/2,4,6—三硝基甲苯(含退役、拆解回收)"时，托运人首先需要确认"梯恩梯(TNT)/2,4,6—三硝基甲苯(含退役、拆解回收)"属于哪一类危险货物，如1.1D。然后选择道路运输经营许可证和道路运输证中均包含1.1项的道路运输企业及其专用车辆进行运输。

同理，托运烟花爆炸"雷弹"时，托运人首先需要根据《烟花爆竹运输默认分类表》(GB/T 38040)确认"雷弹"属于哪一类危险货物，如1.1G。然后，再选择道路运输经营许可证和道路运输证中均包含1.1项的道路运输企业及其专用车辆进行运输。在运输民用爆炸物品和烟花爆炸前，根据《民用爆炸物品安全管理条例》和《烟花爆竹安全管理条例》的相关要求，收货单位或者托运人应先向公安机关申请民用爆炸物品运输许可证或烟花爆竹道路运输许可证。具体要求如下：

（1）民用爆炸物品运输许可证。

根据《民用爆炸物品安全管理条例》第二十六条的规定，运输民用爆炸物品，收货单位应当向运达地县级人民政府公安机关提出申请，取得民用爆炸物品运输许可证。民用爆炸物品运输许可证会载明收货单位、销售企业、承运人，一次性运输有效期限、起始地点、运输路线、经停地点，民用爆炸物品的品种、数量。

经由道路运输民用爆炸物品的，承运人应当遵守下列规定：

①携带民用爆炸物品运输许可证，并按照许可的品种、数量运输；

②民用爆炸物品的装载符合国家有关标准和规范，车厢内不得载人；

③运输车辆安全技术状况应当符合《机动车运行安全技术条件》(GB 7258)、《危险货物运输车辆结构要求》(GB 21668)等国家有关安全技术标准的要求，并悬挂或者安装符合《道路运输危险货物车辆标志》(GB 13392)要求的标志和符合《危险货物运输车辆结构要求》(GB 21668)要求的安全标示牌；

④运输民用爆炸物品的车辆应当保持安全车速，不得超过80km/h；

⑤按照规定的路线行驶，途中经停应当有专人看守，并远离建筑设施和人口稠密的地方，不得在许可以外的地点经停；

⑥出现危险情况立即采取必要的应急处置措施，并报告当地公安机关。

民用爆炸物品运达目的地，收货单位应当进行验收后，在民用爆炸物品运输许可证上签注，并在3日内将民用爆炸物品运输许可证交回发证机关核销。

（2）烟花爆竹道路运输许可证。

根据《烟花爆竹安全管理条例》第二十三条的规定，经由道路运输烟花爆竹的，托运人应当向运达地县级人民政府公安部门提出申请，取得烟花爆竹道路运输许可证。烟花爆竹道路运输许可证会载明托运人、承运人、一次性运输有效期限、起始地点、行驶路线、经停地点、烟花爆竹的种类、规格和数量。

经由道路运输烟花爆竹的,除应当遵守《中华人民共和国道路交通安全法》外,还应当遵守下列规定:

①随车携带烟花爆竹道路运输许可证;

②不得违反运输许可事项;

③运输车辆悬挂或者安装符合《道路运输危险货物车辆标志》(GB 13392)要求的标志和符合《危险货物运输车辆结构要求》(GB 21668)要求的安全标示牌;

④烟花爆竹的装载符合国家有关标准和规范;

⑤装载烟花爆竹的车厢不得载人;

⑥运输车辆限速行驶,不得超过80km/h,途中经停必须有专人看守;

⑦出现危险情况立即采取必要的措施,并报告当地公安部门。

烟花爆竹运达目的地后,收货人应当在3日内将烟花爆竹道路运输许可证交回发证机关核销。

模块二

道路危险货物运输驾驶人员专业知识

单元一 车辆专用安全设备的使用

危险货物具有易燃、易爆、腐蚀、毒性等危险特性，按照规定随车配备必要的安全设备，不仅有利于减少泄漏、火灾、爆炸等事故发生，还可以有效降低事故对生命财产和生态环境的损害。

根据现有法律、法规及标准要求，危险货物运输车辆专用安全设备主要包含导静电橡胶拖地带、排气管火花熄灭器、驻车导静电装置、灭火器、三角警示牌、卫星定位装置、车载温控设备、应急救援器材等。危险货物运输驾驶人员，应掌握常用的专用安全设备的正确使用要求。

一 导静电橡胶拖地带使用要求

导静电橡胶拖地带主要作用是通过橡胶层中的金属导体与地面接触及时排除静电，从而减少静电聚集，疏导静电让其保持在较低电位值上，有效防止危险货物运输车辆在运输或装卸过程中因静电积聚引发的火灾或爆炸事故，达到安全运输的目的。

《机动车运行安全技术条件》(GB 7258)规定，专门用于运送易燃和易爆物品的危险货物运输车辆尾部，应安装符合《汽车导静电橡胶拖地带》(JT/T 230)的导静电橡胶拖地带，拖地带接地端导体截面积大于或等于100mm^2，且无论空、满载拖地带接地端应始终接地。

《危险货物道路运输营运车辆安全技术条件》(JT/T 1285)更加细化地明确，运输第1、2.1、3、4.1、4.2、4.3、5.1、5.2等类项，及其他具有易燃特性危险货物的车辆，均应安装导静电橡胶拖地带。同时，半挂车与气体燃料半挂牵引车应分别设置导静电橡胶拖地带。

导静电橡胶拖地带安装步骤如下：

(1)清理车架电泳油漆后，再安装导静电橡胶拖地带的固定件。

(2)导静电橡胶拖地带通过固定件与车体连接，空载安装，长度调节至大于固定件与地面垂直距离为2~8mm。

(3)导静电橡胶拖地带的二次搭铁线与车体零线连接或万能夹与车架充分连接。

(4)导静电橡胶拖地带有正反面区分，一般印有Logo一面应朝汽车后方。

(5)当拖地胶带使用一段时间而被磨短时，可将车架后段的固定螺栓松开，将拖地胶带拉出一段。如果拖地胶带使用到不能再延长时，应及时更换。严禁使用接地铁链。

导静电橡胶拖地带安装示意如图2-1-1所示。

a) 安装固定件　　b) 由下向上穿入静电带　　c) 加固静电带体　　d) 安装二次搭铁线

e) 空载安装完成的静电带自然下垂至地面，再延伸长2~8 mm　　f) 安装完成的静电带

图2-1-1　导静电橡胶拖地带安装示意

需要说明的是，除了导静电橡胶拖地带外，《液化气体汽车罐车》（GB/T 19905）还规定，充装易燃、易爆介质的液化气体罐式车辆，还可以采用导静电轮胎，轮胎的导静电性能应符合相关标准的规定。

> **小知识**
>
> **导静电轮胎的工作原理**
>
> 导静电轮胎通过在轮胎内部嵌入导电材料，如石墨烯或金属粉末等，实现良好的导电性。当轮胎与地面接触并发生摩擦时，产生的静电会通过这些导电材料迅速传导到地面，从而防止静电在轮胎表面积累。此外，部分导静电轮胎还设计有导电层或接地装置，进一步确保静电的有效导出。

二 灭火器、警示牌等随车应急工具的使用要求

根据《危险化学品安全管理条例》《道路危险货物运输管理规定》等法规要求，运输危险化学品，应当根据危险化学品的危险特性采取相应的安全防护措施，并配备必要的防护用品和应急救援器材。

在《道路运输企业和城市客运企业安全生产重大事故隐患判定标准（试行）》（交办运

〔2023〕52号)中,将"所属危险货物运输车辆未按规定采取相关安全防护措施的"列入重大事故隐患。因此,驾驶人员不仅需要了解随车配备的防护用品和应急救援器材种类,还需要掌握这些防护用品和应急救援器材的正确使用方法,以便在发生事故时及时有效地采取应急措施,降低事故损失,减少对人员的伤害。

随车应配备的应急救援器材和防护用品清单见模块一单元八危险货物运输。本部分重点介绍灭火器、三角警示牌的使用要求。

(一)灭火器

危险货物运输车辆随车配备的灭火器类型及数量要求参见模块一单元八危险货物运输。

1. 灭火器的通用操作方法

常见的手提式灭火器的使用操作方法如下:

(1)使用车载灭火器对小火焰进行灭火时,操作人员应站在上风口灭火,必要时还应先穿戴好防毒面具、消防防护服、化学防护服等。

(2)牢记四字口诀:"提拔握压(谐音:提拔我呀)"。

(3)"救早灭小"。若火势较大一定要尽快撤离,并及时报警求助!

(4)使用灭火器前,可以先保持瓶体水平垂直上下颠倒摇晃,使筒内灭火剂混合均匀,然后拔掉灭火器保险销,距离火焰2~3m处,一手握住喷管最前端瞄准火源根部,一手按下手柄喷射灭火剂。灭火器喷射时,应左右摆动喷管,确保灭火介质覆盖整个火焰根部,逐渐向前推移。火焰熄灭后,松开压把,停止喷射。使用二氧化碳灭火器时最好戴手套,以免皮肤接触喷筒和喷射胶管,防止冻伤。操作步骤如图2-1-2所示。

a) 提起灭火器　　　　b) 拔出保险销

c) 按下压把　　　　d) 对准火焰根部

图2-1-2　灭火器主要使用方法

灭火器要定期检查、维护,确保灭火器完好、压力正常、喷嘴无堵塞。发现渗漏、破损、变形或重量减轻等情况时,应立即维修或更换,确保灭火器随时处于完好状态。不同类型手提式灭火器的最大报废期限见表2-1-1。

灭火器的最大报废期限　　　　　　　　　　表2-1-1

灭火器类型		报废期限(年)
手提式、推车式	水基型灭火器	6
	干粉灭火器	10
	洁净气体灭火器	
	二氧化碳灭火器	12

2.干粉灭火器的使用方法

干粉灭火器一般可用于扑灭A、B、C、E类初期火灾,包括固体物质火灾,如含磷固体可燃物、木材、棉、毛、麻等;液体或可熔化固体燃烧的火灾,如汽油、煤油、甲醇、乙醚、丙酮等火灾;气体及蒸气火,如煤气、天然气、甲烷、氢气等火灾;带电火灾,如物体带电燃烧等初期火灾。使用干粉灭火器时,需注意保持安全距离,避免皮肤直接接触灭火剂。

干粉灭火器的正确操作方法:

(1)应检查干粉灭火器的压力是否处于正常值,即指针指在绿色区域;

(2)提起灭火器,将灭火器上下颠倒摇晃几次,使筒内灭火剂混合均匀;

(3)除掉灭火器铅封,拔掉保险销(栓);

(4)站在火源上风向2~3m处,一手握住喷管最前端瞄准火源根部,一手提着灭火器按下压把;

(5)喷射时,应左右摆动喷管,确保灭火剂覆盖整个火焰根部,并逐渐向前推移。

3.二氧化碳灭火器的使用方法

二氧化碳灭火器一般可用于B、C、E类初期火灾的处置,包括液体或可熔化固体燃烧的火灾,如汽油、煤油、甲醇、乙醚、丙酮等火灾;气体及蒸气火,如煤气、天然气、甲烷、氢气等火灾;带电火灾,如物体带电燃烧等初期火灾。使用时需注意防止皮肤直接接触喷嘴,避免冻伤。

二氧化碳灭火器的正确操作方法:

(1)除掉灭火器铅封,拔掉保险销;

(2)一只手握住喇叭筒根部的手柄,没有喷射软管的,应把喇叭筒往上扳70~90度,另一只手紧握启闭阀的压把;

(3)站在火源上风向2~3m处,用力按下压把,对准火焰根部喷射。

4.水基型灭火器的使用方法

水基型灭火器一般可用于A、B、E类初期火灾的处置,包括固体物质火灾,如含磷固体可燃物、木材、棉、毛、麻等；液体或可熔化固体燃烧的火灾，如汽油、煤油、甲醇、乙醚、丙酮等火灾；带电火灾，如物体带电燃烧等初期火灾。

水基型灭火器的正确操作方法：

（1）应检查水基型灭火器的压力是否处于正常值，即指针指在绿色区域；

（2）将灭火器喷管展开；

（3）除掉灭火器铅封，拔掉保险销（栓）；

（4）站在火源上风向2~3m处，一手握住喷管最前端瞄准火源根部，一手提着灭火器按下压把；

（5）喷射时，应左右摆动喷管，确保灭火剂覆盖整个火焰根部，并逐渐向前推移。

5.洁净气体灭火器的使用方法

手提式洁净气体灭火器主要使用六氟丙烷、七氟丙烷、全氟己酮等灭火剂。其中，六氟丙烷灭火器可以扑救B、C、E类初期火灾；七氟丙烷灭火器可以扑救A、B、C、E类初期火灾；全氟己酮灭火器可以扑救A、B、C、E、F类初期火灾。使用时需注意存放环境，避免高温或冷冻。

（1）应检查洁净气体灭火器的压力是否处于正常值，即指针指在绿色区域；

（2）除掉灭火器铅封，拔掉保险销；

（3）站在火源上风向2~3m处，一手握住喷管最前端瞄准火源根部，一手提着灭火器按下压把；

（4）喷射时，应左右摆动喷管，确保灭火剂覆盖整个火焰根部，并逐渐向前推移。

（二）三角警示牌

三角警示牌，即机动车用三角警告牌，是指能昼夜发出警告信号以表示停驶机动车存在的等边三角形警告装置。

三角警示牌通常是由塑料反光材料做成的被动反光体。当驾驶人员在路上遇到突发故障停车检修或者是发生意外事故的时候，利用三角警示牌的回复反光性能，可以提醒其他车辆注意避让，以免发生二次事故。特别是在高速公路上，当车辆发生意外需要紧急在路边停车时，一定要立起三角警示牌，提醒后方来车，降低二次事故发生的概率。

①在常规道路上，发生故障或者发生交通事故时，应将三角警示牌设置在车后50~100m处；

②在高速公路上，则要在车后150m外的地方设置警示标志；

③若遇上雨雾天气，还得将距离延长到200m；

④如在弯道行驶时出现事故，警示牌需摆放在弯道入弯前，提醒入弯车辆避让故障车。

注意：三角警示牌应当放置在车辆正后方或者同个车道上，不能放在侧后方；弯道应放在入弯前，下坡放在坡顶，上坡放在坡底。

三 车载监控设备的使用要求

《道路危险货物运输管理规定》规定,专用车辆应当安装具有行驶记录功能的卫星定位装置;危险货物道路运输企业或者单位应当通过卫星定位监控平台或者监控终端及时纠正和处理超速行驶、疲劳驾驶、不按规定线路行驶等违法违规驾驶行为。《道路运输车辆动态监督管理办法》指出,危险货物运输车辆应安装、使用具有行驶记录功能的卫星定位装置,接入符合要求的监控平台,并接入全国重点营运车辆联网联控系统。

(一)车辆卫星定位装置的技术性能

根据危险货物运输过程实行在线监控的要求,危险货物运输车辆上安装的卫星定位装置应符合以下标准要求:

(1)《道路运输车辆卫星定位系统车载终端技术要求》(JT/T 794);
(2)《道路运输车辆卫星定位系统终端通信协议及数据格式》(JT/T 808);
(3)《机动车运行安全技术条件》(GB 7258);
(4)《汽车行驶记录仪》(GB/T 19056)。

卫星定位装置是卫星定位系统平台的前端设备,是一种能对车辆行驶速度、时间、里程以及有关车辆行驶的其他状态信息进行记录、存储并可通过接口实现数据输出的数字式电子记录装置,它的组成如图2-1-3所示。

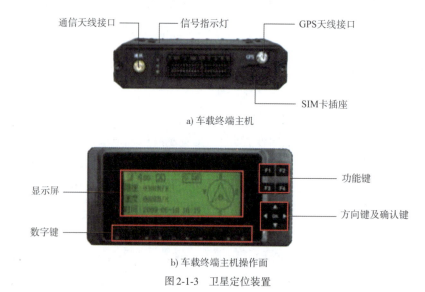

a) 车载终端主机

b) 车载终端主机操作面

图2-1-3 卫星定位装置

(二)卫星定位装置的使用要求

卫星定位装置的使用要求包括:

(1)危险货物运输车辆在出厂前应当安装符合标准的卫星定位装置。对新出厂车辆已安装的卫星定位装置,任何单位和个人不得随意拆卸。

(2)出车前,应认真检查卫星定位装置,确保卫星定位装置正常使用,保持车辆运行实时在线。若卫星定位装置出现故障不能保持在线,应及时通知管理人员进行维修处置。卫星定位装置出现故障不能保持在线的车辆,道路运输经营者不得安排其从事道路运输经营活动。

(3)不得破坏卫星定位装置以及恶意人为干扰、屏蔽卫星定位装置信号,不得篡改卫星定位装置数据。

(三)卫星定位系统平台使用要求

卫星定位装置需要配合卫星定位系统来实现动态实时监控。卫星定位系统平台使用要求主要包括:

(1)根据《道路运输车辆动态监督管理办法》要求,危险货物道路运输企业应当按照标准建设道路运输车辆动态监控平台,或者使用符合条件的社会化卫星定位系统监控平台。监控平台应接入全国重点营运车辆联网联控系统,并按照要求将车辆行驶的动态信息和企业、驾驶人员、车辆的相关信息逐级上传至全国道路运输车辆动态信息公共交换平台。

(2)危险货物道路运输企业应当根据法律法规的相关规定,以及车辆行驶道路的实际情况,在监控平台中按照规定设置监控超速行驶和疲劳驾驶的限值,以及核定运营线路、区域及夜间行驶时间等,在所属车辆运行期间对车辆和驾驶人员进行实时监控和管理。其中,设置超速行驶和疲劳驾驶的限值不应超过80km/h和4小时。

(3)驾驶人员应遵守实际道路限速和监控平台中设置的超速行驶限值要求,并按照设置的疲劳驾驶限值、核定的运营线路、区域及夜间行驶时间等进行安全驾驶。

(4)听从动态监控人员的提醒,及时纠正超速行驶、疲劳驾驶等违法行为。

(5)动态监控数据应当至少保存6个月,违法驾驶信息及处理情况应当至少保存3年。任何单位、个人不得擅自泄漏、删除、篡改卫星定位系统平台的历史和实时动态数据。

《中华人民共和国安全生产法》第三十六条规定,生产经营单位不得关闭、破坏直接关系生产安全的监控、报警、防护、救生设备、设施,或者篡改、隐瞒、销毁其相关数据、信息。

《中华人民共和国刑法修正案(十一)》的第一百三十四条"危险作业罪"中增加了一个条款,提出"在生产、作业中违反有关安全管理的规定,有下列情形之一,具有发生重大伤亡事故或者其他严重后果的现实危险的,处一年以下有期徒刑、拘役或者管制:

(一)关闭、破坏直接关系生产安全的监控、报警、防护、救生设备、设施,或者篡改、隐瞒、销毁其相关数据、信息的;

(二)因存在重大事故隐患被依法责令停产停业、停止施工、停止使用有关设备、设施、场所或者立即采取排除危险的整改措施,而拒不执行的;

(三)涉及安全生产的事项未经依法批准或者许可,擅自从事矿山开采、金属冶炼、建筑施工,以及危险物品生产、经营、储存等高度危险的生产作业活动的。"

卫星定位系统和卫星定位装置是关系生产安全的监控设施。对危险货物运输驾驶人员而言，一是要做好出车前的卫星定位装置检查，确保设备可以正常使用；二是严格按照速度限制安全驾驶，避免疲劳驾驶。当动态监控人员提醒时，及时纠正超速行驶、疲劳驾驶等违法行为。运输过程中，严禁关闭、破坏卫星定位装置；恶意人为干扰、屏蔽、遮挡卫星定位装置信号。严禁篡改、隐瞒、销毁卫星定位装置中的相关参数设置和数据。

四 车载温控设备的使用要求

(一)控温运输货物类型

危险货物种类繁多，化学性质各异。有的危险货物对撞击、温度较为敏感，化学性质活泼，需要采取温控措施，方可安全运输（如4.1项中自反应物质和5.2项有机过氧化物）。有的货物对环境温度敏感，会因温度升高导致气化，罐内压力增加导致事故（如冷冻液化气体、低沸点液体等），或者因温度升高导致活性失效（如感染性物质）；有的货物需要在运输过程中加热以确保货物具有必要的流动性（如黏性液体、熔融金属等）。

不同危险货物需要采用的控温方式存在差异，需要根据实际情况综合选择。

(二)自反应物质和有机过氧化物控温要求

根据自反应物质的定义可知，自反应物质可因受热、与催化性杂质（如酸、重金属化合物、碱）接触、摩擦或碰撞而发生分解，分解速率随温度升高而加快。自反应物质分解时，可能会释放有毒气体或蒸气（特别在未着火情况下）、爆炸性分解（特别是在封闭的情况下），以及剧烈燃烧。

同样，有机过氧化物化学性质活泼，在正常温度或高温下易放热分解，分解可由受热、与杂质（如酸、重金属化合物、胺）接触、摩擦或碰撞而引起，分解时可产生有害、易燃的气体或蒸气，分解速度会因有机过氧化物配方不同或温度不同而变化。

因此，部分自反应物质和有机过氧化物需在运输时控制温度，主要包括：

(1)自加速分解温度(SADT)不超过55℃的自反应物质；

(2)自加速分解温度(SADT)不超过50℃的B型和C型有机过氧化物；

(3)自加速分解温度(SADT)不超过50℃，在密闭条件下加热时表现出中等效应，或自加速分解温度(SADT)不超过45℃，在密闭条件下加热时表现出微弱效应或无效应的D型有机过氧化物；

(4)自加速分解温度(SADT)不超过45℃的E型和F型有机过氧化物。

对于这部分自反应物质和有机过氧化物，在运输中需要采取多种形式的温控措施，才能保持货物稳定。主要要求包括：

(1)温度控制范围要合理，这样可以有效避免温度过高导致分解反应，或者温度过低发生危险的相态分离等问题。

(2)运输过程中的实际温度不能超过该物质的控制温度。

(3)当实际温度达到应急温度时,应启动应急程序。

上述提到的控制温度是物质能够安全运输的最高温度。在实际运输时,若危险货物实际温度超过了控制温度,则极有可能会发生缓慢分解,导致温度进一步升高,此时仍可以采取物理降温等方式,进行应急处置。但是当温度上升超过应急温度时,货物可能发生自加速分解,短时间即可发生爆炸。

控制温度和应急温度的确定,通常是根据货物的自加速分解温度(SADT)来倒推的,见表2-1-2。表2-1-3为部分自反应物质的控温温度。应急温度SADT是货物能够发生自加速分解的最低温度,可以通过试验测定。

控温温度、应急温度和自加速分解温度的关系(单位:℃)　　　　表2-1-2

容器类型	SADT	控制温度(T_c)	应急温度(T_e)
单个包件和中型散装容器（IBC）	SADT≤20	T_c≤SADT-20	T_e≤SADT-10
	20<SADT≤35	T_c≤SADT-15	T_e≤SADT-10
	SADT>35	T_c≤SADT-10	T_e≤SADT-5
罐体	SADT≤50	T_c≤SADT-10	T_e≤SADT-5

部分自反应物质的控温温度、应急温度　　　　表2-1-3

自反应物质	浓度C(%)	控制温度(℃)	应急温度(℃)	联合国编号
2,2′—偶氮二(2,4—二甲基—4—甲氧基戊腈)	100	-5	+5	3236
2,2′—偶氮二(2,4—二甲基戊腈)	100	+10	+15	3236
2,2′—偶氮二(2—甲基丙酸乙酯)	100	+20	+25	3235
2,2′—偶氮二(异丁腈)	100	+40	+45	3234
2,2′—偶氮二(2—甲基丁腈)	100	+35	+40	3236
氯化锌—4—苄(甲)氨基—3—乙氧基重氮基苯	100	+40	+45	3236

(三)温度控制方法

1.控温方式的影响因素

控温方式会受到多种因素的影响,主要包括:

(1)所运物质的控制温度;

(2)控制温度和预计环境温度的温差;

(3)隔热效果;

(4)运输持续时间;

(5)为途中的延误而预留的安全余量。

2. 控温方式的选择

在选择控温方式时,可以按照下列方法,选择采取有效的控温措施,避免在运输过程中超出控制温度,有效性以升序排列:

(1)当物质的初始温度低于控制温度时,可采取隔热措施。

(2)当满足下列所有条件时,可采取隔热措施和使用冷却系统:

①携带足够的非易燃性冷却剂(如液氮或干冰),并且能保证在运输迟延时有额外的冷却剂数量,或者有其他的补给措施;

②液态氧或空气不作为冷却剂;

③即使在绝大多数冷却剂被耗尽的情况下,冷却系统仍整体有效;

④集装箱箱门或车辆车门清晰标明警告语:"在进入之前需要通风。"

(3)当所运物质的闪点低于应急温度+5℃的温度值,且在制冷舱内应使用防爆电气装置以防物质释放的可燃气体发生燃烧时,可采用隔热措施加单机制冷机。

(4)当满足下列条件时,可采用隔热措施加机械制冷系统和冷却剂系统的组合方式:

①机械制冷系统和冷却剂系统互相独立;

②满足上述第(2)种和第(3)种的要求。

(5)当满足下列条件时,可采用隔热措施加双机械制冷系统:

①除整体供电系统外,两个机械制冷系统相互独立;

②每一个机械制冷系统都能实现温度控制;

③所运物质的闪点低于应急温度+5℃的温度值,且在制冷舱内应使用防爆电气装置以防物质释放的可燃气体发生燃烧。

3. 不同控温方式的适用范围

(1)上述第(4)种和第(5)种方法适用于所有有机过氧化物和自反应物质。

(2)上述第(3)种方法适用于C、D、E、F类有机过氧化物和自反应物质。对B类有机过氧化物和自反应物质。若运输中的最大环境温度不超过控制温度10℃及以上,则第(3)种方法也适用。

(3)当运输过程中的最大环境温度不超过控制温度30℃及以上时,第(2)种方法适用于C、D、E、F类有机过氧化物和自反应物质。

(4)当运输过程中的最大环境温度至少低于控制温度10℃时,第(1)种方法可用于C、D、E、F类有机过氧化物和自反应物质。

(四)具有保温、冷冻和机械制冷功能的车辆技术要求

根据《危险货物道路运输营运车辆安全技术条件》(JT/T 1285)和JT/T 617.6,具有保温、冷冻和机械制冷功能的车辆应符合下列要求:

(1)当危险货物采取由冷却剂填充保护的包装时,应装载在封闭式车辆或封闭式集装箱中,或者侧帘车辆或软开顶集装箱中。封闭式车辆和集装箱应有足够的通风。侧帘车辆和软开顶集装箱应安装侧壁和尾壁。这些板材应由防水和非可燃类的材料制成。

(2)用于运输需控温的危险货物的车辆,其车厢应具有隔热能力,并采用适用的保温、冷冻和机械制冷措施,确保运输过程中车厢内温度不超过控制温度范围。按照《道路运输 易腐食品与生物制品 冷藏车安全要求及试验方法》(GB 29753)规定的隔热性能试验要求,厢式货车、厢式半挂车总传热系数应不超过 0.4W/(m^2·K)。

(3)车辆应采取避免所运输介质的蒸气及冷却剂渗入驾驶室的措施。

(4)驾驶室内应配备能够对货厢的总体温度进行控制的装置。

(5)货厢内设有通风装置的,该装置不应影响温度控制。

(6)制冷剂应不易燃。

(7)机械制冷车辆的制冷装置应能够不依赖车辆发动机而独立工作。

(五)车载温控装置主要构成

1. 制冷装置

主要用于降低运输过程中的车辆内部温度,确保危险货物在适宜的低温环境下运输。根据《道路运输 易腐食品与生物制品 冷藏车安全要求及试验方法》(GB 29753),常见的机械制冷装置主要由压缩机、动力装置、冷凝器组件、蒸发器组件、制冷管路及电气、控制系统等组成。

2. 加热设备

主要用于在运输过程中保持车辆内部温度,防止危险货物因温度过低导致凝结或变质。通常采用加热装置(单加热或者机械制冷和加热通用装置),维持车厢或罐体内的温度。对于部分特殊危险货物,如沥青、原油等黏性较大的液体,会配装加热系统,以确保运输过程中保持沥青、原油等介质的适当流动性。该加热系统通常安装在罐体周围或者内部,通过加热元件对罐体进行加热,将热量传递给罐体内的介质,以提高其温度并降低黏度。

3. 温度传感器

用于真实反映并准确记录车厢或者罐体内部温度,确保温度控制在安全范围内。温度传感器将实时数据传输给控制系统,以便及时调整加热或制冷设备的工作状态。

4. 温度控制系统

根据监测到的温度数据自动调节制冷或加热设备的运行,确保车厢或罐体内的温度始终保持在设定的范围内,以保证运输过程危险货物能始终处于合适的温度范围内,确保运输安全。

(六)车载温控设备使用要求

(1)制冷系统中的任何控制装置和温度传感器应安装在易于操作的位置,并且所有的电子连接元件应能够防雨。车内空间的温度应由两个独立的温度传感器检测,并记录输出数据,以便观察温度的变化。

(2)应每隔4~6小时检查并记录一次温度。

(3)当所运危险货物的控制温度低于25℃时,车辆应装有温度报警器,其动力与制冷系统的动力分开,确保在温度等于或低于控制温度时起作用。

(4)在运输过程中,若温度超过控制温度,应采取相应措施,包括对冷却设备进行必要的修理,或增加冷却能力(如添加液态或固态制冷剂)等。如果达到应急温度,应采取应急措施。

(5)温控运输装载前,应对车辆进行彻底检查。运输前,驾驶人员和押运人员应知晓以下事项:

①制冷系统的操作方法和沿途冷却剂供应商的名单;

②出现温度失控情况后的相关处理程序;

③定时监测车内温度;

④配备足量可用的备用冷却系统或备用组件,以便在温度失控的情况下,可以及时控制温度;

⑤包件应堆放在易于卸载的位置;

⑥整个运输过程中,包括装卸及运输途中停留,均应保持特定的控制温度。

单元二　道路危险货物罐式车辆运输安全操作

道路危险货物罐式车辆运输是指使用专用罐式容器车辆,运送无包装的液体、气体、颗粒或粉末状等危险货物,以及完成特定作业任务的专用汽车和汽车列车的运输工作。

此类车辆运输方式通常涉及使用保温、冷藏或专用罐式容器,以确保危险货物在运输过程中的安全和稳定。驾驶人员应根据罐式车辆运输的特点和驾驶要求,安全规范地开展运输任务。

一　罐式运输的特点

1.罐式车辆的分类

按照《道路交通管理　机动车类型》(GA 802)和《机动车运行安全技术条件》(GB 7258),罐式车辆主要包括罐式货车、罐式半挂车和罐式半挂汽车列车。

罐式货车是指罐体与定型汽车底盘永久性连接所形成的货运车辆,是载货部位的结构为封闭罐体的载货汽车。典型的罐式货车如图2-2-1所示。

图2-2-1　典型的罐式货车

罐式半挂车是指由罐体与半挂车车架永久性连接所组成的半挂车,是载货部位为封闭罐体结构的半挂车。

罐式半挂汽车列车是指由半挂牵引车与罐式半挂车组成的运输单元。罐式半挂汽车列车特点是由半挂牵引车牵引半挂车组成,属于铰接列车的范畴。货车列车则不允许从事危险货物运输。典型的罐式半挂车和罐式半挂汽车列车如图2-2-2所示。

图2-2-2　典型的罐式半挂车和罐式半挂汽车列车

此外,按照车辆使用用途分类,罐式车辆可以分为FL型和AT型两种类型。各种类型罐式车辆主要用途见表2-2-1。两种类型的车辆除所运输货物的性质不同外,还根据货物对运输安全的要求,在车辆结构要求方面存在一定的差异。例如,FL型车辆的排气管出口应置于货厢或罐体前端面之前、不高于车辆纵梁上平面的区域;FL型车辆的排气管出口应安装符合《机动车排气火花熄灭器》(GB 13365)规定的机动车排气火花熄灭器等。

罐式车辆类型及其用途　　　　　　　表2-2-1

车辆类型	用途
FL型车辆	用于运输易燃气体、闪点不高于60℃的易燃液体、符合GB 19147规定的车用柴油或列入联合国编号为UN 1202的油品以及稳定的过氧化氢或其水溶液(浓度大于60%)的危险货物运输车辆,其载货容器为容积大于或等于$1m^3$的罐式车辆罐体、容积大于或等于$3m^3$的罐式集装箱或可移动罐柜
AT型车辆	载货容器与FL型车辆相同,运输的货物与FL型车辆不同的危险货物运输车辆

2.罐式运输的特点

(1)高效性。罐式车辆的罐体容积均较大,能够一次性装载大量的液体、固体和气体等危险货物,有效提高了运输效率,减少多次装卸的时间和成本。此外,通常采用机械化装卸方式,能够大大缩短装卸时间,加快车辆周转。

(2)安全性。罐式车辆具有良好的密封性,并根据装运危险货物的危险特性不同可以耐受不同的工作压力,有效防止货物在运输过程中泄漏,有利于安全运输。当然,近年来多起重特大危险货物运输事故均与罐式车辆有关,尤其是液体危险货物常压罐式车辆运输。由事故原因分析可知,一方面与罐体自身产品质量密切相关,如壁厚不达标、安全附件未按照标准配置、擅自改装、承运介质与罐体技术指标不相符等;另一方面,与驾驶人员的安全驾驶技术密切相关,如疲劳驾驶、弯道超速、分心驾驶等。

(3)环保性。罐式车辆罐体常为密封容器,再加上罐体制造时会根据介质的特性增设保温材料、真空绝热隔层等方式,确保运输过程中的环境温度变化不会影响到罐内危险货物的安全性,进而降低货物变质等概率,保障货物在运输过程中的安全和稳定,减少了环境污染风险。此外,由于罐式车辆运输可实现装、运、卸机械化,可减少粉尘飞扬和异味散发,改善装卸条件,减轻劳动强度。

(4)经济性。由于罐式车辆的装载量较大,有效降低包装成本,从而降低运输成本。此外,有些罐式车辆设计便于多式联运,以及多种运输方式之间的转换,能够进一步降低单位货物的运输成本。

(5)专业性。虽然罐式车辆罐体具有装载量大、单位运输成本较低、安全性、环保性等特点,但一旦发生事故,尤其是罐体本身因事故出现大量泄漏,甚至火灾爆炸等后果时,其危险性和严重性均较大,故对罐体制造质量和驾驶人员的驾驶技能的专业性要求均较高。

二 危险货物运输车辆及罐式车辆技术要求

根据《道路运输车辆技术管理规定》《道路危险货物运输管理规定》《危险货物道路运输安全管理办法》等文件要求,从事危险货物道路运输经营的专用车辆(含罐式车辆)应符合下列技术要求:

(1)车辆的外廓尺寸、轴荷和最大允许总质量,应符合《汽车、挂车及汽车列车外廓尺寸、轴荷及质量限值》(GB 1589)的要求。

(2)车辆的技术性能,应符合《机动车安全技术检验项目和方法》(GB 38900),以及依法制定的保障营运车辆安全生产的国家标准或者行业标准的要求。

(3)车辆必须按照规定的周期进行检验检测和技术等级评定(周期为每12个月进行1次检验检测和技术等级评定),并检验合格且在有效期内。

(4)车辆必须按期年审,车辆(挂车除外)的技术等级达到一级。

(5)车辆的燃料消耗量限值,应符合依法制定的关于营运车辆燃料消耗限值标准的要求。

(6)运输爆炸品、强腐蚀性危险货物的罐式专用车辆的罐体容积不得超过20m^3,运输剧毒化学品的罐式专用车辆的罐体容积不得超过10m^3,符合国家有关标准的罐式集装箱除外。运输剧毒化学品、爆炸品、强腐蚀性危险货物的非罐式专用车辆,核定载质量不得超过10t,但符合国家有关标准的集装箱运输专用车辆除外。

(7)罐式专用车辆罐体应当经检验合格,且罐体载货后总质量与专用车辆核定载质量相匹配。使用牵引车运输货物时,挂车载货后的总质量应与挂车的核定载质量,以及牵引车的准牵引总质量相匹配,不得超过牵引车的准牵引总质量。

(8)报废的、擅自改装的、检测不合格的、车辆技术等级达不到一级的和其他不符合国家规定的车辆,禁止从事道路危险货物运输。

(9)货车列车不得从事危险货物运输(铰接列车、具有特殊装置的大型物件运输专用车辆除外)。

(10)移动罐体(罐式集装箱除外)不得从事危险货物运输。

(11)倾卸式车辆只能运输散装硫黄、萘饼、粗蒽、煤焦沥青等危险货物,不得运输其他类型危险货物。

(12)车辆使用性质应为"危化品运输",且在强制报废期限内。

三 罐式车辆罐体专用附件的操作

罐式车辆罐体专用附件,主要包括安全附件和装卸附件两部分。其中,移动式压力容器的安全附件,主要包括安全泄放装置、紧急切断装置、压力测量装置、液位测量装置、温度测量装置、阻火器、导静电装置等。移动式压力容器的装卸附件,主要包括装卸阀门、装卸软管和快速装卸接头等。

液体危险货物罐式车辆常压罐体的安全附件,主要包括安全泄放装置、真空减压阀、紧急切断装置、导静电装置等。仪表则包括压力表、液位计及温度计等;装卸附件包括装卸阀门、快速装卸接头和装卸用管等。

以液体危险货物罐式车辆常压罐体的结构图(图2-2-3)为例,进行介绍。

《危险货物道路运输安全管理办法》要求,驾驶人员应当确保罐式车辆罐体、可移动罐柜、罐箱的关闭装置在运输过程中处于关闭状态。一般情况下,关闭装置主要包括紧急切断装置、卸料阀和人孔盖等在运输过程中必须始终处于闭合状态的部件。

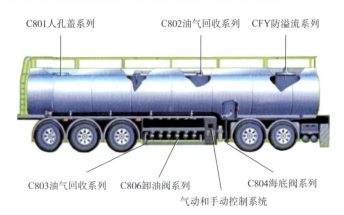

图 2-2-3 罐式车辆罐体结构示意图

1. 紧急切断装置

紧急切断装置一般由紧急切断阀、远程控制系统及易熔塞自动切断装置组成,紧急切断装置应动作灵活、性能可靠、便于检修。按照控制类型分类,紧急切断装置一般有机械式和气动式两种类型,如图 2-2-4 和图 2-2-5 所示。

（1）紧急切断阀。紧急切断阀又叫底阀或海底阀,是紧急切断装置的核心功能部件。紧急切断阀通常安装在罐体底部或封头下部,用于连通或隔绝罐体和外部管路。

目前,国内液体危险货物罐式车辆常压金属罐体的紧急切断阀,主要有铝合金和钢制两类(图2-2-6和图2-2-7)。其中,铝合金紧急切断阀的使用温度范围一般为−20~50℃,特殊工况可为−40~70℃,多用于汽、柴油等轻质燃油运输罐车。钢制紧急切断阀的使用温度范围一般为−40~200℃,特殊工况可为−60~259℃,主要用于具有一定腐蚀性的液体危险货物运输罐车。对于具有多独立仓的罐体,每个单独仓都要加装紧急切断阀及相应的控制装置。

图2-2-6　铝合金紧急切断装置

图2-2-7　不锈钢紧急切断装置

紧急切断阀应符合《道路运输液体危险货物罐式车辆紧急切断阀》(QC/T 932)及相关标准的规定,主要包括:

①紧急切断阀通过启闭操作装置应能灵活开启和关闭、无卡阻现象,关闭时间不得超过2秒。

②紧急切断阀不应兼作他用,安装紧急切断阀的凸缘应直接焊接在筒体或封头上。这一点需要非常注意,若紧急切断阀的凸缘未直接焊接在筒体或者封头上属于重大事故风险。

③紧急切断阀的阀体应采用铝合金或者钢制材料。

④紧急切断阀在非装卸时应处于闭合状态,能防止任何因冲击或意外动作所致的打开。因此,在装卸完毕后或在行车前,装卸人员、驾驶人员或押运人员需要检查确认紧急切断阀是否处于关闭状态。

⑤为防止在外部配件(管路、阀门等)损坏的情况下罐内的液体泄漏,阀体应设计成剪式结构(剪切槽设计),剪切槽应紧靠阀体与罐体的连接处。当管道受到撞击时,首先从剪切槽处断裂,而紧急切断阀的阀芯依然处于密封状态,不会产生泄漏。

⑥采用气动、液压驱动型式的紧急切断阀,应保证其在全开启状态持续放置48小时,不会引起自然关闭。

⑦紧急切断阀的驱动装置应能避免在运输过程中由于冲击或振动而打开。

(2)远程控制系统。用于打开或关闭紧急切断阀的远程控制系统是由人工操作的,故其关闭操作装置应装在人员易于到达的位置。

控制系统主要有气动式、机械式和液压式三种。操作装置至少有两组,一组靠近装卸操作箱,包括总控制开关和各独立舱紧急切断阀控制开关;另一组设在车身尾部或驾驶室,为远程控制开关,如图2-2-8所示。两组控制装置为串联,任何一组都能打开或关闭紧急切断阀。

对于气动式控制装置,一般控制按钮弹出为接通气压控制回路,打开紧急切断阀;向下按控制按钮为阻断气压控制回路,关闭紧急切断阀。操作时,若控制按钮处于开启状态,向内按动控制按钮时,能感觉到控制按钮向内移动,同时能听见明显的排气声音;若控制按钮处于关闭状态,向内按动按钮时,按钮不会向内移动,也听不到排气声音。

对于机械式控制装置,向上抬控制把手(图2-2-9)较为费劲,是为打开紧急切断阀;下拉控制把手较为轻便,是为关闭紧急切断阀。远程控制装置是车身侧面的钢丝绳索,当紧急切断阀处于开启状态,用力猛拉钢丝绳索可带动控制把手,进而关闭紧急切断阀。

图2-2-8　远程控制系统按钮　　　　　　图2-2-9　机械式控制装置开关

日常检查中,需要检查紧急切断装置是否灵活、有效、可靠,紧急切断阀外壳是否有异常损伤,螺栓是否紧固齐全,外部是否有渗漏痕迹,远程控制系统是否有效。

(3)易熔断自动切断装置。易熔断自动切断装置主要功能部件为易熔塞。由于火灾等原因使环境温度达到75℃±5℃时,易熔塞的易熔元件应能熔融,切断气压管路或促使机械式控制系统动作,阀体内弹簧复位,从而使紧急切断阀自动关闭。

部分气动控制紧急切断阀的易熔塞集成在阀体上,另有一些为独立的装置,该装置应尽可能地安装在紧急切断阀附近。在弹簧一端的熔融元件将弹簧保持在拉伸状态,熔融元件熔化,则弹簧收缩拉动拉索,带动紧急切断阀关闭。

在日常使用时,需要注意在蒸罐时一定要拆下易熔塞,蒸好后再装上。

(4)紧急切断阀自动关闭和提醒装置。《机动车运行安全技术条件》(GB 7258)规定,装有紧急切断装置的罐式危险货物运输车辆,在设计和制造上应保证运输液体危险货物的车辆行驶速度大于5km/h时紧急切断阀能自动关闭,或在发动机起动时能通过一个明显的信号装置(例如:声或光信号)提示驾驶人员需要关闭紧急切断阀。

实施方式有多种,如一些EBS系统中集成自动关闭功能,无论紧急切断阀是否关闭,在车辆行驶速度大于5km/h时,都会对紧急切断阀进行关闭。还有一些独立安装的外置式装置,可以实现车辆行驶速度大于5km/h时紧急切断阀未关闭报警,或者关闭紧急切断阀,或者报警和关闭动作同时实现。在选用车辆时,可以根据实际需要进行选择。

2.卸油阀

卸油阀通常采用快速连接方式与外部耦合器进行机械对接,当关闭时保证密封。卸油阀可以通过手动或者其他方式开启阀门,且阀门在开启驱动方式失效或断开后,应能自动关闭且保证密封,如图2-2-10所示。

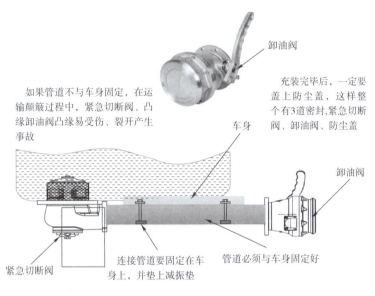

图2-2-10 卸油阀位置图

运输轻质燃油和用于轻质燃油加油作业的罐式车辆,其卸油阀应符合《道路运输轻质燃油罐式车辆 卸油阀》(QC/T 1062)的相关规定。卸油阀的壳体宜采用铝合金铸件或不锈钢铸件制造,不应采用铸铁和非金属材料制造。装配完成的阀门通过启闭操作装置应能灵活开启和关闭,无卡阻现象,关闭时间不得超过5秒。同时,卸油阀宜预留联锁驱动装置和其他选装附件的安装位置。其中,联锁驱动装置是指由气动联锁阀、气源开关、气体管路等组成的装置,安装于卸油阀上,在装卸油过程中对接输油管的快速接头时,可通过联锁装置打开紧急切断阀。

在装完油料时,应先关闭紧急切断阀(海底阀),再关闭卸油阀;在卸油时,接口全部接好后,先打开卸油阀,再打开紧急切断阀(海底阀),卸料完毕后装上卸油阀防尘盖。

3.呼吸阀

根据《道路运输液体危险货物罐式车辆 第1部分:金属常压罐体技术要求》(GB 18564.1)的相关要求,有紧急泄放装置的罐体还应安装呼吸阀,具有或不具有阻火功能(根据罐体设计代码确定)。呼吸阀实际是一种自动装置,工作原理是用弹簧限位阀板,由正负压力决定或呼或吸,用来保持罐体内气压平衡,减少介质挥发,保护罐体的安全装置。呼吸阀的技术性能应符合《道路运输易燃液体危险货物罐式车辆 呼吸阀》(QC/T 1064)的要求。

呼吸阀应具有泄放正压和负压两方面功能,当罐内介质的压力在呼吸阀的控制操作压力范围之内时,呼吸阀不工作,保持罐体的密闭性;当往罐内补充介质,使罐内上部气体空间的压力升高,达到呼吸阀的操作正压时,压力阀被顶开,气体从呼吸阀呼出口逸出,使罐内压力不再继续上升;当往罐外抽出介质,使罐内上部气体空间的压力下降,达到呼吸阀的操作负压时,罐外的大气将顶开呼吸阀的负压阀盘,使外界气体进入罐内,使罐内的压力不再继续下降,让罐内与罐外的气压平衡。

呼吸阀的维护每季度检查一次,半年维护一次,每年校验一次。一般的日常维护方法:

①先将阀盖轻轻打开,把真空阀盘和压力阀盘取出,检查阀盘与阀盘密封处、阀盘导杆与导杆套有无油污和脏物,如出现油污和脏物应清除干净。

②检查、清理完成后,将呼吸阀的真空阀盘和压力阀盘装回原位,并上下拉动几下,检查开启是否灵活可靠。如果一切正常,再将阀盖盖好紧固。在维护中,如发现阀盘有划痕、磨损等异常现象,应马上更换或与供货公司联系,以便及时得到解决。

4. 液位计

液位计是一般罐体上除呼吸阀以外的又一重要安全装置。它的作用主要是用来观测和控制罐车的充装量(容积或液面高度),从而保证罐体内介质的液位始终在正常范围内,不发生超装过量而导致的事故,同时也避免亏装造成经济损失。

(1)液位计的选用。根据罐体充装介质、设计压力和设计温度等设计参数正确选用液位计,液位计应当符合相应国家标准或行业标准的规定,且灵敏准确、结构牢固、观察使用方便,液位计的精度等级不得低于2.5级,其允许的最高安全液位应有明显标记。

(2)液位计的安全技术要求。

①结构简单、安全可靠、测量数据准确,精度要高,液位指示明显醒目,操作维修方便,以便操作人员能直观、准确地观测液面的高低或罐体的容积,再根据介质密度,迅速计算出罐体的充装量。

②耐腐蚀、密封性能良好。液位计泄漏以致损坏,常会引起事故。这就要求罐车的液位计须在环境、介质温度变化下保持密封不漏。同时,要求液位计的零部件,尤其是运转、配合部位应具有良好的耐腐蚀性,最好采用奥氏体不锈钢材料。

③结构牢固、经得起振动和撞击。车辆运输过程中,行驶速度变化和路面状况的复杂性不可避免地给罐车带来激烈振动、颠簸和冲击,甚至有时会受到机械碰撞。这就要求液位计结构牢固可靠,经得起激烈振动和撞击。不得使用玻璃板(管)式液位计。

④液位计定期校验。

5. 压力表

当需要监测罐车罐体内压力时,部分罐车上设有压力表。压力表的选用应符合下列要求:

①选用的压力表应与罐体内的介质相适应,其结构应满足振动和腐蚀的要求。

②应当选用符合相应国家标准或者行业标准要求的抗振压力表。

③压力表表盘的极限值应为拟测量压力的1.5~3倍,表盘直径应大于或等于100mm。

压力表的安装应满足下列要求:

①压力表必须安装在罐体顶部气相空间引出的管子或气相管上,以测量气相的压力,压力表的下方应装设阀门。

②用于具有腐蚀性或者高黏度介质的压力表,应选用隔膜式不锈钢压力表。

③压力表的安装应当采用可靠的固定结构,防止压力表在运输中发生相对运动。

④压力表应定期到计量部门进行校验,校验周期为至少6个月一次,失灵或损坏的不得使用。

6.温度计

有保温的罐车一般需要设置温度计,以测量介质的液相温度。温度计的测量范围应与介质的工作温度相适应。温度计的感温部分应与罐内液相介质相通,以测量液相温度。感温部分应能耐介质腐蚀,温度计应定期到计量部门校验,失灵和损坏的不得继续使用。

四 罐式运输驾驶要求

(一)运输前的准备

(1)驾驶人员和押运人员接到运输任务调度安排后,应认真听取管理人员的安全告知,仔细阅读道路运输危险货物安全卡、化学品安全技术说明书、安全标签等信息,了解承运货物的危险特性、安全运输要求及应急处置措施等(图2-2-11)。

(2)可利用电子地图、路书等方式,提前掌握运输任务的起讫点、运输路线、途中停靠点、沿途天气以及沿途行驶风险(如路线沿线是否存在水源地或者人口密集区、是否有禁行路线、限高)等信息,并做好相应的准备工作,如根据季节性气候变化,及时更换相适应的冷冻液、机油、燃油等,配备防滑链、垫木等防滑材料等。

(3)检查身体是否处于健康状态。若出现晕厥、恶心、乏力、幻象等现象及患有其他影响安全驾驶

图2-2-11 出车前的安全告知

的疾病等情形时,不应驾驶车辆;摄取含有酒精的饮品或食物后,不应驾驶车辆;服用国家管制的精神药品、麻醉药品或对驾驶行为有影响的药物后(如部分易引起嗜睡、头晕、反应迟钝等不良反应的感冒药),不应驾驶车辆;身体过度疲劳影响安全驾驶的,不应驾驶车辆;情绪波动大时,应及时调整,难以平复时,不应继续驾驶车辆。

(4)核查电子运单是否为"已派单"状态,核对拟承运危险货物的名称、数量、类别、项别、起运点、途中装卸点、收货点、驾驶人员和押运人员的姓名、从业资格证等关键信息是否与实际相符。

（5）结合运输任务，根据模块一单元七危险货物装卸，判断车辆安全技术条件是否符合国家标准要求且与承运危险货物性质、重量是否相匹配。重点检查以下内容。

①拟承运危险货物是否可以使用罐式车辆运输，检查方法见模块一单元七危险货物装卸的"四、罐式运输装卸条件及要求"。

②拟承运危险货物是否可以采用散装运输方式运输，检查方法见模块一单元七危险货物装卸的"三、散装运输装卸条件及要求"。

③罐体容积是否与拟承运危险货物相符：运输爆炸品、强腐蚀性危险货物的罐式专用车辆的罐体容积不得超过20m³，运输剧毒化学品的罐式专用车辆的罐体容积不得超过10m³，但符合国家有关标准的罐式集装箱除外。运输剧毒化学品、爆炸品、强腐蚀性危险货物的非罐式专用车辆，核定载质量不得超过10t，但符合国家有关标准的集装箱运输专用车辆除外。

④车辆不属于货物列车（铰接列车、具有特殊装置的大型物件运输专用车辆除外）。

⑤车辆不属于倾卸式车辆（倾卸式车辆只能运输散装硫黄、萘饼、粗蒽、煤焦沥青等危险货物）。

⑥车辆不属于报废的、擅自改装的、检测不合格的、车辆技术等级达不到一级的和其他不符合国家规定的。

⑦车辆不属于移动罐体（罐式集装箱除外）从事危险货物运输。

⑧不能使用罐式专用车辆或者运输有毒、感染性、腐蚀性危险货物的专用车辆运输普通货物。

⑨运送医疗废物专用车辆应达到防渗漏、防遗撒，以及其他环境保护和卫生要求，不得运送其他物品。

（6）做好出车前的车辆检查、罐体检查和随车工具及单证检查，包括捆扎系固设施、应急救援器材、个人防护用品等，确保无影响安全驾驶的隐患。具体可参见模块二单元六出车前安全检查中的相关要求。重点检查以下内容。

①车辆卫星定位装置和智能视频监控装置是否正常工作。

②车辆道路运输证的经营范围及备注栏信息是否与承运货物相符，车辆是否按期年审等。

③车辆安全技术状况是否良好，与行车安全密切相关的轮胎、制动系统等关键部位是否存在缺陷。

④罐式车辆罐体、可移动罐柜、罐式集装箱是否在检验合格有效期内，且承运危险货物是否在罐式车辆罐体适装介质列表内，或者属于移动式压力容器使用登记证上限定的介质，或者满足可移动罐柜导则、罐箱适用代码的要求。

⑤随车携带的应急救援器材、劳动防护用品是否正确配备，且可正常有效使用。

⑥驾驶人员、押运人员是否具备有从业资格证。随车携带的运输单据是否符合要求，且记载的驾驶人员和押运人员信息是否与实际相符。

⑦随车携带的货物捆扎系固装置是否齐全、有效等。

(二)运输过程中的安全操作

在危险货物道路运输过程中,驾驶人员和押运人员应严格遵守道路交通安全管理法律法规和安全操作规程,依法文明行驶,科学应对沿途行车事件,提高安全意识,预防事故发生。同时,检查电子运单是否为"已发车"状态。

(1)提高安全责任意识。

危险货物运输车辆发生事故极易造成严重后果。因此,驾驶人员和押运人员应时刻绷紧运输安全弦,切实履行好岗位职责。尤其是在行车中要加强安全责任意识,集中精力,守法驾驶,文明行车,监管好货物(图2-2-12)。

(2)规定路线和时间行驶。

在运输过程中,应当按照既定的路线和时间行车,不得随意改变。没有明确划定运输路线和时间的,驾驶人员要按道路标志标线行车,严禁进入未经批准的危险货物运输车辆禁行路段和区域。

图2-2-12 提高安全驾驶意识

同时,应当尽量避开人口稠密的居住区、学校、医院等区域以及交通拥堵路段和临水临崖等危险路段。对于剧毒化学品、烟花爆竹和民用爆炸物品运输,则按照公安机关指定的时间、路线、速度行驶,不得擅自改变行驶路线。

此外,部分危险货物易受温度影响,故在出车前应合理规划运输时间,尽量避开高温时间段或者采取必要的遮阳、降温措施,并做好罐体内的货物温度监控。当车内货物温度非正常升高时,应停车检查,并采取必要的遮阳、降温措施。同时,还应注意区域限行时间段要求,如部分地区高速公路0~6时禁止危险货物运输车辆通行。

(3)平稳安全驾驶。

行车途中,驾驶人员应集中注意力,严格控制车速,保持行车平稳,尽量避免急加速、急制动、急转弯,以防止车辆重心过度偏移,影响车辆制动、转向以及操纵稳定性能。遇有泥泞、冰冻、颠簸、狭窄及山崖等路段时,应低速缓慢行驶,防止车辆侧滑、打滑及危险货物剧烈振荡等。另外,平稳行车还可有效避免由于危险货物摩擦、振动、坍塌、坠落、撞击等引发的泄漏、起火、爆炸事故。

对于罐式车辆来说,由于罐内液体晃动、涌动等原因,在转弯、紧急制动时,极易出现由于罐体重心不稳导致翻车等事故发生,故罐式车辆行驶时,应严格控制转弯车速,尽量避免紧急制动。

(4)严禁超速驾驶、禁止违法超车。

按照"第五节 道路危险货物运输道路通行"中规定的速度行驶,严禁超速行驶。超车时,要注意与其他车辆保持安全距离,不得占用对向车道、骑轧分道线,也不得高速强行超车,避免引发剐蹭、倾翻、追尾等交通事故。

(5)安全文明会车。

会车时,不要加速抢行、占用对向车道、骑轧道路中心实线,以免因车辆横向间距过小,引发剐蹭事故。夜间会车时,驾驶人员要注意关闭远光灯,防止对向车辆驾驶人员因强光照射眩目,无法看清前方道路情况,发生交通事故。

(6)切忌疲劳驾驶。

睡眠不足或长时间连续行车后,易出现精力不集中、反应迟钝,严重时,还会出现下意识操作或短时间睡眠,极易引发交通事故。驾驶人员疲劳时,身体会出现倦怠无力,感知觉方面变得迟钝,反应时间显著增长,注意力涣散,注意广度变窄,注意的分配与转移困难,操作方面的主动性和准确性变差。

驾驶危险货物运输车辆时,驾驶人员一次连续驾驶4小时应休息20分钟以上,严禁疲劳驾驶。

(7)按照规定确保相关装置关闭。

行车过程中,移动式压力容器的任何操作阀门必须置于闭止状态;常压罐式车辆的关闭装置也必须置于关闭状态。

(8)严禁吸烟(包括电子香烟及其他类似产品)。

运输易燃易爆危险货物的车辆,车上人员严禁吸烟,车辆不得接近明火及高温场所。车上严禁搭乘无关人员和危及安全的其他物资。

(9)行车途中安全检查。

应不定时查看车辆、罐体和容器上的各种仪表,辨识车辆、罐体和容器是否出现异常状况。同时,随时通过后视镜观察货物的捆绑、覆盖情况。当出现以下情况时,应立即选择安全区域停车检查:

①仪表报警灯亮起时;

②操纵困难、车身跳动或颤抖、机件有异响或有异常气味、冷却液温度异常时;

③发动机动力突然下降时;

④转向盘的操纵变得沉重并偏向一侧时;

⑤制动不良时;

⑥车辆灯光出现故障时。

中途停车时,应逆时针绕车辆一周,按照《机动车驾驶员安全驾驶技能培训要求》(JT/T 915)的要求检查车辆仪表、轮胎、悬架系统、螺栓等重点安全部件是否齐全、技术状况是否正常,车辆有无油液泄漏,尾气颜色是否正常;检查货物捆绑、固定是否牢固,覆盖是否严实,货厢栏板锁止机构有无松动等;检查罐体的阀门和关闭装置是否关闭等,并如实填写行车日志。途中若发现包装破漏应及时联系托运人,并根据托运人的要求及时处理,防止漏出物损坏其他包装,酿成重大事故。

(10)异常情况处理。

运输过程中,若发生燃烧、爆炸、污染、中毒、被盗、丢失、流散、泄漏等情况,驾驶人员和押运人员应当立即根据应急预案、道路运输危险货物安全卡和模块二单元七事故现场初期处置以及模块一单元九危险货物运输事故应急处置的相关要求,采取必要的应急处置措施,并向事故发生地公安部门、交通运输主管部门和本企业或者单位报告。若有人员受伤应及时报告卫生健康部门,在安全可行的条件下抢救受伤人员,如无法控制事故,应撤离至安全地带,做好警戒并应看护好车辆、货物,等待救援。

(三)装卸过程中的安全操作

1.进入装卸作业区

(1)进入易燃易爆危险货物装卸作业现场时,禁止随身携带火种,关闭随身携带的手机等通信工具和电子设备,严禁吸烟,应穿着防静电的工作服和不带铁钉的工作鞋(图2-2-13)。装卸作业时,车辆附近和车内禁止吸烟和使用明火,包括电子香烟及其他类似产品。

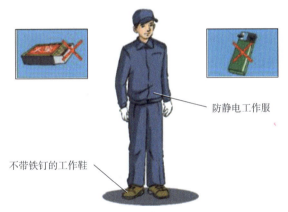

图2-2-13 进入装卸作业场所相关要求

(2)车辆应按照装卸作业有关安全规定驶入作业区,并将车辆停放在指定位置或者易驶离作业现场的方位上,不准堵塞安全通道。

(3)车辆停靠货垛(位)时,应听从装卸管理人员或者现场管理人员的指挥,按照指定的货台或者位置停车,车辆与货垛之间要留有安全距离;待装、待卸车辆与正在装卸货物的车辆应保持足够的安全距离。

(4)易燃易爆危险货物的装卸作业时,应检查车辆导静电橡胶拖地带是否拖地;排气管是否正确安装好排气火花熄灭器,是否处于开启状态,接地导线是否接好。

(5)发动机熄火,切断车辆总电源(需从车辆上取得动力的除外),实施驻车制动,并采取防止车辆发生滑动的有效措施。

2.装卸过程

(1)装货人应对装卸安全承担责任,驾驶人员和押运人员可以根据装卸场所的管理要求协助监督装卸过程，不得擅自装卸。

（2）按照装卸作业场所相关规定正确佩戴和使用劳动防护用品。

（3）装卸过程中需要移动车辆时，应先关上车厢门或栏板；若原地关不上时，应有人监护，在保证安全的前提下才能移动车辆；起步要慢，停车要稳。

（4）危险货物运达卸货地点后因故不能及时卸货，在待卸期间，驾驶人员应协同押运人员看管货物。

3. 货物交接

（1）进入装卸作业场所前，驾驶人员和押运人员应当配合装货人做好装卸货物前的查验工作，对照运单等单据，仔细核对货物名称、规格、数量，防止装卸错误，办理货物交接签证手续时要现场当面交接。

根据《危险货物道路运输安全管理办法》，装货人应在充装或者装载货物前查验以下事项；不符合要求的，不得充装或者装载：

①车辆是否具有有效行驶证和营运证；

②驾驶人员、押运人员是否具有有效资质证件；

③运输车辆、罐式车辆罐体、可移动罐柜、罐箱是否在检验合格有效期内；

④所充装或者装载的危险货物是否与危险货物运单载明的事项相一致；

⑤所充装的危险货物是否在罐式车辆罐体的适装介质列表范围内，或者满足可移动罐柜导则、罐箱适用代码的要求。

⑥充装或者装载剧毒化学品、民用爆炸物品、烟花爆竹、放射性物品或者危险废物时，还应当查验本办法第十五条规定的单证报告。

（2）装货人应当按照车辆核定载质量、罐体的最大运行充装系数或者每升容积的最大允许充装质量装载危险货物。装载完毕后应检查装载量，确认车辆不超限、不超载。罐式车辆的罐体载货后的总质量应与车辆核定载质量相匹配；牵引车的挂车载货后的总质量应与牵引车的准牵引总质量相匹配。

4. 装车后安全检查

（1）启运前，驾驶人员和押运人员应目视检查货物包装完好情况，若发现破损、撒漏，应要求装货人重新包装或者修理加固，否则应拒绝运输。已有水渍、雨淋痕迹的遇湿易燃物品应拒绝运输。不符合国家有关规定的危险货物有权拒绝运输。

（2）车辆起步前，驾驶人员和押运人员应对货物的堆码、遮盖、捆扎等安全措施以及对影响车辆起动的不安全因素进行检查，确认无不安全因素后，方可起步。同时，还应确认车辆关闭锁止，罐式车辆还应确认灌装软管拆除，阀门、封口和关闭装置按照要求关闭，确保无损坏、无渗漏。

（3）在高温季节、高温时段内，易燃易爆危险货物运输车辆还应检查降温设施是否正常工作。

（4）核查电子运单是否为"已装货"或者"已卸货"状态。

单元三 道路危险货物集装箱、罐体及车辆标记与标志牌

根据模块一单元六危险货物托运中的相关内容可知,道路危险货物集装箱、罐体及车辆标记及标志牌主要包括矩形标志牌、菱形标志牌、特殊标志牌和安全标示牌四类。其中,矩形标志牌、菱形标志牌、特殊标志牌的样式及含义参见模块一单元六危险货物托运部分。安全标示牌的样式参见《道路运输爆炸品和剧毒化学品车辆安全技术条件》(GB 20300)。

危险货物运输驾驶人员应掌握道路危险货物集装箱、罐体及车辆标记与标志牌的使用要求,正确装用标志牌,从而保障运输安全和环境安全。

一 标志牌使用基本要求

标志牌的使用需要遵循下列基本要求:

(1)装用的标志牌应与危险货物信息及危害性相对应。卸货后消除危害的危险货物运输车辆、集装箱、罐式集装箱或可移动罐柜可移除或覆盖原有标志牌,未消除危害的不应移除原有标志牌。

(2)装用方式包括粘贴、螺栓或铆钉固定、插槽、翻页等,应确保装用在车辆上的标志在运输过程中不会损坏或脱落。对于罐式车辆,允许选择在车辆恰当位置装用对应的菱形标志牌和特殊标志牌,或以反光材料在罐体上喷绘菱形标志牌和特殊标志牌。

(3)未按照要求安装、悬挂警示标志的法律责任。

根据《危险货物道路运输安全管理办法》,公安机关对危险货物运输车辆未按照要求安装、悬挂警示标志的,应当责令改正,并对承运人予以处罚:

①运输危险化学品的,处1万元以上5万元以下的罚款;

②运输民用爆炸物品的,处5万元以上20万元以下的罚款;

③运输烟花爆竹的,处200元以上2000元以下的罚款;

④运输放射性物品的,处2万元以上10万元以下的罚款。

二 菱形标志牌及使用要求

1.菱形标志牌的装用位置

(1)危险货物运输车辆的两个外侧壁和后端应装用菱形标志牌。

（2）装用的菱形标志牌样式应与JT/T 617.3中危险货物一览表的第(5)列"标志"中所列的数字对应。

例如，以甲基乙烯基甲酮，稳定的（UN 1251）为例，查找JT/T 617.3中危险货物一览表可知，该货物第(5)列中所列数字为"6.1+3+8"（表2-3-1），这表示运输"甲基乙烯基甲酮，稳定的（UN 1251）"的车辆，左右两侧和后端尾部共计3个端面，每个端面上均应悬挂三块菱形标志牌。菱形标志牌的样式分别为6.1项毒性物质、第3类易燃液体和第8类腐蚀性物质所对应的菱形标志牌，如图2-3-1所示。

甲基乙烯基甲酮一览表中第(5)列标志栏信息　　　表2-3-1

联合国编号	中文名称和描述	英文名称和描述	类别	分类代码	包装类别	标志	特殊规定
（1）	（2a）	（2b）	(3a)	(3b)	(4)	3)	(6)
1251	甲基乙烯基甲酮,稳定的	METHYL VINYL KETONE, STABILZED	6.1	TFC	1	6.1 +3 +8	354

图2-3-1　甲基乙烯基甲酮运输车辆每个侧面应悬挂、粘贴的菱形标志牌样式

此外，对于爆炸性为次要危险性的货物而言，如B型自反应液体（UN 3221）等（表2-3-2），该货物在JT/T 617.3中危险货物一览表的第(5)列所列数字为"4.1+1"，表示该货物运输车辆需要悬挂或者粘贴4.1项和第1类所对应的菱形标志牌。需要注意的是，当爆炸性作为次要危险性时，爆炸品菱形标志牌中"**"和"*"均留空白，如图2-3-2所示。

爆炸性作为次要危险性的货物示例　　　表2-3-2

序号	联合国编号	中文名称和描述	英效名称和描述	类别	分类代码	包装类别	标志
	（1）	（2a）	（2b）	(3a)	(3b)	(4)	(5)
1	3221	B型自反应液体	SELF-REACTIVE LI QUID TYPE B	4.1	SR1		4.1+1
2	3222	B型自反应固体	SELF-REACTIVE SO LID TYPE B	4.1	SR1		4.1+1

模块二 道路危险货物运输驾驶人员专业知识

图 2-3-2 爆炸性作为次要危险性时的菱形标志牌样式

（3）当车辆使用集装箱、罐式集装箱或可移动罐柜装运危险货物时，应在集装箱、罐式集装箱或可移动罐柜的前后两端和两侧壁分别装用菱形标志牌。

该条要求是指使用集装箱、罐式集装箱或可移动罐柜等可以从车辆上卸载下来的容器时，需要在集装箱、罐式集装箱、可移动罐柜的四个端面（包括前、后、左、右四个端面）均装用菱形标志牌，如图 2-3-3 所示。

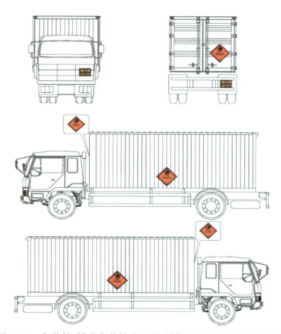

图 2-3-3 集装箱、罐式集装箱或可移动罐柜四个面装用菱形标志牌

（4）容积不超过 3 m³ 的罐体以及内容积小于 3m³ 的集装箱，或从车辆外部无法看清装用在集装箱、罐式集装箱或可移动罐柜的菱形标志牌时，应在车辆两外侧壁和后端装用对应的菱形标志牌。

2.菱形标志牌的装用要求

（1）混装车辆菱形标志牌要求。对于一次装运多种危险货物的车辆、集装箱、罐式集装箱或可移动罐柜，应在车辆的两个侧壁和尾部（集装箱、罐式集装箱和可移动罐柜的两侧和前后端）装用所有所运危险货物对应的菱形标志牌，菱形标志牌位置应紧邻。当某种危险货物的次要危险性已由其他菱形标志牌所标明、两种或多种危险货物对应的菱形标志牌相同时，则不需重复装用菱形标志牌。

(2)使用多隔舱罐式车辆运输两种及以上危险货物(爆炸性物质和物品除外)时，应分别在每个隔舱对应的车辆两外侧壁装用对应的菱形标志牌。两外侧壁装用的菱形标志牌应同时装用在车辆后端。当两外侧壁的菱形标志牌样式重复时，仅需在车辆后端装用一个对应的菱形标志牌。当同一隔舱装用多个菱形标志牌时，位置应紧邻，如图2-3-4所示。

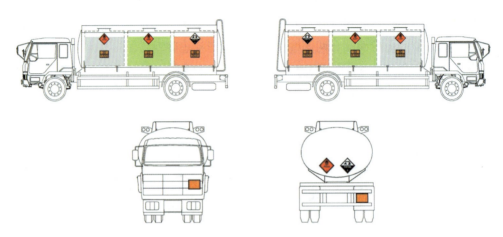

图2-3-4　多隔舱罐式车辆各隔舱菱形标志牌的使用方式

(3)使用多隔舱罐式集装箱或可移动罐柜运输两种及以上危险货物(爆炸品除外)时，应分别在每个隔舱两侧壁装用对应的菱形标志牌。两侧壁装用的菱形标志牌应同时装用在罐式集装箱或可移动罐柜的前端和后端。

当两侧壁的菱形标志牌样式重复时，仅需在前端和后端分别装用一个对应的菱形标志牌。当同一隔舱装用多个菱形标志牌时，位置应紧邻，如图2-3-5所示。

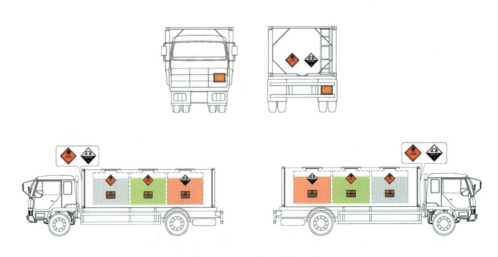

图2-3-5　多隔舱罐式车辆各隔舱菱形标志牌的使用方式

(4)装运第1类爆炸品的车辆或集装箱,菱形标志牌装用应满足以下要求:

①当装运同一项别但不同配装组的爆炸品时,其菱形标志牌上不需注明配装组。

例如,若车厢或者集装箱内装运的是1.1D和1.1F,则菱形标志牌中只需注明是1.1项,不需要注明配装组。

②当装运不同项别的爆炸品时,只需装用危险性最高项别对应的菱形标志牌。爆炸品的危险性由高到低顺序为:1.1项、1.5项、1.2项、1.3项、1.6项、1.4项。

例如,若车厢或者集装箱内装运的是1.2B、1.4B时,菱形标志牌选择1.2项的。

③当同时装运1.2项和配装组1.5D的爆炸品时,应装用1.1项所对应的菱形标志牌。

④装运1.4项、配装组代码S的爆炸品时,可以不装用菱形标志牌。

3.国际道路运输和多式联运时菱形标志牌的要求

(1)菱形标志牌中的中文标识(如爆炸品、非易燃气体等中文描述)是可选项,仅当执行国际道路运输任务时,允许采用无中文标识的菱形标志牌。

(2)若运输危险货物的集装箱、可移动罐柜和罐式集装箱上装用的菱形标志牌已符合《国际海运危险货物规则》或《危险品航空安全运输技术细则》相关要求,则在国内道路运输环节中,视同符合《道路运输危险货物车辆标志》(GB 13392)的要求。

三 矩形标志牌及安全告示牌使用要求

1.矩形标志牌的装用位置

(1)矩形标志牌应安装在危险货物运输车辆的前端和后端,如图2-3-6所示。

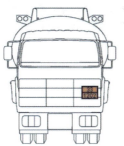

图2-3-6 矩形标志牌在车辆前后端悬挂样式

牵引车与挂车的矩形标志牌尺寸需保持一致。如果运输危险货物的挂车在运输期间与牵引车分离，矩形标志牌仍应装用在挂车后端。

（2）当车辆使用集装箱、罐式集装箱或可移动罐柜装运危险货物时，除了车辆前端和后端需要装用矩形标志牌外，集装箱、罐式集装箱、可移动罐柜的两个侧壁也应装用对应的矩形标志牌，如图2-3-7所示。

图2-3-7　集装箱、罐式集装箱或可移动罐柜两侧加装矩形标志牌

（3）若装运多种危险货物时，车辆前端和后端只需装用空白矩形标志牌（即无联合国编号、危险性识别号和分隔线），如图2-3-8所示。

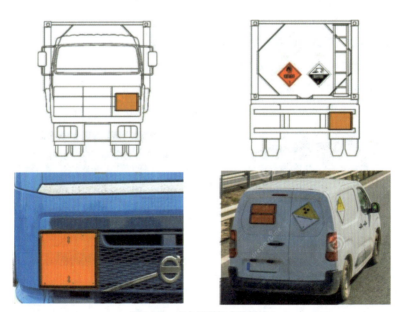

图2-3-8　空白矩形标志牌样式

（4）若使用多隔舱罐式车辆装运多种危险货物，应在罐车两外侧壁各隔舱相应位置分别装用对应的矩形标志牌。车辆前后端装用空白矩形标志牌，如图2-3-9所示。

（5）当罐式车辆装运联合国编号为UN 1202、UN 1203、UN 1223的危险货物，或联合国编号为UN 1268、UN 1863的航空燃料时（表2-3-3），矩形标志牌应显示主要危险性物质（具有最低闪点的物质）对应的危险性识别号和联合国编号。

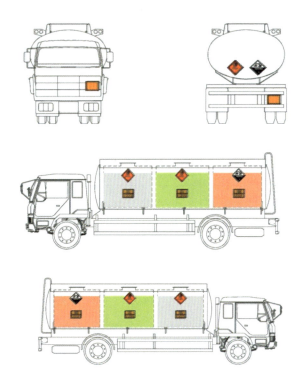

图 2-3-9　多隔舱罐式车辆两侧矩形标志牌悬挂样式

UN 1202、UN 1203等货物对应的运输名称　　　　　表 2-3-3

序号	联合国编号	运输名称
1	1202	瓦斯油、柴油或者燃料油,轻的
2	1203	车用汽油或汽油
3	1223	煤油
4	1268	石油溜出物,未另作规定的或石油产品,未另作规定的
5	1863	航空燃料,涡轮发动机用

2.矩形标志牌的使用例子

例如,某公司分别运输压缩氢气和氰化氢。现在需要给运输车辆悬挂矩形标志牌。

第一步:确认拟运输的压缩氢气和氰化氢的联合国编号。通过查询托运人提交的托运清单、JT/T 617.3中危险货物一览表等资料可知,"压缩氢气"的联合国编号为 UN 1049;"氰化氢,稳定的"的联合国编号为 UN 1051。

第二步:查询 JT/T 617.3中危险货物一览表中相关信息。找到 UN 1049 和 UN 1051 两个编号所对应的行。

第三步:查看联合国编号所对应行的第(20)列。第(20)列显示,UN 1049 的危险性识别号为"23",UN 1051 的危险性识别号为"空白",见表 2-3-4。

矩形标志牌使用方法示例　　　　　　　　　　　　　　　表2-3-4

联合国编号	中文名称和描述	英文名称和描述	类别	分类代码	包装类别	标志	特殊规定	……	运输类别（隧道通行限制代码）	运输特殊规定				危险性识别号
										包件	散装	装卸	操作	
(1)	(2a)	(2b)	(3a)	(3b)	(4)	(5)	(6)	……	(15)	(16)	(17)	(18)	(19)	(20)
1049	氢气，压缩的	HYDROGEN, COMPRESSED	2	1F		2.1	660 662		2 (B/D)			CV9 CV10 CV36	S2 S20	23
1050	氯化氢，无水的	HYDROGEN CHLORIDE, ANHYDROUS	2	2TC		2.3 +8		……	1 (C/D)			CV9 CV10 CV36	S14	268
1051	氰化氢，稳定的，含水少于3%	HYDROGEN CYANIDE, STABILIZED containing less than 3% water	6.1	TF1	I	6.1 +3	603	……	0(D)			CV1 CV13 CV28	S2S9 S10 S14	

第四步：将联合国编号及其对应的危险性识别号放置在矩形标志牌中。需要注意的是，如果查询到某个危险货物在JT/T 617.3中危险货物一览表的第(20)列"危险性识别号"中的信息为"空白"的话，其矩形标志牌中"危险性识别号"处也为空白，只需要显示该货物的联合国编号即可；应注意，第一类爆炸品的危险性识别号为"分类代码"，即查JT/T 617.3中危险货物一览表的第(3b)列，为爆炸品的"危险性识别号"，如图2-3-10所示。

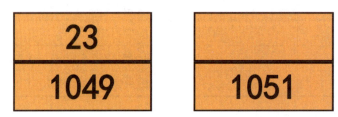

图2-3-10　UN 1049和UN 1051两个货物的矩形标志牌样式

3.安全标示牌的使用要求

根据《道路运输爆炸品和剧毒化学品车辆安全技术条件》(GB 20300)，运输爆炸品和剧毒化学品的罐式车辆和厢式车辆应该在车辆后部和两侧各设置安全标示牌。安全标示牌为白底黑字，字迹应清晰完整。

根据车辆结构或用途，选择螺栓固定、铆钉固定、黏合剂粘贴固定等方式安装固定标示牌。安全标示牌分为横版和竖版两种样式，罐式车辆和厢式车辆的安全标示牌样式分别如图2-3-11、图2-3-12和图2-3-13所示。

模块二 道路危险货物运输驾驶人员专业知识

品名		种类	
罐体容积		装载质量	
施救方法			
联系电话			

a) 罐式车辆（横版）

品名		种类	
厢体容积		装载质量	
施救方法			
联系电话			

b) 厢式车辆（横版）

图 2-3-11　爆炸品和剧毒化学品运输车辆安全标示牌（横版）

品名	
种类	
装载质量	
罐体容积	
施救方法	
联系电话	

a) 罐式车辆（竖版）

品名	
种类	
装载质量	
厢体容积	
施救方法	
联系电话	

b) 厢式车辆（竖版）

图 2-3-12　爆炸品和剧毒化学品运输车辆安全标示牌（竖版）

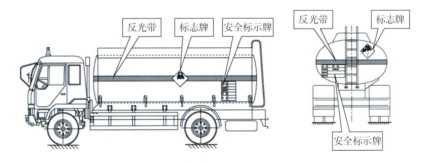

图 2-3-13　罐式车辆两侧和后部安全标示牌悬挂示意图

四 高温物质和危害环境物质标记要求

特殊标志牌装用要求应符合下列要求：

（1）当装运的危险货物属于危害环境物质时，车辆、集装箱、罐式集装箱或可移动罐柜应装用危害环境物质标记。装用要求与菱形标志牌的要求相同，如图 2-3-14 所示。

"危害环境物质"是指污染水生环境的液态或固态物质或这类物质的溶液和混合物，以及基因改变的微生物和生物。主要包括：UN 3077（对环境有害的物质，固体的，未另作规定的）、UN 3082（对环境有害的物质，液体的，未另作规定的）、UN 3245（基因改变的微生物或基因改变的生物）。

图2-3-14　危害环境物质特殊标志牌安装样式

（2）当装运的液态物质温度大于或等于100℃，或固态物质温度大于或等于240℃时，车辆、集装箱、罐式集装箱或可移动罐柜应装用高温物质标记（图2-3-15）。装用要求与菱形标志牌的要求相同。高温物质主要包括：

①UN 3257[加热液体，未另作规定的，温度高于或等于100℃并低于其闪点（包括熔融金属、熔融盐类等），在温度高于190℃时充装]；

②UN 3257[加热液体，未另作规定的，温度高于或等于100℃并低于其闪点（包括熔融金属、熔融盐类等），在温度低于或等于190℃时充装]；

③UN 3258（加热固体，未另作规定的，温度高于或等于240℃）。

图2-3-15　高温物质特殊标志牌安装样式

单元四　运输单证

道路危险货物运输单证，是指记载、转达有关货物危险性基本信息的单证。危险货物道路运输随车携带的单证主要包括危险货物道路运输运单、道路运输危险货物安全卡、驾驶证、行驶证、从业资格证、凭证运输文件、罐检报告合格证书等。这些单证的有效性是运输安全的重要保障。

当然,随着信息化的发展,很多证件目前可以通过电子手段获取,如电子运单、电子道路运输证、电子从业资格证、电子驾驶证等。若使用电子化单证应确保在运输过程中仍可被查看。

一 危险货物运单使用要求

1. 运单使用要求

根据《危险货物道路运输安全管理办法》,危险货物承运人应当制作危险货物运单,并交由驾驶人员随车携带。危险货物运单应当妥善保存,保存期限不得少于12个月。危险货物承运人未按照规定制作危险货物运单或者保存期限不符合要求的,由交通运输主管部门责令改正,处2000元以上5000元以下的罚款。

全面规范填写和使用危险货物运单是确保危险货物运输安全的重要环节。完整的危险货物运单涉及托运人、承运人、装货人、车辆信息、罐体信息、驾驶人员和押运人员信息、货物的联合国编号、运输名称、类别及项别、包装类别、包装规格的关键信息。运单的样式可参见模块一单元八危险货物运输中的相关内容。

本部分重点介绍运单的使用要求,主要包括:

(1)运单由企业派发。企业派发有效电子运单后,车辆方可上路行驶,驾驶人员应按要求随车携带运单。

(2)运单状态应及时更新。运单状态包括"已派单""已发车""已装货""已卸货""已完成""作废"等。其中,运单生成后,初始状态为"已派单";驾驶人员和押运人员发车去装货,运单状态变更为"已发车";货物全部装载完成后,运单状态变更为"已装货";货物全部卸载后,运单变更为"已卸货";车辆回场后或开始新的运输任务时,运单状态变更为"已完成"。当车辆、人员、货物信息发生变化时,需重新填报运单时,本单需变更为"作废"状态。驾驶人员和押运人员应根据当前运输节点及时变更运单状态,上一单运单状态未变更为"已完成"前,新的运单状态只能为"已派单"。

当存在下列情况时,不能派发运单(不能生成二维码):

①卫星定位系统不在线;

②货物超出企业经营范围;

③车辆证件不符、超期或者超出适装介质列表;

④人员证件不符、超期;

⑤未按照规定检查车辆技术状况。

(3)城市配送。城市配送是指危险货物运输车辆在同一个地级市范围内,在一个(或以上)地点完成装货,一个(或以上)地点多次卸货的一趟次运输任务。对于一个趟次多点装卸的城市配送车辆,每趟次可只填写一个电子运单,需要体现中间装卸信息的,可填写在电子运单拓展信息中。

(4)多点装卸。对于同一个趟次危险货物运输涉及多个托运人(装货人)或收货人,且需要体现中间装卸信息的,第一个托运人和装货人、最后一个收货人填写在运单中,且运单中的危险货物数量为货物总量,其余装卸信息填写在运单拓展信息中。

当涉及多个托运人且需要填写运单附页时,运单首页填写第一个托运人和装货人,附页中填写其他托运人信息。当涉及多个收货人且需要填写运单附页时,运单首页填写最后一个收货人,附页中填写其他收货人信息。当涉及多个托运人和收货人且需要填写运单附页时,运单首页填写第一个托运人和装货人、最后一个收货人,附页中填写其他收货人信息。

(5)运输普货。对于危险货物运输专用车辆载运普通货物的,企业应填写行车日志并注明"运输普货"。

(6)空车运行。对于车辆空车行驶开展检验清洗、维修等非运输任务的,企业应填写行车日志并注明"空车运行"。

(7)对于"有运输、无运单""车先行、后填单"以及超范围运输等行为,驾驶人员和押运人员应格外注意。

2."未按照规定制作危险货物运单"的判定标准

以下典型情况,属于"未按照规定制作危险货物运单"。

(1)运输危险货物,未制作及派发运单;

(2)运单二维码无效(除系统异常情况外);

(3)运单中运输企业、车辆、罐体、驾驶人员及押运人员信息与实际情况不符,驾驶人员和押运人员均有双证交替驾驶情形除外;

(4)运单中"货物信息"栏的联合国编号、正式运输名称、类别及项别、包装类别与JT/T 617.3不一致。

对于上述"未按照规定制作危险货物运单"的情形,驾驶人员应格外注意,存在行政处罚风险。

二 道路运输危险货物安全卡使用要求

《危险货物道路运输安全管理办法》规定,危险货物运输车辆应当随车携带道路运输危险货物安全卡,以确保在运输过程中发生意外时,能够及时采取正确的应急措施,保障人员和财产的安全。未按照规定随车携带危险货物运单、安全卡的,交通运输主管部门可以对相关责任人处以1000元以上3000元以下的罚款。

道路运输危险货物安全卡由四个部分内容组成。

第一部分规定事故发生后,车组人员需要采取的基本应急救援措施;

第二部分规定不同类别、项别危险货物发生危险事故时可能造成的后果,以及车组人员应采取的防护措施;

第三部分规定危害环境物质和高温物质发生事故时可能造成的后果,以及车组人员应采取的防护措施;

第四部分规定运输过程中,应随车携带的基本安全应急设备。

四个部分内容形成一个完整整体,缺一不可。道路运输危险货物安全卡的内容及样式见JT/T 617.5,具体样式可通过扫描封面二维码查看。

三 其他运输单证使用要求

根据《危险货物道路运输安全管理办法》,托运人托运剧毒化学品、民用爆炸物品、烟花爆竹或者放射性物品的,应当向承运人相应提供公安机关核发的剧毒化学品公路运输通行证、民用爆炸物品运输许可证、烟花爆竹道路运输许可证、放射性物品道路运输许可证明或者文件等。

根据《危险货物道路运输安全管理办法》,运输剧毒化学品、民用爆炸物品、烟花爆竹或者放射性物品未随车携带相应单证报告的,由公安机关对危险货物承运人责令改正,并予以处罚:

(1)运输剧毒化学品未随车携带剧毒化学品公路运输通行证的,处500元以上1000元以下的罚款;

(2)运输民用爆炸物品未随车携带民用爆炸物品运输许可证的,处5万元以上20万元以下的罚款;

(3)运输烟花爆竹未随车携带烟花爆竹道路运输许可证的,处200元以上2000元以下的罚款;

(4)运输放射性物品未随车携带放射性物品道路运输许可证明或者文件的,有违法所得的,处违法所得3倍以下且不超过3万元的罚款;没有违法所得的,处1万元以下的罚款。

根据《危险货物道路运输安全管理办法》,托运人托运危险废物(包括医疗废物,下同)的,应当向承运人提供生态环境主管部门发放的电子或者纸质形式的危险废物转移联单。根据《危险废物转移管理办法》,转移危险废物的,应当执行危险废物转移联单制度,法律法规另有规定的除外。危险废物转移联单的样式可通过扫描封面二维码查看。

根据《易制毒化学品管理条例》,货主应向相应的公安机关申请易制毒化学品运输许可证,并交与承运人随车携带。其中,跨设区的市级行政区域(直辖市为跨市界)或者在国务院公安部门确定的禁毒形势严峻的重点地区跨县级行政区域运输第一类易制毒化学品的,由运出地的设区的市级人民政府公安机关审批;运输第二类易制毒化学品的,由运出地的县级人民政府公安机关审批。运输第三类易制毒化学品的,应当在运输前向运出地的县级人民政府公安机关备案。

易制毒化学品运输许可证应当载明拟运输的易制毒化学品的品种、数量、运入地、货主及收货人、承运人情况以及运输许可证种类。

除上述凭证运输文件外，危险货物道路运输时还应随车携带下列单证和文件。

（1）机动车行驶证：使用性质为"危化品运输"，在行驶证签注的有效期和强制报废期内；

（2）道路运输证：不是失效、伪造、变造、被注销等无效证件，且经营范围及备注栏中的信息应与承运危险货物相匹配；

（3）常压罐式车辆罐体检验报告或者检验合格证书：在有效期内，且适装介质列表中介质与承运危险货物相符；

（4）移动式压力容器使用登记证：在检验有效期内，且登记证中的介质与承运危险货物相符；

（5）从业资格证：有效且与承运危险货物相符；

（6）驾驶证：准驾车型与车辆类型相符；

（7）化学品安全技术说明书或者托运清单；

（8）涉及有限数量或者例外数量豁免运输时，还需随车携带《有限数量危险货物包装使用声明》或《例外数量危险货物包件使用声明》；

（9）其他必要的单证及文件，如化学品安全技术说明书、危险货物运输条件鉴定书、托运清单等。

单元五 道路通行

危险货物运输车辆上路行驶，应当遵守道路交通安全法律、法规及危险货物运输相关规定，按照操作规程安全驾驶、文明驾驶，减少道路交通事故的发生，保护环境和人民群众的生命财产安全，确保道路交通安全、有序、畅通。

一 危险货物运输车辆道路通行的基本要求

1. 车辆要求

根据《道路运输车辆技术管理规定》《道路危险货物运输管理规定》和《危险货物道路运输安全管理办法》等文件要求，从事危险货物道路运输经营的专用车辆（含罐式车辆）应符合下列技术要求：

（1）车辆的外廓尺寸、轴荷和最大允许总质量应符合《汽车、挂车及汽车列车外廓尺寸、轴荷及质量限值》（GB 1589）的要求。

（2）车辆的技术性能应符合《机动车安全技术检验项目和方法》（GB 38900）以及依法制定的保障营运车辆安全生产的国家标准或者行业标准的要求。

(3)车辆必须按照规定的周期进行检验检测和技术等级评定(周期为每12个月进行1次检验检测和技术等级评定),并检验合格且在有效期内。

(4)车辆必须按期年审,车辆(挂车除外)的技术等级达到一级。

(5)车辆的燃料消耗量限值应符合依法制定的关于营运车辆燃料消耗限值标准的要求。

(6)运输爆炸品、强腐蚀性危险货物的罐式专用车辆的罐体容积不得超过20m^3,运输剧毒化学品的罐式专用车辆的罐体容积不得超过10m^3,但符合国家有关标准的罐式集装箱除外。运输剧毒化学品、爆炸品、强腐蚀性危险货物的非罐式专用车辆,核定载质量不得超过10t,但符合国家有关标准的集装箱运输专用车辆除外。

(7)罐式专用车辆罐体应当经检验合格,且罐体载货后总质量与专用车辆核定载质量相匹配。使用牵引车运输货物时,挂车载货后的总质量应与挂车的核定载质量,以及牵引车的准牵引总质量相匹配,不得超过牵引车的准牵引总质量。

(8)报废的、擅自改装的、检测不合格的、车辆技术等级达不到一级的和其他不符合国家规定的车辆,禁止从事道路危险货物运输。

(9)货车列车不得从事危险货物运输(除铰接列车、具有特殊装置的大型物件运输专用车辆外)。

(10)移动罐体(罐式集装箱除外)不得从事危险货物运输。

(11)倾卸式车辆只能运输散装硫黄、萘饼、粗蒽、煤焦沥青等危险货物,不得运输其他类型危险货物。

(12)车辆使用性质应为"危化品运输",且在强制报废期限内。

车辆安全技术条件符合国家标准要求且与承运危险货物性质、重量是否相匹配。具体要求可参见模块二单元二中"三、罐式运输驾驶要求"。

2.速度要求

危险货物运输车辆上路行驶,驾驶人员应根据道路条件、环境、天气条件、车辆技术性能、车辆装载质量等,合理控制行驶速度。通常情况下,危险货物运输车辆在高速公路上行驶速度不得超过每小时80km,在其他道路上行驶速度不得超过每小时60km。道路限速标志、标线标明的速度低于上述规定速度的,车辆行驶速度不得高于限速标志、标线标明的速度。

(1)危险货物运输车辆行驶中遇有下列情形之一的,最高行驶速度不得超过30km/h:

①进出非机动车道,通过铁路道口、急弯路、窄路、窄桥时;

②掉头、转弯、下陡坡时;

③遇雾、雨、雪、沙尘、冰雹,能见度在50m以内时;

④在冰雪、泥泞的道路上行驶时;

⑤牵引发生故障的机动车时。

(2)危险货物运输车辆在高速公路上行驶,遇有雾、雨、雪、沙尘、冰雹等低能见度气象条件时,应当遵守下列规定:

①若能见度小于200m时，车速不得超过60km/h，与同车道前车保持100m以上的距离；
②能见度小于100m时，车速不得超过40km/h，与同车道前车保持50m以上的距离；
③能见度小于50m时，车速不得超过20km/h，并从最近的出口尽快驶离高速公路。

（3）部分危险货物自身会对撞击、摩擦较敏感，如自反应物质、有机过氧化物、爆炸品等，故装载这些危险货物的车辆行车途中应严格控制车速，尽量避免急加速、紧急制动、急转弯，确保行车平稳。车辆转弯前应减速，避免猛打方向盘。行驶在条件差的路段，应密切注意路面情况，缓慢通行，以防造成货物摩擦、振动、坍塌、坠落、撞击、摩擦引发爆炸事故。

（4）盛装乙炔、液化石油气、液化气体的气瓶应直立运输，但气瓶集束装置设计为卧式运输的除外。大型气瓶车辆行车途中，应尽量避免紧急制动，防止气瓶因惯性作用而造成事故。

3. 典型路况通行要求

（1）危险货物运输车辆通过桥梁、高架道路、架空匝道等路段时，应确保车辆总质量、轴荷符合桥梁承载规定；通过漫水桥和简易桥时，应停车观察，确认安全后，在引导下低速通过；通过有冰雪、泥泞的桥梁时，应对桥面情况应进行勘查，在保证安全的情况下缓慢通过。

（2）通过下坡路段时，装有缓速器的车辆应开启缓速器等辅助制动装置；下坡路段转弯前，提前减速，避免进入弯道时紧急制动。通过上坡路段时，应根据坡度、坡长、荷载情况，选择慢速车道或者爬坡车道行驶，提前将变速器操纵杆置于低速挡位，动力不足时及时降挡。同时，还应注意观察水温表，当冷却液温度超过报警线时，选择安全区域停车降温。当频繁使用行车制动器时，注意检查制动效能；当出行制动效能衰退时，应选择阴凉、安全区域停车，采取自然降温方式降低行车制动器温度，宜关闭发动机，使其处于停止状态。

（3）在高温天气下行驶，应注意观察水温表，当冷却液温度超过报警线时，应及时选择阴凉、安全区域怠速降温。中途停车休息时，应检查轮胎压力、温度，发现胎温、胎压过高时，选择阴凉、安全区域停车降温，不可采取放气或者泼冷水方式降温、降压，宜关闭发动机，使其处于停止状态。

（4）车辆行经渡口，应当服从渡口管理人员指挥，按照指定地点依次待渡。上下渡船时，应当低速慢行。

（5）车辆通过铁路道口时，应当按照交通信号或者管理人员的指挥通行；没有交通信号或者管理人员的，应当减速或者停车，在确认安全后通过。

4. 安全距离的要求

危险货物运输车辆在道路上行驶时，与前车的纵向安全距离宜大于车辆4秒内驶过的距离，不同速度下对应的纵向安全距离见表2-5-1。

不同速度下对应的纵向安全距离　　　　　　表2-5-1

车速（km/h）	40	60	80
纵向安全距离（m）	50	67	89

遇到下列情况时,纵向距离应在上述距离的基础上每项增加1秒内驶过的距离,并逐项累加:

(1)在高速公路、城市快速路上行驶时;

(2)在夜间、恶劣气象和不良道路条件下行驶时;

(3)牵引杆挂车时;

(4)汽车列车长度超过18m时。

此外,根据JT/T 617.7,运输第1类爆炸性物质和物品的车辆之间,以及与其他车辆之间应保持至少50m的距离,以确保在紧急情况下不会发生碰撞。

除了上述提到的纵向安全距离外,车辆行驶过程中,也需要考虑横向安全距离。横向安全距离宜按照以下要求与左右两侧车辆、行人保持横向安全距离:

(1)车辆、行人与行车方向相反时大于1m;

(2)车辆、行人与行车方向相同时大于1.5m;

(3)遇雨雪雾等恶劣气象和弯道等不良道路条件时,应加大横向安全距离;

(4)转弯时,应加大横向安全距离,避免因内轮差产生的危险。

5.限高限宽要求

(1)车辆通过涵洞、窄桥等限宽地点时,应提前观察道路限宽标志,确认安全后通过。

(2)车辆通过桥梁、隧道、涵洞、立交桥等限高地点时,应提前观察道路限高标志,确认安全后通过。

(3)危险货物运输车辆装载长度、宽度不得超出车厢,并应当遵守下列规定:

①车货总高度从地面算起不超过4m;

②车货总宽度不超过2.55m;

③车货总长度不超过18.1m。

6.装载量要求

(1)应按照车辆的核定载质量装载危险货物,不得超载。使用罐式专用车辆运输危险货物时,罐体载货后的总质量应当和专用车辆核定载质量相匹配;使用牵引车运输货物时,挂车载货后的总质量应当与牵引车的准牵引总质量相匹配。

(2)危险货物运输车辆上,除驾驶人员和押运人员外,不许载人。

二 危险货物运输车辆道路通行限制规定

根据《中华人民共和国道路交通安全法》,机动车载运爆炸物品、易燃易爆化学物品以及剧毒、放射性等危险物品,应当经公安机关批准后,按指定的时间、路线、速度行驶,悬挂警示标志并采取必要的安全措施。未经公安机关批准,不得进入危险化学品运输车辆限制通行或禁止通行的区域。确需进入禁止通行区域的,应当事先向当地公安机关报告,由其指定行车时间和路线。危险化学品运输车辆限制通行的区域,由县级人民政府公安机关划定,并设置明显的标志(图2-5-1)。

1. 限制通行规定

根据《危险货物道路运输安全管理办法》,有下列情形之一的,公安机关可以依法采取措施,限制危险货物运输车辆通行:

(1)城市(含县城)重点地区、重点单位、人流密集场所、居民生活区;

(2)饮用水水源保护区、重点景区、自然保护区;

(3)特大桥梁、特长隧道、隧道群、桥隧相连路段及水下公路隧道;

图2-5-1　禁止危险物品运输车辆驶入标志

(4)坡长坡陡、临水临崖等通行条件差的山区公路;

(5)法律、行政法规规定的其他可以限制通行的情形。

除法律、行政法规另有规定外,公安机关综合考虑相关因素,确需对通过高速公路运输危险化学品依法采取限制通行措施的,限制通行时段应当在0时至6时之间。公安机关采取限制危险货物运输车辆通行措施的,应当提前向社会公布,并会同交通运输主管部门确定合理的绕行路线,设置明显的绕行提示标志。

此外,依据《突发气象灾害预警信号发布试行办法》,当发布台风橙色、红色预警,暴雨、暴雪、冰雹、大雾、沙尘暴、大风、道路结冰红色预警时,建议居民勿随意外出,采取停业停课或者封闭高速公路、关闭道路交通等措施。根据该条款要求,当政府部门明确发出停运指令,或者遇重大活动、重要节假日、交通事故、突发事件等,公安机关需采取临时交通管制,限制危险货物运输车辆通行时,应遵守相关停运或者限制通行要求。

2. 相关处罚规定

公安机关对有关企业、单位或者个人未经许可擅自通过道路运输危险货物的,应当责令停止非法运输活动,并予以处罚:

(1)擅自运输剧毒化学品的,处5万元以上10万元以下的罚款;

(2)擅自运输民用爆炸物品的,处5万元以上20万元以下的罚款,并没收非法运输的民用爆炸物品及违法所得;

(3)擅自运输烟花爆竹的,处1万元以上5万元以下的罚款,并没收非法运输的物品及违法所得;

(4)擅自运输放射性物品的,处2万元以上10万元以下的罚款。

公安机关对危险货物承运人有下列行为之一的,应当责令改正,处5万元以上10万元以下的罚款;构成违反治安管理行为的,依法给予治安管理处罚:

(1)使用安全技术条件不符合国家标准要求的车辆运输危险化学品的;

(2)超过车辆核定载质量运输危险化学品的。

公安机关对危险货物承运人通过道路运输危险化学品不配备押运人员的,应当责令改正,处1万元以上5万元以下的罚款;构成违反治安管理行为的,依法给予治安管理处罚。

公安机关对危险货物运输车辆未按照要求安装、悬挂警示标志的,应当责令改正,并对承运人予以处罚:

(1)运输危险化学品的,处1万元以上5万元以下的罚款;

(2)运输民用爆炸物品的,处5万元以上20万元以下的罚款;

(3)运输烟花爆竹的,处200元以上2000元以下的罚款;

(4)运输放射性物品的,处2万元以上10万元以下的罚款。

公安机关对危险货物承运人运输剧毒化学品、民用爆炸物品、烟花爆竹或者放射性物品未随车携带相应单证报告的,应当责令改正,并予以处罚:

(1)运输剧毒化学品未随车携带剧毒化学品公路运输通行证的,处500元以上1000元以下的罚款;

(2)运输民用爆炸物品未随车携带民用爆炸物品运输许可证的,处5万元以上20万元以下的罚款;

(3)运输烟花爆竹未随车携带烟花爆竹道路运输许可证的,处200元以上2000元以下的罚款;

(4)运输放射性物品未随车携带放射性物品道路运输许可证明或者文件的,有违法所得的,处违法所得3倍以下且不超过3万元的罚款;没有违法所得的,处1万元以下的罚款。

公安机关对危险货物运输车辆未依照批准路线等行驶的,应当责令改正,并对承运人予以处罚:

(1)运输剧毒化学品的,处1000元以上1万元以下的罚款;

(2)运输民用爆炸物品的,处5万元以上20万元以下的罚款;

(3)运输烟花爆竹的,处200元以上2000元以下的罚款;

(4)运输放射性物品的,处2万元以上10万元以下的罚款。

危险化学品道路运输企业的驾驶人员未取得从业资格证上岗作业的,由交通运输主管部门责令改正,处5万元以上10万元以下的罚款。

交通运输主管部门对危险货物承运人使用未经检验合格或者超出检验有效期的罐式车辆罐体、可移动罐柜、罐箱从事危险货物运输的,应当责令限期改正,可以处5万元以下的罚款;逾期未改正的,处5万元以上20万元以下的罚款,对其直接负责的主管人员和其他直接责任人员处1万元以上2万元以下的罚款;情节严重的,责令停产停业整顿。

交通运输主管部门对危险货物运输车辆驾驶人员具有下列情形之一的,应当责令改正,处1000元以上3000元以下的罚款:

(1)未按照规定随车携带危险货物运单、道路运输危险货物安全卡的;

(2)罐式车辆罐体、可移动罐柜、罐箱的关闭装置在运输过程中未处于关闭状态的。

交通运输主管部门对危险货物承运人有下列情形之一的,应当责令改正,处2000元以上5000元以下的罚款：

（1）未在罐式车辆罐体的适装介质列表范围内或者移动式压力容器使用登记证上限定的介质承运危险货物的；

（2）未按照规定制作危险货物运单或者保存期限不符合要求的；

（3）未按照要求对运输车辆、罐式车辆罐体、可移动罐柜、罐箱及设备进行检查和记录的。

危险货物道路运输企业擅自改装已取得道路运输证的专用车辆及罐式专用车辆罐体的，由交通运输主管部门责令改正，并处5000元以上2万元以下的罚款。

取得道路货物运输经营许可的道路货物运输经营者使用无道路运输证的车辆参加危险货物运输的，由交通运输主管部门责令改正，处3000元以上1万元以下的罚款。

三 危险货物运输车辆停放规定

根据《道路危险货物运输管理规定》，道路危险货物运输途中，驾驶人员不得随意停车。若在道路上临时停车，应当遵守下列规定：

（1）在设有禁停标志、标线的路段，在机动车道与非机动车道、人行道之间设有隔离设施的路段以及人行横道、施工地段，不得停车。

（2）交叉路口、铁路道口、急弯路、宽度不足4m的窄路、桥梁、陡坡、隧道以及距离上述地点50m以内的路段，不得停车。

（3）公共汽车站、急救站、加油站、消防栓或者消防队(站)门前以及距离上述地点30m以内的路段，除使用上述设施的车辆以外，不得停车。

（4）车辆停稳前不得开车门和上下人员，开关车门不得妨碍其他车辆和行人通行。

（5）路边停车应当紧靠道路右侧，驾驶人员不得离车，上下人员或者装卸物品后，立即驶离。

（6）车辆在道路上发生故障，需要停车排除故障时，驾驶人员应当立即开启危险报警闪光灯，将车辆移至不妨碍交通的地方停放；难以移动的，应当持续开启危险报警闪光灯，并在来车方向设置警告标志等措施扩大示警距离，必要时迅速报警。

（7）车辆或者罐体出现泄漏情况时不应驶入服务区。

（8）中途停车休息或检查时，应选择安全区域或危险货物运输车辆专用停车区域停放，避免在人员聚集区、重点单位（如重要机关、学校、医院）门口、重要基础设施（如大型隧道、桥梁、涵洞、立交桥等）、易燃易爆物品仓库或具有热源或者明火的场所附近停靠。停车区域应为平坦、坚实的场地，停放方向要易于驶离，并有专人看管。

（9）途中遇天气、道路路面状况发生变化，应根据所载货物性质，及时采取相应安全防护措施。遇有雷雨时，不应在树下、电线杆、高压线、铁塔、高层建筑及易遭受雷击和产生火花的地点停车。避雨时，应选择安全地点停放。

（10）因住宿或者发生影响正常运输的情况需要较长时间停车的，驾驶人员、押运人员应当设置警戒带，并采取相应的安全防范措施，采取防止车辆溜滑的措施，避免异常移动。运输剧毒化学品或者易制爆危险化学品需要较长时间停车的，驾驶人员或者押运人员应当向当地公安机关报告。

（11）充装冷冻液化气体介质的移动式压力容器，停放时间不得超过其标态维持时间。高温天气运输液化气罐车途中因故障停车时，应注意罐体遮阳，防止暴晒，尽量避免受阳光直射。运输 UN 1614 氰化氢（稳定的，含水率低于 3%，并被多孔惰性材料吸收）时，在夏季停车时，应尽量避免受阳光直射。

单元六　出车前安全检查

危险货物运输驾驶人员，应当按照规定在车辆出车前对运输车辆、装载的危险货物、有关证件和标志进行检查，并按照有关规定对车辆安全技术状况进行严格检查，确保运输安全、可靠。

一　车辆检查

对出车前、行车途中和收车后的车辆进行安全检查是驾驶人员安全驾驶技能的重要内容，也是确保危险货物运输车辆安全行车和运输安全的重要环节。

《中华人民共和国道路交通安全法》规定，驾驶人员驾驶机动车上道路行驶前，应当对机动车的安全技术性能进行认真检查；不得驾驶安全设施不全或者机件不符合技术标准等具有安全隐患的机动车。

驾驶人员在出车前，应对危险货物运输车辆进行认真检查。

1. 行车前检查

行车前，驾驶人员应逆时针绕行车辆检查，检查车底或附近有无儿童等人员及障碍物，检查车辆外表及外露部件的状况，重点检查制动、轮胎、转向、牵引销与鞍座连接等部位，确保没有影响运输安全的缺陷，并如实填写行车日志。

若在出车前发现制动或转向不灵、制动管路存在漏气、轮胎磨损严重或出现严重裂纹等，应拒绝出车。行车前的通用检查内容可通过扫描封面二维码查看。

除了上述货运车辆的通用检查项目外，危险货物运输车辆的专有设施设备安全检查应按照下列要求开展。

(1)矩形标志牌、菱形标志牌、特殊标志牌和安全标示牌。危险货物运输车辆的矩形标志牌、菱形标志牌、特殊标志牌和安全标示牌的悬挂、安装应符合《道路运输危险货物车辆标志》(GB 13392)和《道路运输爆炸品和剧毒化学品车辆安全技术条件》(GB 20300)等标准的要求,与承运危险货物的危险特性及其运输名称等信息相符合。具体参见模块二单元三道路危险货物集装箱、罐体及车辆标记及标志牌。

(2)防静电设施。

①检查运输第1、2.1、3、4.1、4.2、4.3、5.1、5.2等类项及其他具有易燃特性危险货物的车辆,是否安装导静电橡胶拖地带,拖地带接地端导体截面积大于或等于100mm^2,且无论空、满载拖地带接地端应始终接地。半挂车与气体燃料半挂牵引车应分别设置导静电橡胶拖地带。

②运输爆炸品、剧毒化学品的厢式车辆,应检查货厢内是否铺设阻燃导静电胶板,且厚度不应小于5mm。配备车用起重尾板时,起重尾板的平台承载面(采用有色金属材料除外)也应铺设阻燃导静电胶板,且厚度不应小于5mm。

③检查除AT型车辆之外的危险货物运输车辆是否安装了驻车导静电装置。

④当底盘与罐体或者货厢采用螺栓连接方式时,还应检查底盘与罐体或者货厢之间是否至少安装了1根跨接线。对于EX/Ⅱ、EX/Ⅲ型和FL型车辆应至少安装2根跨接线。

(3)排气管火花熄灭器。检查运送易燃、易爆物品等危险货物运输车辆的排气管,是否安装符合《机动车排气火花熄灭器》(GB 13365)规定的机动车排气火花熄灭器。

(4)安全锁具。检查集装箱骨架车的安全锁具是否正常使用且牢固可靠。

(5)灭火器、三角警示牌。检查随车携带的灭火器数量是否满足要求(参见模块一单元八危险货物运输),且灭火器有效且压力正常。检查三角警示牌是否随车携带。

(6)应急救援器材和劳动防护用品。检查随车携带的应急救援器材和劳动防护用品是否齐全且有效,参见模块一单元八危险货物运输。

(7)卫星定位装置、智能视频监控设备。检查车辆卫星定位装置是否可以正常工作,GPS打印是否正常,打印内容与车辆、人员是否相符;各项预警值设置是否符合要求。智能视频监控设备是否正常工作,不存在离线、遮盖、屏蔽、篡改参数设置等情形。

(8)其他要求。

①检查可移动罐柜的罐体或其辅助设备上是否黏附有所装物的残留物;外观查看可移动罐柜是否存在渗漏,或者损坏程度使罐柜完整性受到影响;检查罐柜起吊、紧固附件是否存在损坏或者安全隐患。

②检查和清理车辆内部,以确保无下列情形的残留物:

a)可能与即将运输的物质发生危险的化学反应,如装有氧气、液氯等强氧化性气体的车厢内不能存留油脂、含有油脂的残留物;

b)对车辆的结构完整性产生不利影响;

c)影响车辆对危险货物的适装性。

③对车辆采取目视检查,确保其内壁、顶板和底板无凸起或损坏,内衬和货物固定装备没有明显裂痕或损伤。检查车厢底板是否平坦完好,并根据不同危险货物配备相应的衬垫防护措施,如铺设铺垫木板、胶合板、橡胶板等防护衬垫等。检查车厢或罐体是否存在有与所装危险货物性质相抵触的残留物,如运输氧化性物质和有机过氧化物的车厢内是否有酸类及煤屑、木屑、硫黄、磷等可燃物的残留物。

④检查通风装置是否保持洁净并处于运行状态。大多数的易燃液体的蒸气对人体健康具有危害性,驾驶人员在作业前或作业中,应加强集装箱、封闭式车厢的排气通风,以使易燃蒸气能有效地扩散。

⑤运输4.3项遇水放出易燃气体物质时,应检查防雨防水设施是否有效,确保包件不与水接触。运输5.1项氧化性物质和5.2项有机过氧化物时,应确保车厢或者集装箱内不含任何可燃性残质存在(如稻草、干草、纸张等)。运输4.1项中的自反应物质时,应检查货物遮阳设施,确保货物在运输中被遮盖,且免于阳光直晒和受热。

二 罐体检查

罐体检查是确保罐体的技术性能符合要求,防止在运输过程中因罐体故障等原因发生危险货物泄漏、污染或爆炸等事故。通过罐体检查可以及时发现存在的隐患和问题,并采取相应的措施进行修复或更换,从而保障危险货物运输的安全和顺畅。罐体检查包括重复使用前检查和定期检验两种类型。

本部分主要介绍出车前对罐体进行的重复使用前检查,通常包括外观检查和安全附件、仪表和装卸附件及随车防护用具检查两个方面。

1. 外观检查

依据《道路运输液体危险货物罐式车辆 第1部分:金属常压罐体技术要求》(GB 18564.1),液体危险货物罐式车辆常压罐体的外观检查主要包括:

(1)罐体标志、标识、铭牌等是否清晰、完整、齐全;如检查常压罐式车辆罐体两侧后部色带的上方是否喷涂"罐体下次检验日期:××××年××月";罐体两侧前部色带的上方是否喷涂"罐体设计代码"。

(2)罐体外表面是否存在裂纹、局部变形、机械损伤、油漆脱落等情况。

(3)罐体、接头、管道、软管以及各密封面是否存在损坏、泄漏痕迹。

(4)扶梯、操作平台、防护装置等是否存在缺损等情况。

2. 安全附件、仪表和装卸附件及随车防护用具检查

安全附件、仪表和装卸附件及随车防护用具检查的要求如下:
(1)罐体配置的安全附件应齐全、完好;
(2)罐体配置的仪表应齐全、完好;

(3)装卸附件应齐全、完好;

(4)随车防护用具、检查和维护、维修等专用工具和备品、备件应配备齐全、完好。

此外,在重复使用前,还可以通过目视检验的方法检查罐体与底盘(或者行走机构)连接,防止在运输过程中出现罐体脱落等风险,包括:

(1)检查罐体与底盘是否连接牢固,紧固连接螺栓是否有腐蚀、松动、弯曲变形、螺母、垫片是否齐全、完好;

(2)罐体支座与底盘之间连接缓冲胶垫是否错位、变形、老化等,罐体支座及其与垫板、垫板与罐体的连接焊缝有无裂纹;

(3)检查支座与固定卡或者卡带是否连接牢固;

(4)检查拉紧带有无锈蚀、开裂,罐体与底架拉紧带连接是否牢固、可靠。

此外,若使用集装箱装运危险货物,在出车前和装货前应分别由承运人和装货人检查集装箱的技术状况是否良好,确保集装箱内没有危险货物残留,且集装箱底板和箱壁内部没有凸起,并去除无关标志、标记和标识。重点检查集装箱结构构件(包括顶部及底部的侧梁、门槛和门楣、底板、底横梁、角柱、角件等)是否存在以下重大缺陷:

①深度超过19mm的凹陷或弯曲;

②裂缝或破裂;

③顶部或底部端梁、门楣中间出现多于一处的拼接,或不正确拼接(如搭接的拼接)以及在任何一个顶部或底部侧梁处出现超过两处的拼接,或在门槛、角件上出现任何拼接;

④门铰链和部件出现卡住、扭曲、破裂、丢失或因其他原因失灵;

⑤门胶条和封口不密封;

⑥足以影响到起吊设备和车架系固操作的整体变形。

三 随车工具及单证检查

危险货物运输车辆出车前,要对随车工具和单证进行检查,确保随车工具、单证齐全有效,合法合规运输危险货物。

1.随车工具检查

道路危险货物运输专用车辆应当根据危险货物的危险特性采取相应的安全防护措施,并配备必要的防护用品和应急救援器材。

具体配置要求见模块一单元八危险货物运输中"一、随车装备"。在出车前,应检查这些随车工具是否有效可用,如灭火器是否在正常压力范围内,灭火器数量是否符合要求等。

此外,根据所运危险货物的特性,还应随车携带遮盖、捆扎、防潮、防散失等工属具。如装运气瓶的车辆应根据气瓶规格和类型,配备栓紧带、紧绳器、捆绑链条等栓紧装置,配备衬垫、填充物或支撑物等方法填充空隙;配备三角垫木、插板结构、阻断装置等防止溜滑;道路运输4.3项遇水放出易燃气体物质的车辆,必须具备有效的防水、防潮设备。

2. 随车单证检查

出车前驾驶人员应检查所有必带单证齐全有效。危险货物道路运输随车携带的单证和文件,参见模块二单元四运输单证,主要包括危险货物道路运输运单、道路运输危险货物安全卡、驾驶证、行驶证、从业资格证、凭证运输文件、罐检报告合格证书等。

出车前,承运人和驾驶人员和押运人员应检查随车携带的单证是否齐全,信息是否与实际相符。

单元七 事故现场初期处置

危险货物道路运输事故易导致严重后果,造成生命财产损失和环境污染。在发生危险货物道路运输事故时,在能控制事故蔓延的初期,驾驶人员和押运人员的快速有效应急处置措施,能够有效降低事故的影响范围及严重程度。但考虑到危险货物自身具有的复杂危险性,对驾驶人员和押运人员而言,事故现场初期处置必须在确保自身安全的前提下,根据应急预案和道路运输危险货物安全卡的要求进行,首先应做好个人安全防护,切勿盲目施救和错误操作。

初期现场应急处置要坚持"以人为本、生命至上、科学救援"的原则,明确"救人"为应急救援首要任务,按照国家行业标准、规范开展应急处置。

一 事故停车及放置警示装置

根据《中华人民共和国道路交通安全法实施条例》,机动车在道路上发生故障或者发生交通事故,妨碍交通又难以移动的,应当按照规定开启危险报警闪光灯并在车后50m至100m处设置警告标志,夜间还应当同时开启示廓灯和后位灯。警告标志的设置要求具体参见模块二单元一车辆专用安全设备的使用。

事故现场处置具体要求参见模块一单元九危险货物运输事故应急处置中"三、危险货物运输事故初期处置措施"。

危险货物运输车辆发生事故后,在采取措施之前,驾驶人员和押运人员或者现场初期应急处置人员,应先了解事故的基本情况,如周边环境、涉及的危险货物的情况等。根据获得的信息,初步评估现场情况,包括是否发生火灾、泄漏或撒漏;天气状况;地形;谁/什么有风险:人、财产或环境;应采取哪些行动——疏散、就地避难或筑堤;需要什么资源(人力和设备);立即可以做什么等。按照这些基本条件,再配合应急处置技术,以及配置的人员和资源等,制定出应急处置措施。切记不要盲目冲进去,应从上风、上坡和/或上游谨慎接近,且远离蒸气、火花、烟雾和泄漏物,并按照初始隔离距离疏散周边群众,隔离事故区域,做好周边人群和自己的人身安全保护。

车辆能够移动时,应在确保安全的前提下拍照取证后,将车辆移动至安全地带,在高速公路应将车辆停在应急车道内。因抢救人员、防止事故扩大以及疏散交通等原因,需移动事故现场物件时,应保护好现场,做好标记或拍照记录。若车辆无法移动时,迅速疏散现场人员,远离泄漏区域,为现场应急处置人员提供必要的防护用品和应急药品。需要注意的是,若泄漏的危险货物具有易燃易爆危险特性,则现场应急处置时必须严格禁止明火、火花、烟花等热源、点火源的出现,至少在初始隔离区域内任何可能产生明火、火花、烟火的作业都必须制止或者隔离,包括启动车辆。易燃、易爆危险货物运输事故现场要使用防爆、防静电类器具进行操作。近年来,多起危险货物运输事故均与事故现场随意启动车辆等有关,所以,应确保在初始隔离区域内无明火及其他热源。

此外,事故现场应谨慎用水,需要通过事故车辆上设置的矩形标志牌(如矩形标志牌的"危险性识别号"中带有"X"字母的危险货物)、菱形标志牌或者电子运单等信息中,初步了解事故现场是否有遇水发生反应的物质。因为,部分危险货物在遇水之后会出现化学反应、燃烧,甚至会产生易燃、毒性或者腐蚀性气体。所以,这部分货物在处置时不要让水接触泄漏物或进入盛有此类物质的容器。

另外,低温液化气体泄漏时会吸热,也不能直接用水喷射。需要在确定危险货物特性的前提下,才可以用水冷却或者对泄漏物进行抑制,确保应急人员安全。

二 少量泄漏(模拟)初期处置

运输过程中,发生危险货物泄漏时,为防止泄漏面积扩大造成更大损失,在少量泄漏初期处置时,应根据危险货物的危险特性,在确保安全可行的条件下穿戴合适的防护用品,迅速采取有效措施进行止漏或者采用抑制措施,防止进一步扩散(包括构筑围堰、砂土覆盖等)。一旦事故蔓延或驾驶人员、押运人员的能力无法控制时,应迅速离开现场,做好相关隔离措施,并向有关部门求援。

1.危险货物泄漏基本应急措施

(1)在安全可行的条件下,尽量将车辆行驶至空旷或人员稀少处,避免造成更大伤害。

(2)备好运输单据,关闭发动机,关闭电源总开关,拉紧驻车制动杆,固定车辆防止溜动。设置隔离带,限制人员出入,防止泄漏物扩散。尽快找到泄漏原因,采取堵漏措施,减少泄漏量。根据泄漏物的性质和特点,采取相应的处理措施,如使用吸附材料、中和剂、收集容器等,对泄漏物进行收集、中和、固化等处理。

(3)对于易燃、易爆危险货物泄漏现场,应避免一切点火源,特别禁止吸烟、电子香烟(或相似设备)以及任何形式的明火、烟火等热源。同时,操作工具应有效接地,且防爆。对于氧化性物质泄漏现场,应及时清理所有可燃物质,包括纸张、木头、油脂等。

(4)穿上反光背心,并在恰当的地方放置三角警示标志。

(5)观察危险货物状态,确保自身、公众及周围环境安全,及时拨打119、112等急救电话请求帮助。同时,立即拨打企业应急值班电话或运单上的应急电话,向企业进行信息报告,报告事故发生的基本情况,也可拨打运单或者MSDS上面的应急响应电话,或者国家化学事故应急响应专线(0532-83889090),获取相应的应急救援指导。事故报告内容见"一、危险货物运输事故报告流程"。

(6)不应走近或碰触泄漏的危险货物,不应站在下风口。

(7)在确保安全可行的条件下,可以根据危险货物的理化特性,在正确穿戴必要防护用品的前提下,使用灭火器扑灭轮胎、制动系统和发动机的小火或初始火源。特别注意轮胎起火,因为可能复燃,在保持安全距离的前提下,备好灭火器,以防再次燃烧。若罐车罐体或者货箱内货物出现火源,应尽量避免自行处理,及时请求外部专业应急救援力量。

(8)现场初期处置人员在安全可行情况下,可就近使用干燥沙土等惰性吸收材料收集和吸附泄漏物,或者泄漏区域周围构筑围堰,使用随车配置的堵漏或者吸附工具防止泄漏物进入下水道、地下室或密闭空间;有爆炸风险时,禁止使用砂土覆盖爆炸性泄漏物进行吸附。

(9)根据事故事态划分初始隔离区。必要时,及时请求公安交警部门进行现场控制、交通管制、疏散撤离周边群众、进行隔离警戒等。在上级应急指挥机构到来后配合协助开展警戒疏散工作。初始隔离区域的设定参见模块一单元九危险货物运输事故应急处置中"三、危险货物运输事故初期处置措施"中的表1-9-4。

(10)组织周边人群沿着上风处撤离初始隔离区域,并听从应急救援人员的建议。距离事故发生地最近人群和能直接看到事故现场的室外人群应优先撤离。当撤离更危险或者不可能采取撤离措施情况下应采用就地躲避,且远离窗户、玻璃等。需要注意的是若事故泄漏物是易燃气体或建筑物门窗等不能紧闭时,则不适合采取就地躲避措施。鉴于部分气体比空气重,会沿着地面扩散,聚集在地势低洼区域或者密闭区域,所以,应远离地势低洼区域。

2.不同危险货物泄漏时的应急处置

(1)第1类爆炸性物质和物品的基本应急措施。

对于第1类爆炸性物质和物品,若发生泄漏应立即排除所有点火源(在危险区域禁止一切吸烟、火花或者火焰的出现),处置物品所用的设备均应接地,不要触摸或者在泄漏的货物上行走,在存在电雷管场所周围100m之内不要使用无线电设备。除非有专家指导,否则不要处理或者清理现场。

若货物出现着火,请勿私自扑火,因货物可能爆炸,应进行交通管制并确保四周至少1600m距离(对于1.4项或者1.6项爆炸性物质和物品,则为500m)全部清场,让货物自行燃烧。当货物被暴露在高温下时,也不要移动货物或者车辆。若车辆轮胎或者车体着火,可用大量水扑救,也可使用二氧化碳、干粉灭火器。轮胎着火要特别注意,为防止复燃,随时准备灭火器。

(2)第2类气体的基本应急措施。

对于2.1项易燃气体,若发生泄漏应立即清除所有点火源(在初始区域内禁止吸烟、火花或者火焰等);处置物品所用的设备均应接地;不要触摸或者在泄漏的货物上行走;可在确保安全的前提下采用适当措施阻止泄漏;若有可能,可转动泄漏容器,让气体逸出而不是液体;可通过水幕降低蒸气浓度或者改变蒸气云方向,不要将水直接淋向泄漏区域以防止冰冻。若容器的安全阀发出响声或者容器变色,要迅速撤离,切记要远离被火吞没的罐车。采取措施防止泄漏物蒸气进入下水道、地下室和狭窄封闭区域;隔离区域直到气体散开。不要试图熄灭正在泄漏的气体所引起的火灾,除非可以停止泄漏。

对于2.3项毒性气体,除了上述应急处置措施外,还必须穿戴气密型化学防护服,且在未着火泄漏区处理事故。

对于2.2项非易燃无毒气体,若发生泄漏应不要触摸或者在泄漏的货物上行走;可在确保安全的前提下采用适当措施阻止泄漏;若有可能,可转动泄漏容器,让气体逸出而不是液体;可通过水幕降低蒸气浓度或者改变蒸气云方向,不要将水直接淋向泄漏区域以防止冰冻。若容器的安全阀发出响声或者容器变色,要迅速撤离,切记要远离被火吞没的罐车。防止泄漏物蒸气进入下水道、地下室和狭窄封闭区域;允许货物蒸发,隔离区域直到气体散开。对于氧气这样的氧化性气体而言,若发生泄漏还应隔离现场所有可燃物,如木头、纸张、油脂等。

对于气瓶运输过程中,若出现下列情形时,驾驶人员和押运人员应在确保自身安全的前提下,开展以下应急处置措施。

①出现阀门关闭不严、阀门松开,导致气体少量泄漏时,驾驶人员和押运人员要做好有效防护措施(如戴防冻手套或者防毒面具),确保安全后关闭气瓶阀门。

②出现因瓶阀附件(阀杆、垫片、防爆片)老化或磨损,阀芯松动或密封不严,导致气体少量泄漏时,驾驶人员和押运人员要做好有效防护措施(如戴防冻手套或者防毒面具),确保安全后将气瓶移至空旷处排放完毕。

运输过程中若出现气体快速泄漏等情形,驾驶人员和押运人员根据应急预案、道路运输危险货物安全卡的要求,在确保自身安全的前提下,采取如下应急处置措施。

①应及时清除泄漏区域附近的火源,包括明火等一切热源。

②不应触碰泄漏物,也不应在泄漏物上行走。

③应采取措施防止泄漏物进入下水道、地下室或者其他密闭区域。

④当因高温导致瓶内气体压力超过安全压力,导致安全阀起跳或者爆破片破裂,高压气体快速泄漏时,应及时报告,疏散周边人员,并在事故发生点上风处等待专业处置人员进行处理。

⑤当因瓶阀损坏造成高压气体快速泄漏,气瓶飞窜、瓶体翻滚或旋转失控时,应及时报

告,疏散周边人员,并在事故发生点上风处等待专业处置人员进行处理。

(3)第3类易燃液体的基本应急措施。

若发生泄漏应立即清除所有点火源(在初始区域内禁止一切吸烟、火花或者火焰等);处置物品所用的设备均应接地;不要触摸或者在泄漏的货物上行走;可在确保安全的前提下采用适当措施阻止泄漏;若容器的安全阀发出响声或者容器变色,要迅速撤离,切记要远离被火吞没的罐车。采取措施防止泄漏物蒸气进入下水道、地下室和狭窄封闭区域;小量泄漏时,可采用干土、砂石或者其他不燃材料盖住或者吸收泄漏液体,使用干净的、无火花的器具收集吸附的材料,然后将其转移到容器里。大量泄漏时,则需要在泄漏液体前构筑围堰以便后续处理。请勿使用干粉灭火器来控制涉及硝基甲烷(UN 1261)或硝基乙烷(UN 2842)的火灾。

对于带有毒性、腐蚀性的易燃液体,在开展现场初期处置时应穿戴合适的防护用品。

(4)第4类易燃固体、易于自燃的物质和遇水发生反应的物质的基本应急措施。

对于4.1项易燃固体,若发生泄漏应立即清除所有点火源(在初始区域内禁止吸烟、火花或者火焰等);不要触摸或者在泄漏的货物上行走;若容器的安全阀发出响声或者容器变色,要迅速撤离,切记要远离被火吞没的容器。小量泄漏时,可采用干净的铲子将泄漏物放入清洁、干燥的容器,不要盖紧,然后将容器转移出泄漏区域。大量泄漏时,用水淋湿货物并构筑围堰以便后续处理,防止此类物品进入下水道、地下室和封闭区域。

对于具有毒性、腐蚀性的易燃固体(如UN 3179、2925、3180等)、具有易燃性的毒性固体(如UN 2926、2930)以及带有易燃性的腐蚀性固体(如UN 2921等),除了上述应急措施外,在开展现场初期处置时应穿戴合适的防护用品,否则不要触碰损坏的容器或者泄漏的物品,使用干净、无火花的器具收集泄漏物,并将其放入没有盖紧的塑料容器以便后续处理。4.1项中的自反应物质若发生小量泄漏时,可采用惰性、潮湿、不燃材料吸附泄漏物,再用干净、无火花的器具收集泄漏物,将其放入塑料容器中,不要密封,以便后续处理。

对于4.2项易于自燃的物质[(除UN 3342(黄原酸盐类)、UN 1384(连二亚硫酸钠)、UN 1923(连二亚硫酸钙)和UN 1929(连二亚硫酸钾)外)],不要用水、二氧化碳或者泡沫灭火器直接接触该类货物,因其遇水可能发生剧烈反应。若发生泄漏应在未着火泄漏区内处理事故,且穿戴气密型化学防护服,并立即清除所有点火源(在初始区域内禁止吸烟、火花或者火焰等);不要触摸或者在泄漏的货物上行走;在无风险的前提下,采用适当的止漏方式。若容器的安全阀发出响声或者容器变色,要迅速撤离,切记要远离被火吞没的容器。

该类货物小量泄漏时,可采用干土、干沙或者其他不燃材料覆盖,然后再盖上一层塑料布,以防止泄漏物与水接触,再使用干净的、无火花的器具收集吸附的材料,并放进有盖子的容器以便后续处理;防止泄漏物进入下水道、地下室和封闭区域。

对于带有毒性、腐蚀性的易于自燃的物质(如UN 1381、2447、3128、3184、3191、3192等)、具有自燃危险性的毒性物质(如UN 3124等)以及具有自燃危险性的腐蚀性物质(如UN 3095等),除上述应急措施外,在开展现场初期处置时应穿戴合适的防护用品,否则不要触碰损坏的容器或者泄漏物品,小量泄漏时可用水、砂土覆盖,将泄漏物装入金属容器置于水下,大量泄漏时构筑围堰回收泄漏物或者用潮湿的砂土覆盖以便后续处理。

对于4.3项遇水放出易燃气体的物质,不要使用水或者泡沫灭火。若出现泄漏应立即消除所有点火源(在初始区域内禁止吸烟、火花或者火焰等);不要触摸或者在泄漏的货物上行走;在无风险的前提下,采用适当的止漏方式。若容器的安全阀发出响声或者容器变色,要迅速撤离,切记要远离被火吞没的容器。可以采用雾状水抑制蒸气或者改变蒸气的流向,禁止将水直接喷向泄漏区域或者容器内。也不要让水接触泄漏物质或者让水进入盛有泄漏物的容器。

小量泄漏时,可采用干土、干沙或者其他不燃材料覆盖,然后再盖上一层塑料布,以防止扩散或者与水接触;构筑围堰以便后续处置。粉末泄漏时,使用塑料布或者防水布覆盖泄漏的粉末,以尽量减少扩散并保持粉末干燥。除非在专家的监督下,否则不要清理或者丢弃。若泄漏物质具有毒性、腐蚀性的次要危险性时,还应穿戴合适的防护用品。

(5)第5类氧化性物质和有机过氧化物的基本应急措施。

对于5.1项氧化性物质而言,若发生泄漏立即去除泄漏区域内所有可燃物(如木头、纸张、油料等);除非穿着合适的防护服,否则不要直接接触含泄漏物的破损容器或者泄漏物质。在确保安全的前提下,采取适当方式止漏。不要让水进入容器。切记要远离被火吞没的容器。少量固体泄漏时,可使用干净的铲子将泄漏物装入干净、干燥的容器中,不要密封,将容器从泄漏区域移出。少量液体泄漏时,使用不燃物质,如沙子、泥土吸附泄漏物并转移至容器中,以便后续处理。大量泄漏时,构筑围堰防止泄漏物继续扩散以便后续处理。对于与水反应的氧化性物质,若发生泄漏不要让水接触泄漏物质或者进入容器。

对于5.2项有机过氧化物,若发生泄漏立即消除所有点火源(在初始区域内禁止吸烟、火花或者火焰等);去除泄漏区域内所有可燃物(如木头、纸张、油料等);除非穿着合适的防护服,否则不要直接接触含泄漏物的破损容器或者泄漏物质。在水幕保持货物湿润,并在确保安全的前提下,采取适当方式止漏。切记要远离被火吞没的容器。

该类货物少量泄漏时,可使用惰性、潮湿、不燃材料吸附泄漏物,在用干净、无火花的器具收集泄漏物,将其放入塑料容器中,不要密封。大量泄漏时,用水淋湿并构筑围堰拦截回收泄漏物以便后续处理。采取适当措施防止泄漏物进入下水道、地下室和封闭区域。

(6)第6类毒性物质和感染性物质的基本应急措施。

对于6.1项毒性物质,若发生泄漏,除非穿着合适的防护服,否则不要触碰损坏的容器或者泄漏物质;在确保安全的情况下,采取适当方式止漏。

采取适当措施防止泄漏物进入下水道、地下室和封闭区域。用塑料布盖好泄漏物防止扩散,用干土、干沙或者其他不燃物品吸收和覆盖泄漏物,然后装入容器;不要让水进入容器。若容器的安全阀发生响声或者容器变色,要迅速撤离,切记远离被大火吞没的容器。对于具有易燃特性的毒性物质,若发生泄漏则需要立即消除所有点火源(在初始区域内禁止吸烟、火花或者火焰等),所有处理货物的设备均应接地。

对于6.2项感染性物质,若发生泄漏不要触摸或者在泄漏的货物上行走;不要触摸或者在泄漏的货物上行走;可使用砂土或者其他不燃物品吸附泄漏物,用潮湿毛巾或者布盖住破损的包装或泄漏物,再用液体漂白剂或者消毒剂使其保持潮湿。

(7)第8类腐蚀性物质的基本应急措施。

对于第8类腐蚀性物质,发生泄漏时,除非穿着合适的防护服,否则不要触碰损坏的容器或者泄漏物质;在确保安全的情况下,采取适当方式止漏。

采取适当措施防止泄漏物进入下水道、地下室和封闭区域。用干土、干砂或者其他不燃物品吸收和覆盖泄漏物,然后装入容器;不要让水进入容器。若容器的安全阀发生响声或者容器变色,要迅速撤离,切记远离被大火吞没的容器。

对于具有易燃特性的腐蚀性物质,若发生泄漏则需要立即消除所有点火源(在初始区域内禁止吸烟、火花或者火焰等)。所有处理货物的设备均应接地。若与水反应则不要让水接触泄漏物或者盛有此类物质的容器,并使用干燥沙土或者其他不燃物品覆盖并用塑料布盖好,尽量减少扩散或者与雨水接触,使用干净、无火花的器具收集泄漏物,并将其放入未密封的塑料容器中以便后续处置。

(8)第9类杂项物质和物品的基本应急措施。

若发生泄漏时,不要触摸或者在泄漏的货物上行走;在确保安全的前提下,采取适当措施止漏;防止粉尘云团形成,避免石棉粉尘吸入。

少量泄漏时,使用干净的器具将泄漏物放入干净、干燥的容器中,不密封,然后将容器移出泄漏区域。少量液体泄漏时,使用沙子或者其他不燃材料吸附覆盖泄漏物并放入容器中,以便后续处理。大量泄漏时,构筑围堰拦截并回收泄漏物,对于粉末状的泄漏物可使用塑料布或者毡布覆盖,以减少其继续扩散。采取适当措施防止泄漏物进入下水道、地下室和封闭区域。

三 灭火器使用

参见模块二单元一车辆专用安全设备的使用中的相关内容。

单元八 应急防护用品穿戴

道路危险货物运输应急防护用品的配置和正确使用、穿戴,能够有效预防和应对道路危险货物运输中的各种紧急情况,可以确保化学防护服在道路危险货物运输中的正确使用和有效防护,保障人员安全和减少环境风险。

一 化学防护服穿戴

化学防护服是用于防护化学物质对人体伤害的服装。该服装可覆盖整个或绝大部分人体,至少可提供对躯干、手臂和腿部的防护。化学防护服允许是多件具有防护功能服装的组合,也可和其他的防护装备匹配使用。

按照分类,化学防护服可以分为气密型化学防护服、气密型化学防护服-ET、喷射液密型化学防护服、喷射液密型化学防护服-ET、泼溅液密型化学防护服、固体颗粒物化学防护服、有限泼溅化学防护服、织物酸碱类化学防护服等。其中,气密型化学防护服应为全包覆式化学防护服设计,即能够提供对穿着者躯干、头部、眼面部、手臂、手部、腿部和脚的整体防护。除有限泼溅型和织物酸碱类化学防护服外,其余类型的化学防护服至少应能提供对穿着者躯干、头部、手臂和腿部的防护。

1. 化学防护服的选用

化学防护服的选择具有专业性,需要在充分评估危害和化学防护服防护性能的基础上选择合适的化学防护服。同时,选配的呼吸防护用品、手套、靴套等配套个体防护装备,也应与化学防护服相兼容。具体选用方法可参见《防护服装 化学防护服的选择、使用和维护》(GB/T 24536)。

2. 化学防护服的佩戴方法

(1)穿戴化学防护服之前,应仔细检查防护服的完整性和清洁度,确保防护服无任何破损或污垢,如有破损及磨损应及时更换,不能继续使用。

(2)将化学防护服平铺展开,先将双脚穿入裤脚,然后穿过裤身。

(3)将双手伸入袖筒,然后将头穿过领口,拉上拉链或系上扣子,戴上手套和帽子,确保全身被完全覆盖。

(4)调整裤子和上衣的松紧度,确保舒适并保持防护服的完整性。同时,注意固定带扣、拉链和系扣等细节,以避免在工作过程中自行脱落或松动。

(5)根据需要佩戴鞋套、手套、面罩等防护装备,做好全面的防护准备。

3. 化学防护服佩戴注意事项

(1)使用化学防护服前,先了解所接触化学品的性质和危害程度,选择相应的防护服。

(2)佩戴防护服前,应确保身体清洁,避免杂质对防护服的影响。

(3)化学防护服使用过程中,应注意避免与尖锐物品、锐利边缘等物体接触,以免损坏防护服。

(4)发现化学防护服被污染时,应及时更换,避免污染物对人体造成伤害。

(5)化学防护服使用后,应及时清洁防护服,将防护服放置在干燥通风的地方,远离热源,避免阳光直射,避免与化学品接触,以延长使用寿命。

(6)发现化学防护服有破损或老化现象,应立即更换,不能继续使用。

二 自吸过滤式防毒面具佩戴

自吸过滤式防毒面具和过滤件是呼吸防护装备的重要组成部分,对保障安全生产和劳动者的职业健康尤为关键。

自吸过滤式防毒面具技术性能应符合《呼吸防护 自吸过滤式防毒面具》(GB 2890)的要求。自吸过滤式防毒面具主要由面罩主体和过滤件两部分组成。其中,按照面罩与过滤件的连接方式,可以分为导管式防毒面具和直接式防毒面具。按照面罩结构分为全面罩和半面罩。

正确地佩戴自吸过滤式防毒面具,可以确保自吸过滤式防毒面具的正确使用和有效防护。

1.自吸过滤式防毒面具的检查

(1)检查面具的完整性:在使用前,首先检查防毒面具是否有裂痕或破口,确保面具与脸部的贴合密封性。检查防毒面具的呼气阀片是否有变形、破裂或裂缝,头带是否有弹性。同时,检查滤毒盒座密封圈是否完好,确保滤毒盒在使用期内。

(2)连接面具组件:将滤毒罐接在面罩下面,取下滤毒罐底部进气孔的橡皮塞,确保面罩和滤毒罐连接好。

(3)测试气密性:戴好防毒面具,用手或橡皮塞堵住滤毒罐进气孔,深呼吸,如果没有空气进入,证明面具气密性较好,可以使用。否则应修理或更换。

2.自吸过滤式防毒面具的佩戴

自吸过滤式防毒面具佩戴要求如下:

(1)要根据自己的头型大小选择合适的面具。

(2)佩戴分为三步,首先将面具罩住口鼻,拉起上方头带,将头带置于头部位置,随后双手将颈后卡扣扣住,随后调整头带松紧,使口罩与面部密合良好,先调整头带,然后调整颈后头带。

(3)首次佩戴面具,应检查面具佩戴的气密性,分为两种方法。

就正压密合性检测(呼气),应首先将手掌盖住呼气阀轻轻呼气,面具会轻微鼓起,如果空气从面部及面具间漏出,调整面具位置。再调节头带松紧度,使其气密良好。

就负压密合性检测(吸气),应首先将手掌盖住呼气阀轻轻吸气,面具会轻微坍塌,如果空气从面部及面具间漏出,调整面具位置。再调节头带松紧度,使其气密良好。

3.自吸过滤式防毒面具护理要求

(1)面具主体可清洗。使用完毕后,应擦尽各部位汗水及脏物,尤其是镜片、呼气活门、吸气活门要保持清洁,必要时可以用水冲洗面罩部位。风干后可重复使用。风干的防毒面具请仔细检查连接部位及呼气阀、吸气阀的密合性,并将防毒面具放于洁净的地方以便下次使用。

(2)当滤棉脏污、破损或者当感到呼吸阻力明显增大时,应及时更换滤棉。

(3)建议按照产品说明书要求,定期更换过滤件。正确佩戴后,应闻不到有害物味道。若已闻到有害物的味道时,可能表示过滤件已经吸附饱和,请立即离开工作区域,并到安全的地方更换过滤件。

模块三

道路危险货物运输押运人员专业知识

单元一 危险货物押运管理

一 危险货物运输押运人员的职责

1. 了解基本知识

押运人员应了解的基本知识包括:有关危险货物道路运输的安全生产法规、标准和企业操作规程,并严格遵守和执行;危险货物的分类及危险特性;标志、标记和标志牌;运输车辆及相关设备的使用方法;运输文件及单证;装卸作业的基本知识(包括包装物或容器的使用要求、货物配装、码放、堆存、装卸);车辆或集装箱混合装载要求;货物交接操作规程;个人防护方法、事故预防措施、应急响应信息使用、应急响应程序及急救措施。

2. 参加相关培训

按照《中华人民共和国安全生产法》的要求,参加企业(单位)定期或不定期安排的有关安全教育和应急知识等方面的培训,包括基本应急知识、运输安全生产知识等。

3. 参与出车前检查

危险货物运输押运人员要协助驾驶人员做好车辆安全技术状况检查,确认车辆的技术性能符合危险货物运输要求,检查车辆悬挂警示标志是否符合国家标准,检查车辆、容器是否按照规定进行必要的清洗处理等。

(1)协助驾驶人员完成承运车辆安全技术状况检查。

①确认车辆的技术性能符合危险货物运输要求。检查车辆的技术状况,包括制动系统、转向系统、传动系统、轮胎、灯光等是否正常工作。

②检查车辆的防火、防滑、防泄漏等安全设施是否完好有效。

③确认车辆已按照要求进行定期维护,并有相关记录。

④确认随车标识标牌齐备,悬挂警示标志符合国家标准,并与承运货物类别相符。

⑤检查厢式车辆防漏、厢门关闭、锁具和罐式车辆紧急切断阀、装卸料口及连接装载是否完好有效。

⑥检查车辆、容器是否按照规定进行必要的清洗处理。检查车辆货厢内、罐体内有无与承运物资会发生化学反应或性质相抵触的残留物,对厢式车辆还应采取相应垫衬防护措施。

⑦查验随车安全装备配备是否齐全,且安全有效,发现问题应立即更换或修复。

(2)检查车辆的有关证件和运输文件、标志是否齐全有效。主要包括车辆应具有有效的机动车行驶证和道路运输证;驾驶人员、押运人员应具有有效资质证件;危险货物道路运输运单、罐体检验报告合格证书应在检验合格有效期内;对承运剧毒化学品、民用爆炸物品、烟花爆竹的,应当核查托运人提供的由公安机关核发的剧毒化学品道路运输通行证、民用爆炸物品运输许可证、烟花爆竹道路运输许可证。

对承运危险废物(包括医疗废物,下同)的,应当核查托运人提供的由生态环境主管部门发放的电子或者纸质形式的危险废物转移联单。

当然,随着信息化的发展,很多证件目前可以通过电子手段获取,如电子运单、电子道路运输证、电子从业资格证、电子驾驶证等。若使用电子化单证,应确保在运输过程中可被查看。

(3)车厢的底板应平坦完好、栏板应牢固可靠;车厢或罐体内不得有与所装危险货物性质相抵触的残留物,且应根据危险货物特性,采取相应的衬垫防护措施(如铺垫木板、胶合板、橡胶板等)。

(4)车辆应按照规定配备灭火器具等消防器材,并确保其有效性,发现问题应立即更换或修理。

(5)危险货物运输押运人员根据危险货物电子运单,应当了解托运人提供的危险货物产品技术说明书、安全标签载明的内容,并掌握危险货物电子运单载明的收货人、装货人、始发地、目的地、危险货物的类别、项别、品名、联合国编号、包装及规格、数量、应急联系电话等信息,以及危险货物危险特性、运输注意事项、急救措施、消防措施、泄漏应急处置、次生环境污染处置措施等信息。

(6)根据所运危险货物特性,应随车携带齐全有效的遮盖、捆扎、防潮、防火、防毒、隔热熄火等装置、工属具和应急处理设备及劳动防护用品,以及相应的道路运输危险货物安全卡。

(7)按照《道路运输危险货物车辆标志》(GB 13392)要求,应悬挂与承运的危险货物品名、危险性识别号、联合国编号相对应的危险货物道路运输标志、标志牌。矩形标志牌和菱形标志牌应按照要求悬挂在合适位置,若需要加挂危害环境标志和高温物质标志,应悬挂到位。运输爆炸、剧毒危险货物的车辆应按照规定增加标示牌等。车辆标记与标志牌的正确使用,参见模块二单元三道路危险货物集装箱、罐体及车辆标记与标志牌。

(8)路线规划。

①了解运输路线,熟悉沿途的道路情况、交通规则、管制及可能遇到的风险点;

②与驾驶人员协商可报备备用路线,以防原定路线出现不可预见的问题(如交通事故、道路施工、自然灾害等);

③与驾驶人员协商规划途中停、住和加油地点,并采取安全措施。

途经高速公路的,应当了解高速公路沿途服务区设置情况,与驾驶人员一道确定危险货物运输车辆临时停车服务区,合理安排停车休息点,确保驾驶人员连续驾驶时间每4小时得到休息不少于20分钟。

（9）查询目的地及途经地区的天气预报，评估恶劣天气对运输的影响，与驾驶人员沟通并提前做好应对准备。

4. 监督所运货物的装车全过程

（1）车辆进入危险货物装卸作业区时，驾驶人员应按作业区有关规定驶入，并停放在容易驶离作业现场的方位上；停靠货垛时，应听从作业区人员的指挥，车辆与货垛之间要留有安全距离；待装、待卸车辆与装卸货物的车辆应保持足够的安全距离，不准堵塞安全通道。

（2）装载作业前，应核对货物名称、规格、数量是否与运单相符，并认真检查货物包装的完整状况，货物与运单不符或包装不符合有关规定的应拒绝装载。

（3）装载过程中，押运人员不得远离车辆，并负责按照相关规定监督装载。

5. 起运前的准备工作

（1）再次核实随车携带的道路运输从业人员从业资格证、道路运输证、运单、道路运输危险货物安全卡等单证是否齐全；核实相关手续办理情况，如运输剧毒化学品、民用爆炸物品、烟花爆竹的，应当核查托运人提供的由公安机关核发的剧毒化学品道路运输通行证、民用爆炸物品运输许可证、烟花爆竹道路运输许可证是否符合要求。

（2）熟悉本次运输任务所确定的车辆运输线路、时间和运行速度，以及途中停靠点、加油点、岔路口等信息。

（3）再次协助驾驶人员做好起运前的车辆、容器等技术状况检查。确认承运货物堆码、灌装和阀门安全状况；检查厢门关闭、锁具及保险装置安全有效；与装货人确认、交接相关资料信息单据；确认已移除装卸桥板、灌装装置、轮胎支垫等影响车辆起运的设施等。

6. 运输途中

（1）严格遵守国家有关危险货物运输的法律、法规及相关标准，货物应随时处在押运人员的监管之下。

（2）车上严禁搭乘无关人员，应密切注意车辆所装载危险货物的状态，根据危险货物特性，定时停车检查，发现问题及时会同驾驶人员按照应急预案采取措施妥善处理，不得擅自离岗、脱岗。

（3）应当严格监督驾驶人员驾驶操作，要求严格遵守限速规定。危险货物运输车辆在高速公路上应当靠右侧车道行驶，行驶速度不高于每小时80km；在其他道路上行驶不高于每小时60km。道路限速标志标明的车速低于上述规定时速的，按照道路限速标志标明的车速行驶。运输剧毒化学品、民用爆炸物品和烟花爆竹时，驾驶人员应当按照公安机关批准的指定的路线、时间行驶。

（4）全程监督并配合驾驶人员安全行车，及时纠正驾驶人员不安全操作行为；督促驾驶人员严格按照运输计划运行，连续驾驶时间不得超过4小时，并做到每驾驶4小时停车休息不少于20分钟,确保不疲劳驾驶。停车休息期间,押运人员按照要求检查车厢封闭和危险货物包装密封情况、车辆轮胎和危险货物标志等。发现问题及时向企业和相关部门汇报,并按照相关预案要求采取相应的措施。

(5)承运剧毒化学品、民用爆炸物品或者烟花爆竹的,按照公安机关核发的剧毒化学品道路运输通行证、民用爆炸物品运输许可证、烟花爆竹道路运输许可证确定的运输线路等要求运行,若因受阻需要调整线路,应及时向公安部门报告,经批准后通行。

7. 送达后

危险货物运输车辆到达交货地点后,应与收货人及时交接,确认到货时间、货物类别及项别、品名和联合国编号及货物数量等信息,办理交接手续。卸载危险货物时,押运人员应按照要求监督所运货物的卸载全过程。

(1)车辆进入危险货物卸货作业区时,驾驶人员应按作业区有关规定,将车辆停放在容易驶离作业现场的方位上;停靠货垛时,应听从作业区人员的指挥,车辆与货垛之间要留有安全距离;待卸车辆与卸载货物的车辆应保持足够的安全距离,不得堵塞安全通道。

(2)卸载作业前,应与收货人一道核对货物名称、规格、数量与电子运单相符,并认真检查货物包装的完整状况,货物与运单不符或包装不符合有关规定的应停止卸载,并及时反馈装货地联系人。

(3)卸货过程中,押运人员不得远离车辆,并负责按照相关规定监督卸货。

(4)因故不能及时办理交接手续和及时卸货的,应当按照操作规程的要求将车辆停放在安全位置,在待卸货期间,应当会同驾驶人员看管车辆和货物。押运人员应严格遵守作业场所安全要求,不得擅自离岗、脱岗,应保持危险货物随时处于监管之下,以防止危险货物被盗、丢失等事故的发生。对于爆炸品、剧毒化学品危险货物,若等候时间较长,应报告待卸货地当地公安部门。

8. 应急处置

货物运输、装卸过程中,一旦发生事故,应当立即向当地有关部门报告,并按照应急预案进行初期处置,维护好现场。对于危险货物运输事故现场初期处置,参见模块二单元七事故现场初期处置和单元八应急防护用品穿戴。

■ 危险货物道路运输押运基础知识

鉴于危险货物的特殊性,危险化学品危害性较高,从业人员劳动强度大,因此,从事危险货物运输的押运人员,须具备押运岗位相应的基本条件和基础知识。

(一)押运人员的基本条件

危险货物运输押运人员应当符合下列条件:

(1)身体健康,年龄不超过60周岁。

①应身体健康,无影响工作的疾病或生理缺陷,能够胜任长时间的工作和应对紧急情况;

②定期体检,以确保身体状况适合从事押运工作。

(2)具备基本的文化知识,具有初中以上的学历。

①接受相关法规、安全知识、专业技术、职业卫生防护和应急救援知识的培训,了解危险货物性质、危害特征、包装容器的使用特性和发生意外时的应急措施;

②考试合格,取得由交通运输部门颁发的道路运输从业人员从业资格证(押运人员类别),并且确保该证书在有效期内;

③从事剧毒化学品、爆炸品运输的押运人员,应当经考试合格,取得注明为"剧毒化学品运输"或者"爆炸品运输"类别的从业资格证。

(3)具备一定的专业知识。

①熟悉国家有关危险货物安全管理、环境保护、公共安全等方面的法律法规;

②掌握所押运危险货物的基本特性、包装要求、应急处理方法等专业知识;

③了解运输车辆及其安全装备的操作规程和技术性能。

(4)具备一定的安全意识与技能。

①具备良好的安全意识,能识别并预防运输过程中的各种安全隐患;

②掌握基本的消防、急救知识和技能,能够在发生突发事件时迅速采取有效的应对措施;

③熟练使用安全防护装备和个人防护用品。

(5)职业道德。

①遵守职业操守,诚实守信,认真负责,不得擅自离岗或从事与押运无关的事情;

②对待工作严谨细致,确保每一项操作都符合规定,保障货物的安全。

(6)沟通协调能力。

①能够与驾驶人员、发货方、收货方以及其他相关人员保持良好的沟通,及时解决问题;

②在遇到突发状况时,能够冷静处理,并与其他相关方协调一致,确保信息畅通。

(二)相关法律法规中与押运有关的基本知识

(1)《危险化学品安全管理条例》明确规定,从事危险化学品道路运输的,应当依照有关道路运输的法律、行政法规的规定,取得危险货物道路运输许可,危险化学品道路运输企业押运人员应当经交通运输主管部门考核合格,取得从业资格。

运输危险化学品,应当根据危险化学品的危险特性采取相应的安全防护措施,并配备必要的防护用品和应急救援器材。运输危险化学品的押运人员应当了解所运输的危险化学品的危险特性及其包装物、容器的使用要求,和出现危险情况时的应急处置方法。应当按照运输车辆的核定载质量装载危险化学品,不得超载。危险化学品运输车辆应当符合国家标准要求的安全技术条件,并按照国家有关规定定期进行安全技术检验。车辆应当悬挂或者喷涂符合国家标准要求的警示标志。

通过道路运输危险化学品的,应当配备押运人员,并保证所运输的危险化学品处于押运人员的监控之下。运输危险化学品途中因住宿或者发生影响正常运输的情况,需要较长时间停车的,押运人员应当采取相应的安全防范措施;运输剧毒化学品或者易制爆危险化学品的,还应当向当地公安机关报告。未经公安机关批准,运输危险化学品的车辆不得进入危险化学品运输车辆限制通行的区域。

剧毒化学品、易制爆危险化学品在道路运输途中丢失、被盗、被抢或者出现流散、泄漏等情况,押运人员应当按照应急预案立即采取相应的警示措施和安全措施,并向当地公安机关报告。

交通运输主管部门对危险化学品道路运输企业或单位未取得从业资格上岗作业的押运人员,责令改正,处5万元以上10万元以下的罚款;拒不改正的,责令停产停业整顿;构成犯罪的,依法追究刑事责任。

(2)《道路危险货物运输管理规定》明确规定,押运人员经所在地设区的市级人民政府交通主管部门考试合格,取得相应从业资格证。

危险货物道路运输企业或者单位应当聘用具有相应从业资格证的押运人员。押运人员上岗时应当随身携带从业资格证。在危险货物运输过程中,押运人员应当对运输全过程进行监管。

在危险货物运输过程中发生燃烧、爆炸、污染、中毒或者被盗、丢失、流散、泄漏等事故,押运人员应当会同驾驶人员立即向当地公安部门和本运输企业或者单位报告,说明事故情况、危险货物品名、危害和应急措施,并按照应急预案在现场采取一切可能的警示措施,并积极配合有关部门进行处置。

(3)《危险货物道路运输安全管理办法》规定,押运人员在运输前,应当接受危险货物道路运输企业或单位进行的运输安全告知。

押运人员在起运前,应当对承运危险货物的运输车辆、罐式车辆罐体、可移动罐柜、罐箱进行外观检查,确保没有影响运输安全的缺陷。

押运人员在起运前,应当检查确认危险货物运输车辆按照《道路运输危险货物车辆标志》(GB 13392)要求安装、悬挂标志。运输爆炸品和剧毒化学品的,还应当检查确认车辆按照《道路运输爆炸品和剧毒化学品车辆安全技术条件》(GB 20300)要求安装、粘贴安全标示牌。

押运人员必须持有有效从业资格证件,装货人方可充装或者装载。公安机关对通过道路运输危险化学品不配备押运人员的,应当责令改正,处1万元以上5万元以下的罚款;构成违反治安管理行为的,依法给予治安管理处罚。

危险货物运输车辆需在高速公路服务区停车的,驾驶人员、押运人员应当按照有关规定采取相应的安全防范措施。

(三)相关标准中与押运有关的基础知识

(1)熟悉《危险货物道路运输规则》(JT/T 617)。熟悉JT/T 617.1中的培训要求和安保防范要求;掌握JT/T 617.2中危险货物的分类及相关具体规定;学会运用JT/T 617.3中危险货物一览表查询危险货物品名、类别、分类代码、联合国编号及其运输有关要求。熟悉JT/T 617.7中有关运输装备、人员条件和运输作业要求。

(2)了解《危险货物分类和品名编号》(GB 6944)。按照《危险货物分类和品名编号》(GB 6944),危险货物分为9类。熟悉各类危险货物的物理性质(如颜色、状态、熔点、沸点、密度、溶解性等)和化学性质(如易燃性、爆炸性、氧化性、腐蚀性等),以便根据其特性采取相应的防护和应急措施。

(3)了解《道路运输危险货物车辆标志》(GB 13392)。认识各种危险货物的标志、标签,能够准确识别货物的危险性质和等级,确保在运输过程中正确应用。例如,爆炸品有爆炸的标志,易燃液体有火焰的标志等。

(4)了解《道路运输液体危险货物罐式车辆 第1部分:金属常压罐体技术要求》(GB 18564.1)。道路运输液体危险货物罐式车辆罐体,应按照具有资质的检验机构出具的检验报告列出的适装介质列表充装危险货物,且不超过道路运输证确定的经营(运输)范围;充装危险货物液体应当有一定的气相空间;紧急切断阀在罐式车辆罐体发生故障时,是紧急关闭避免泄漏的关键部件,押运人员要学会使用。罐体车辆必须定期检验,安全部件必须每年检验一次,押运人员要了解罐式车辆及罐体或安全部件是否在检验有效期内。

(四)运输车辆与设备的基础知识

(1)车辆基本条件。运输车辆应符合相关标准和规定,具有良好的技术状况和安全性能。车辆的证件、标志应齐全有效,如机动车行驶证、道路运输证、道路运输经营许可证、车辆标志牌等。

(2)安全装置配备。根据危险货物的性质,车辆应配备相应的安全装置,如监控装置、灭火器具等消防器材、防爆装置、防静电装置、紧急切断装置等,导静电橡胶拖地带、防静电服装和鞋子,并定期检查、维护,确保其正常使用。

(五)应急处置的基础知识

(1)了解应急预案。熟悉所在运输企业的危险货物运输应急预案,特别是事故报告内容、事故初期处置的相关内容及流程;了解不同危险货物在发生事故时的应急处置方法和流程。

(2)应急器材使用。掌握应急器材和防护用品的使用方法,如灭火器、防毒面具、防护服等,以便在发生事故时能够及时、正确地使用。

(3)事故报告与处理。在发生车辆故障、事故、货物撒漏等紧急情况时,要按照应急预案及时采取措施,并立即报告公安等部门,配合相关部门进行救援和处理。

(六)不同类别危险货物运输押运知识

1.运输爆炸品

由于所运输的爆炸品受到高热、摩擦、撞击或受一定物质激发,就能发生剧烈的化学反应,产生大量的气体和热量,同时气体体积急剧膨胀会引起爆炸,所以,押运人员必须熟练掌握爆炸物品道路运输相关知识,准确掌握当次所运爆炸物品的危险性、储运要求、泄漏处理、急救和防护措施,确保在爆炸品的装卸和运输整个过程中做好本职工作。

1)出车前

(1)押运人员接受任务后,会同驾驶人员领取并掌握当班作业单据、验证准运手续、出入库单据等,核实公安部门爆炸品运输许可手续所载明的收货单位、销售企业、承运人,熟悉爆炸品运输许可手续所载明的运输有效期限、起讫地点、运输路线、经停地点,民用爆炸物品的品种、数量;包装材料和包装方式;所运爆炸物品的特性、出现险情的应急处置方法等相关注意事项。

(2)协助驾驶人员做好车辆例行检查。检查车辆是否与所运载的爆炸物品相适应,技术状况是否符合《道路运输爆炸品和剧毒化学品车辆安全技术条件》(GB 20300)等标准的规定。若不符合相关安全要求,应及时与驾驶人员沟通进行报修。

(3)根据所运爆炸品特性,领取安全防护用品,随车携带捆扎、防潮、降温、防火、防毒等工属具和应急处理设备、劳动防护用品,检查随车必备的消防用具是否齐全有效。

(4)会同驾驶人员检查车辆标志的安装悬挂是否符合《道路运输危险货物车辆标志》(GB 13392)的规定。

(5)会同驾驶人员检查运输车辆的有关证件是否齐全有效。检查是否携带民用爆炸物品运输许可证、烟花爆竹道路运输许可证等。

(6)办完手续后,接受相关安全教育,并听取管理人员的安全告知。

(7)运输具有特殊性质的爆炸品时,应按照具体要求严格执行。

2)装载过程

(1)运输车辆到爆炸品库房装货前,押运人员应先进行沟通,落实装载库区及车辆停靠点,并检视装载作业区的安全状况。

(2)联系客户,核对客户名称,清点所运物品的数量、品种、联合国编号、规格,确保与运输单证一致。

(3)再次检查车厢及橡胶底板、栏板的固定、链接、锁扣装置是否安全完好。

(4)装载时,应与仓库管理者核对品名、编码、序号、规格、数量、包装标志、安全技术说明书和安全标签,督促按照爆炸品操作规程有序堆码、捆扎,押运人员必须确保运输的爆炸品品种和数量无误,并做好货物的点收点交及单据交接工作。

(5)装载时,检查装载爆炸物品的包装是否符合道路运输的要求,内、外包装是否完好无损,包装标志是否齐全、清晰,不符合包装要求的拒绝装载。

(6)装载后,检查装载堆码是否符合要求,捆扎、固定是否牢靠。在装完货物车辆出库前,押运人员必须对其装车情况进行检查确认,再次检查车辆应配备器材齐备、完好,并签字认可,锁好车厢门,保管好钥匙。

(7)车辆起步前,检查爆炸品的装载安全措施及影响车辆起动的不安全因素,确认安全后,方可允许车辆起步。

3)运输过程

(1)押运人员在押运过程中要积极保持与单位的信息联系,落实好行车过程车门锁等防盗装置完好情况;检查货物堆码及安全情况,应认真观察周围情况,原则上每隔2小时进行一次安全检查,途中如发生爆炸物品丢失、被盗或其他突发事件必须按照应急预案立即报告。

(2)爆炸品运往矿区、山区工地等道路崎岖或复杂路段,押运人员应提醒驾驶人员保持高度警觉,严格控制车速,确保安全行车。

(3)对于有中途卸货的情况,在卸货以后,要重新对所剩产品堆码情况进行必要的调整,认真清数和捆扎,确定可靠无误后方能继续行驶。

4)到达卸货

(1)货物运达卸货地点后,联系客户,与收货人核对,确认到货时间、货物品名、联合国编号、数量、规格等信息无误,办理交接手续。因故不能及时卸货,应当按照操作规程要求将车辆停放在安全位置,在待卸货期间,应会同驾驶人员负责看管货物,并积极联系接货人或接货单位。

交货前,押运人员应对车辆装载情况进行一次检查,确认无异常后,方能卸车交货。卸货时,应告知装卸人员按照操作规程安全有序地卸载。押运人员进出货物装卸场所时应自觉遵守各项安全管理制度,不准携带火种,关掉手机,不准穿戴钉鞋和易产生静电的工作服。

(2)卸货过程中全程监督,并维持现场秩序,防止无关人员靠近(驾驶人员应予以协助)。

(3)交货时做好爆炸物品的点交、点收及单据交接工作,并确认产品安全顺利交接;卸完货物后检查车厢内是否有爆炸物品残留,做好车辆清洁工作。

(4)办完各种手续及时联系单位,告知产品安全到达。

5)任务完成回场

(1)回场后,协助驾驶人员做好车辆维护,确认车辆标志、标识、消防器具、导静电橡胶地地带,以及车厢及橡胶底板、栏板的固定、链接、锁口装置等处于安全完好状态,检查车厢地板及橡胶板缝隙中是否有爆炸品的残留物。若有不符合安全要求的情况,及时与驾驶人员沟通处理或报修。

(2)会同驾驶人员交清当班作业单据。

(3)归还装卸工具及安全防护用品。

2. 运输气体

1)出车前

(1)厢式及栏板式车辆装载前应对货车车厢进行彻底清扫,车厢内不得有与所装货物性质相抵触的残留物,车厢内严禁乘人。罐式车辆(包括罐式集装箱等)按照承运气体特性及相关要求和操作规程,进行罐体和附属设备检查。

(2)夏季运输气瓶应检查并保证瓶体遮阳设施、瓶体冷水喷淋降温设施等安全有效;除另有限运规定外,当运输过程中瓶内气体的温度可能高于40℃时,应对瓶体实施遮阳、冷水喷淋降温等措施。

(3)会同驾驶人员检查运输车辆有关证件是否有效。承运的气体属于剧毒化学品的,应当核查托运人提供的由公安机关核发的剧毒化学品道路运输通行证。

2)装卸过程

(1)气瓶在装车时要旋紧瓶帽(图3-1-1),并注意保护阀门,防止撞坏。车下人员须待车上人员将气瓶放妥后,才能继续往车上装瓶。气瓶应尽量采用直立运输,直立气瓶高出栏板部分不得大于气瓶高度的1/4。在同一车厢内不准有两人以上同时单独往车上装载气瓶。罐式车辆装载气体时,应根据所载气体的特性,严格按照相应操作规程进行充装。

图3-1-1 气瓶装车前操作

(2)卸车时,要在气瓶落地地点铺上铅垫或橡皮垫,必须逐个卸车,严禁溜放。罐式车辆卸载气体时,注意工作环境应符合要求,按照所载气体卸载操作规程实施卸载操作。

(3)装卸气瓶作业时,不要把阀门对准人身,注意防止气瓶安全帽脱落,气瓶应竖立转动,不准脱手滚瓶或转接,气瓶竖放时必须稳妥。对罐式车辆装卸,如集装束(长管拖车)等的装卸监管应加强,以吸取近几年的事故教训。易燃气体压力罐车装卸时,押运人员应检查管道接头、仪表、泄压阀等安全装置的情况良好,并接通导除静电装置。

(4)装卸有毒气体时,根据货物特性,应预先采取相应的防毒措施。装卸氧气瓶时,要注意工作服、手套和装卸工具上不得沾有油脂。使用的装卸机械工具应装有防止产生火花的防护装置,不得使用电磁起重机搬运。库内搬运应备有橡胶车轮的专用小车,并将装瓶槽木架固定在小车上。

3)运输过程

(1)当罐内液温达到40℃时,应对罐体遮阳或冷水喷淋降温,防止罐体暴晒。车上严禁吸烟,并应配备有相应的灭火器材,如干粉或清水灭火器、二氧化碳灭火器等,严禁使用四氯化碳灭火器。压力容器罐车在运输途中,押运人员应密切注视容器压力表工作情况,当压力超出正常范围时应当按照预案及时处置。

(2)运输气瓶途中应尽量避免紧急制动,转弯时车辆应减速。

(3)运输低温液化气体的罐体及设备受损、真空遭破坏时,应站在上风口操作,打开放气阀卸压,注意防止烫伤。一旦发生紧急情况,驾驶人员应将车辆开到距火源较远的地方。

(4)压缩气体遇燃烧、爆炸等险情时,应向气瓶大量浇水,使其冷却并及时移出危险区域。气瓶从火场上救出后,应及时通知有关技术部门另做处理,不可擅自继续运输。易燃气体、助燃气体泄漏时注意拧紧阀门。有毒气体泄漏时应迅速将车移到空旷安全处,戴上防毒面具,站在上风处抢修。易燃、助燃气体泄漏时严禁火种靠近。

3.运输易燃液体

1）出车前

（1）根据所装货物和包装情况（如化学试剂、油漆等），协助驾驶人员随车携带好遮盖、捆扎、堵漏等防散失及泄漏工具,并检查随车灭火器是否完好,车辆货厢、罐体内不得有与易燃液体性质相抵触的残留物,确认罐体的相关附属设施、仪表等安全、完好,以及罐体是否在有效检验周期内使用等。

（2）会同驾驶人员检查运输车辆有关证件是否有效。承运的易燃液体属于剧毒化学品的,应当核查托运人提供的由公安机关核发的剧毒化学品道路运输通行证。

2）装卸过程

（1）装卸作业现场必须远离火种、热源。操作时货物不准撞击、摩擦、拖拉；装车堆码时,桶口、箱盖一律向上,不得倒置；箱装货物,堆码整齐,最高一层如超过栏板,必须向内错位骑缝堆装,罩好网罩,用绳捆扎牢固。

（2）钢桶盛装的易燃液体,不得从高处翻滚卸车。卸车过程中从车上溜放或滚动操作时,应采取防止火星的措施,周围需有人接应,严防钢桶撞击致损。

（3）钢制包装件多层装载时,层间必须采取合适衬垫,并应捆扎牢固。

（4）对低沸点或易聚合的易燃液体,如发现其包装容器内装物膨胀（鼓桶）现象时,不得继续装车（图3-1-2）。

图3-1-2　装车前检查工作

3）运输过程

（1）运输易燃液体,车上人员不准吸烟,车辆不得接近明火、高温场所。装运易燃液体的罐车应有导除静电拖地带,罐内应设有孔隔板以减少振荡产生静电。

(2)装运易燃液体的车辆,严禁搭乘无关人员,途中应经常检查车上货物的装载情况。发现异常情况时及时采取有效措施。

4.运输易燃固体、易于自燃的物质和遇水放出易燃气体的物质

1)出车前

(1)危险货物运输车辆货厢、随车工属具应清理干净,保持干燥,不得沾有水、酸类和氧化性物质。

(2)运输遇水放出易燃气体的物质,应采取有效的防水、防潮措施。

(3)会同驾驶人员检查运输车辆有关证件是否有效。

2)装卸过程

(1)应远离火种、热源,防止阳光直射,包装容器应密封,搬运时应轻装轻卸,不得摩擦、撞击、振动、摔碰。

(2)装卸易燃固体时,不得与明火、水接触,不得与酸类和氧化性物质配装。

(3)装卸易于自燃的物质时,应避免与空气、氧化性物质、酸类等接触;对需用水(如黄磷)、煤油、石蜡(如金属钠、钾)、惰性气体(如三乙基铝等)或其他稳定剂进行防护的包装件,应防止容器受撞击、振动、摔碰、倒置等情况造成容器破损,避免易于自燃的物质与空气接触发生自燃。

(4)遇水放出易燃气体的物质,不得与酸类、氧化性物质及含水的液体货物混装,不宜在潮湿的环境下装卸。若不具备防雨、雪的条件时,不准进行装卸作业。

(5)对容易升华、挥发出易燃、有害或刺激性气体的货物,装卸时应注意现场通风良好、防止中毒;作业时应防止摩擦、撞击,以免引起燃烧和爆炸。

(6)装卸钢桶包装的碳化钙(电石)时,应确认包装内有无填充保护气体。如未填充的,在装卸前应侧身轻轻地拧开桶上气口放气,防止爆炸、冲击伤人,应注意电石桶不得倒置。

(7)硝基化合物(如发孔剂H等)对撞击敏感,遇高热、酸易分解、爆炸,搬运时应轻装轻卸;装运时不得与酸性腐蚀性物质及有毒或易燃脂类危险品混装。

3)运输过程

运输过程中,应尽可能合理地保持阴凉,避开热源,防止阳光直射,防止受潮,保持通风良好。

5.运输氧化性物质和有机过氧化物

1)出车前

(1)有机过氧化物应选用控温厢式车辆;若货厢为铁质底板,需铺有防护衬垫。货厢应隔热、防雨、通风、保持干燥。

(2)车辆的货厢、随车工具应保持干净,且干燥,不得沾有酸类、煤炭、砂糖、面粉、淀粉、金属粉、油脂、磷硫、洗涤剂、润滑剂或其他松软、粉状等可燃物质。

(3)性质不稳定或由于聚合、分解在运输中能引起剧烈反应的危险货物,应加入稳定剂;

有些常温下会加速分解的货物,应控制温度。

(4)要控温运输的危险货物应保持规定的温度,并应做到:

①装车前彻底检查运输车辆、容器及制冷设备;

②驾驶人员和押运人员具备熟练操作制冷系统的基本知识和能力;

③配备备用制冷系统或备用相关部件。

2)装卸过程

(1)轻装轻卸,禁止摩擦、振动、摔碰、拖拉、翻滚、冲击,杜绝野蛮装卸作业,防止包装及容器损坏。

(2)装卸时发生包装破损,不能自行将破损包装换好包装,不得将撒漏物装入原包装内,必须另行处理。操作时,不得踩踏、碾压撒漏物,绝对禁止使用金属和可燃物(如纸、木等)处理撒漏物。

(3)如货物外包装为金属容器,装车时应单层摆放。需多层装载时,应采用性质上与所运物质相容且不燃材料的衬垫,应使用非易燃的加固和防护材料。

(4)装卸操作应避免包装件阳光直晒、淋雨和受潮。

(5)漂白粉及无机氧化性物质中的亚硝酸盐、亚氯酸盐、次亚氯酸盐不得与其他氧化性物质配装。

3)运输过程

(1)氧化性物质不能和易燃物质混装运输,尤其不能与酸、碱、硫黄、粉尘类(如炭粉、糖粉、面粉、洗涤剂、润滑剂、淀粉)、油脂类货物配装。

(2)有机过氧化物运输严禁混有杂质,特别是酸类、重金属氧化物、胺类等物质。

(3)有机过氧化物的混合物按所含最高危险有机过氧化物的规定条件运输,并确定自行加速分解温度(SADT),必要时控制温度。

(4)通常不要求温度控制运输的有机过氧化物,在环境温度超过55℃时,必须进行温度控制。

(5)运输组件内空气温度应该由两个相互独立的传感器来测量,其输出应该被记录,以便在温度改变时容易被发觉。其温度应每4~6小时检查一次,并记录下来。当所运物质温度低于25℃时,这个运输组件应安装报警装置,电源和制冷系统相互独立,设定工作或低于控制温度。

(6)运输过程中,温度超过控制温度,必须采取相应补救措施;温度超过应急温度,必须启动有关应急程序。

(7)有机过氧化物必须放入稳定剂后方可运输。

(8)远离热源,严禁受热、淋雨、受潮,避免阳光直晒,保持通风。

6.运输毒性物质和感染性物质

1)毒性物质出车前

(1)除有特殊包装要求的剧毒品采用化工物质专业罐车运输外,毒性物质应采用厢型货车运输。

（2）根据所装卸货物的毒性、状态及包装，应携带好相应的劳动防护用品（如工作服、手套、防毒口罩或面具等）、防散失、防雨、捆扎等工属具。

（3）会同驾驶人员检查运输车辆有关证件是否有效。

2）毒性物质装卸过程

（1）作业人员应根据不同货物的危险特性，分别穿戴好相适应的防护服装、手套、防毒口罩、面具和护目镜等。严禁赤脚、穿背心短裤，皮肤破伤者不能装卸毒性物质。

（2）装卸作业前对刚开启的仓库、集装箱、封闭式车厢要先进行通风排气，驱除积聚的有毒气体，各种毒性物质浓度低于最高容许浓度才能开始作业。

（3）认真检查货物包装，尤其是包装外表，应无残留物，特别是剧毒、粉状的货物，包装外表更应加以注意，发现包装破损、渗漏，则拒绝装运。

（4）装卸操作时，作业人员尽量站立在上风处，不能在低洼处久等待，应做到轻拿轻放，尤其是对易碎包装件或纸质包装件不能摔打，避免损坏包装使毒物洒漏造成危害。

（5）堆码时，要注意包装件上的图示标志，不能倒置，堆码要靠紧堆齐，桶口、箱口向上，袋口朝里。小件易失落货物（尤其是剧毒品氰化物、砷化物、氰酸酯类），装车后必须用苫布严盖，并捆扎牢固。

（6）对刺激性较强的和散发异臭的毒性物质，装卸人员应采取轮班作业。在夏季高温期，尽量安排在早晚气温较低时作业，晚间作业应用防爆式或封闭式的安全照明。在下雪和冰封时作业，应有防滑措施。

（7）无机毒性物质不得与酸性腐蚀性物质配装，不得与易感染性物质配装。

（8）有机毒性物质不得与爆炸品、助燃气体、氧化性物质、有机过氧化物等酸性腐蚀物质配装。

（9）忌水的毒性物质（如磷化铝、磷化锌等），应防止受潮。

（10）毒性物质严禁与食用、药用及生活用品等同车拼装。装运后的车辆及工属具要严格清洗消毒，未经安全管理人员检验批准，不得装运食用、药用、生活等用品及活的动物。

（11）装卸操作人员不能在货物上坐卧、休息，不能用衣袖擦汗。如皮肤受到沾污，要立即用清水冲洗干净。

（12）要尽量减少与毒性物质的接触时间，现场监护人要加强对作业人员的关注，发现有头晕、恶心、呕吐、呼吸困难、惊厥、昏迷等现象，要立即移送到新鲜空气处，脱去污染的衣着，服用1%的大苏打水溶液，及时送医院抢救。

（13）作业结束后要换下防护服，洗手洗脸后才能进食、饮水或吸烟。工前、工后都应禁止饮酒。防护用品每次使用后必须集中清洗，不能穿戴回家。

3）毒性物质运输过程

装运毒性物质时，要每隔2小时检查一次包装件的捆扎情况，防止丢失。行车中避开高温、明火场所。

4)感染性物质出车前

(1)作业人员应接受相关专业技术、安全防护以及应急处理等知识的培训。应穿戴专用安全防护服和用具。定期进行健康检查,必要时,对有关人员进行免疫接种,防止受到健康损害(图3-1-3)。

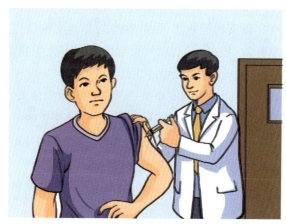

图3-1-3 定期进行免疫接种

(2)认真检查盛装感染性物质的每个包件外表的警示标识,核对医疗废物标签,标签内容包括:医疗废物产生单位、产生日期、类别及需要的特别说明等。标签、封口不符合要求时,拒绝运输。

(3)道路运输医疗废物车辆应有明显的医疗废物标识,须达到防渗漏、防遗撒及其他环境保护和卫生要求。运送医疗废物的车辆不得运送其他物质。

(4)会同驾驶人员检查运输车辆有关证件是否有效。

5)感染性物质装卸过程

(1)根据不同的医疗废物分类,作业人员在工作中应穿戴好相适应的防护服装、手套、防毒口罩、面具和护目镜等。

(2)作业人员发生被医疗废物刺伤、擦伤等伤害时,应采取相应的处理措施,并及时报告相关部门。

6)感染性物质运输过程

(1)按照有关部门规定的时间和路线,从医疗废物产生地点运送至指定地点。

(2)在运送医疗废物时,应防止包装物或容器破损和医疗废物的流失、泄漏和扩散,并防止医疗废物直接接触身体。

(3)运输过程中,车厢内温度应控制在所运送医疗废物要求的温度范围之内。

(4)运送医疗废物的专用车辆使用后,应当在医疗废物集中处置场所内及时进行消毒和清洁。

7)运输剧毒化学品出车前

(1)接受任务后,应到调度室办理相关手续,验证票据,询问核实托运人提供的由公安部门出具的剧毒化学品道路运输通行证,明确所载明的购买单位的名称、地址和购买人员的姓名、身份证号码及所购剧毒化学品的品名、数量、用途、承运人、收货单位等信息,熟悉运输始发地和目的地、运输路线、运输单位、有效期限、经停地点、包装材料和包装方式;剧毒化学品的特性、出现险情的应急处置方法。

(2)办好手续后,应到票据管理部门对票据进行签章并打印收货收条。

(3)签章后将留调度室备案的提货单返回调度室,并再次确认相关注意事项。核查车辆的有关证件、标志应齐全有效、技术状况良好。根据所运剧毒化学品特性,随车携带防潮、降温防火、防毒等工具和应急处理设备、劳动防护用品。

(4)确认无误后,应将办好的手续到安全生产部门进行数据输入,输入完毕,应与操作人员对单位管理卡和产品出库卡的数据进行确认,并作好标识便于区分。

(5)办完手续应进行安全教育登记,接受安全教育,应认识到押运安全教育的重要性,必须主动、认真接受出车前安全教育,对照安全教育内容逐一检查。

(6)若需持枪械执行押运任务,应到保卫部门按规定填写枪械领用申请登记表,并严格按要求遵守和执行相关规定(图3-1-4)。

图3-1-4　领取申请登记表

(7)接受完安全教育后,应立即到企业办理相关手续,联系驾驶人员查看车辆状况,并整理好个人相关物品准备出车。

8)运输剧毒化学品装载过程

(1)运输车辆到剧毒化学品库房装载货物,押运人员应与库管员进行沟通,落实装载库区及车辆停靠点。

(2)车辆的车厢底板应平坦完好、栏板牢固,车厢或罐体内不得有与所装剧毒化学品性质相抵触的残留物。

(3)装载剧毒化学品时,应与库管员核对剧毒化学品的品名、数量、包装标志、安全技术说明书和安全标签,核查剧毒化学品包装。

(4)督促按照剧毒化学品操作规程有序堆码、捆扎,押运人员必须确保运输的剧毒化学品品种、数量无误,质量可靠。

(5)装载剧毒化学品时确认剧毒化学品的品名、数量无误,包装容器完好,不超高、不超载,且捆扎牢固、遮盖严实。当木箱包装产品和纸箱包装产品同车运输时,要督促采取可靠措施,防止纸箱被木箱磨烂、压烂或被捆扎绳勒坏的现象。

(6)监督装载作业全过程的安全工作,装完剧毒化学品出库前,检查车辆配备器材完整好用,认真检查剧毒化学品运输车辆的货厢门铰链应固定可靠、旋转自如、锁止结构安全可靠,并签字确认。

(7)剧毒化学品装载完成后,应严格按照操作规程办理交接手续,不得擅自离岗、脱岗,应使货物随时处于押运人员的监管之下,以防止危险货物被盗、丢失等事故的发生。

9)运输剧毒化学品运输过程

(1)运送剧毒化学品时,发车前,必须对其装车情况进行检查确认,并签字认可,锁好车厢门,保管好钥匙。

(2)运输途中,应督促驾驶人员按照规定的运输路线、经停地点、运行速度和各项安全规定运行,并做好翔实押运记录。途中需要改变运输路线、经停地点必须报请公安部门批准。

(3)途中认真观察周围情况,每隔2小时要停车检查,严防剧毒化学品丢失、被盗和发生其他情况。行车途中发现捆扎松动或脱绳、断绳等现象应重新捆扎,安全可靠后再继续行驶。若在途中临时停车时,押运人员应坚守押运岗位。若剧毒化学品在运输途中需要较长时间停车,押运人员应向当地公安机关报告,否则由公安机关责令改正,处1万元以上5万元以下的罚款。

(4)剧毒化学品途中发生被盗、丢失、流散、泄漏等情况时,必须立即向当地公安部门报告,并与驾驶人员协同配合,采取一切可能的警示措施。

(5)车辆驾驶室内如安装了监视器,要负责实时监控。

(6)中途如有卸货,要重新对产品堆码情况进行必要的调整,重新清数和捆扎,确定可靠无误后方能继续行驶。

10)运输剧毒化学品到达卸货

(1)货物运达卸货地点后,应与收货人核对,确认到货时间、剧毒化学品的品名、数量等信息,双人双签办理交接手续。因故不能及时卸货,应当按照操作规程要求将车辆停放在安全位置,设立警示标志,在待卸期间,应会同驾驶人员负责看管货物。卸货时,应督促装卸人员按照操作规程安全有序地卸载危险货物。

(2)到达目的地后确认剧毒化学品安全并顺利交接,要检查车辆是否被污染,办完各种手续后,及时以短消息形式联系单位,汇报产品安全到达。

(3)到达卸货点若遇有其他车从事装卸作业时,押运人员应督促驾驶人员将车辆靠在安全地带,远离水源和人畜,并设立标志。

(4)货物到达目的地以后,要协调收货单位在剧毒化学品道路运输通行证上签证物品到达情况。返回后将剧毒化学品道路运输通行证和收货单等及时交回有关部门。剧毒化学品交接工作实行双人收发制度。

11)运输剧毒化学品任务完成回场

车辆安全返回后,应及时归队报到,汇报工作情况,交接相关手续,车辆被污染的,应及时安排到指定地点洗车,准备接受新的任务安排。

7.运输腐蚀性物质

1)出车前

根据承运危险货物性质配备相应的防护用品和应急处理器具。车辆技术状况和罐体以及相关附属装置完好可靠,且均在有效周期内;运输车辆及车组人员证件齐全、有效。

2)装卸过程

(1)装卸作业前应穿戴耐腐蚀的防护用品(图3-1-5),对易散发有毒蒸气或烟雾的,应备有防毒面具;并认真检查包装、封口是否完好,要严防渗漏,特别要防止外包装破烂脱底。

图3-1-5 穿戴耐腐蚀的防护用品

(2)装卸作业时,应轻装、轻卸,防止容器受损。液体腐蚀性物质不得肩扛、背负;忌振动、摩擦的货物或易碎容器包装的货物,不得拖拉、翻滚、撞击,没有封盖的包装件不得堆码装运。

(3)具有氧化性的货物不得接触可燃物和还原剂。

(4)有机腐蚀性物质严禁接触明火、高温或氧化性物质。

(5)酸性腐蚀性物质与碱性腐蚀性物质不得混装,无机酸性腐蚀性物质不得与有机腐蚀性物质混装。

(6)装载必须按规定吨位装载,并留有相应的膨胀余位,严禁超载。

3)运输过程

(1)运输途中发现货物撒漏时,要立即用干砂、干土覆盖吸收,清除干净后用清水清洗;大量溢出时,应立即向当地公安、环保等部门报告,并采取一切可能的警示措施。酸性货物撒漏,用碱性稀溶液中和,碱性货物撒漏,用酸性稀溶液中和。

(2)运输途中发现货物着火时,注意道路运输危险货物安全卡和危险性识别号的要求,不得用水柱直接喷射,以防腐蚀性物质飞溅;对遇水发生剧烈反应,能燃烧、爆炸或放出有毒气体的货物,不得用水扑救。着火货物是强酸时,应尽可能抢出货物,以防止高温爆炸、酸液飞溅,无法抢出时,可用大量水将其容器降温。

(3)事故扑救人员必须穿戴防护用品,对易散发腐蚀性蒸气,或有毒气体的货物,必须使用防毒面具。扑救人应站在上风处。

(4)如果有人被腐蚀物质灼伤时,应立即用大量水冲洗以稀释酸、碱性,必要时送医院救治。

8.运输杂项危险物质和物品(包括危险废物)

近些年,随着社会发展和科学技术以及工业技术的不断进步,出现了诸多分不到前八类危险货物中的新危险货物,则就划入第九类的杂项危险物质和物品中。这些货物在装卸和运输过程中发生了不少生产安全事故,应引起必要的关注和重视。

1)出车前

根据承运的杂类危险物质和物品(包括危险废物)的性质,配备相应的防护用品和应急处理器具。

2)装卸过程

(1)装货作业前,如果运输危险废物,应查看危险废物转移联单,熔融金属按操作规程进行相关检查和确认,其他货物依据相应要求,认真检查包装、封口是否完好,要严防渗漏,特别要防止外包装破烂脱底等(图3-1-6)。

图3-1-6 查看货物包装是否完好

(2)装卸作业时,应轻装、轻卸,防止容器受损。

(3)装载必须按规定吨位装载,严禁超载。

3)运输过程

(1)运输途中发现货物撒漏时,要立即用干砂、干土覆盖吸收,清除干净后用清水清洗;大量溢出时,应立即向当地公安、环保等部门报告,并采取一切可能的警示措施。

(2)运输途中发现货物着火时,不得用水柱直接喷射。

(3)事故扑救人员必须穿戴防护用品,对易散发腐蚀性蒸气,或有毒气体的货物,必须使用防毒面具。扑救人应站在上风处。

(七)几种大宗危险货物押运要求

在运输的危险货物中,散装固体、液化石油气、成品油和压缩天然气运输量很大,属于大宗危险货物,应严格按照押运要求运输。

1. 散装固体

1）出车前

按照不同的散装固体危险货物具体特性，进行相关准备工作。

2）装卸过程

（1）易撒漏、飞扬的散装粉状危险货物，包装好后方可装运。

（2）散装煤焦沥青在高温季节应在早晚进行装卸作业。

（3）装卸硝酸铵，环境温度不超过40℃，应注意现场应保持足够的水源。

（4）装卸会散发有害气体或致病微生物的固体，要注意人身保护和采取必要的预防措施。

3）运输过程

（1）装车后必须用苫布遮盖严密，必要时应用大绳捆扎，防止飞扬。

（2）行车中尽量避免紧急制动，转弯必须减速，防止物体移动，造成车辆侧翻。

（3）按照不同危险货物的特性，选择运输时间、路线、运行速度等，保障运输安全。

2. 液化石油气

1）出车前

注意检查液化石油气专运厢型货车的发动机（机舱内）应安装快速火花熄灭装置。

2）装卸过程

（1）装卸过程中，要求对钢瓶依序码平，并对钢瓶捆扎牢固，钢瓶只许立放，严禁倒放和卧放。严禁在车厢内乘人。

（2）不准将漏气瓶、严重破损瓶（报废瓶）、异形瓶装车。

3）运输过程

（1）液化石油气罐车在行驶时，必须按当地公安部门规定的路线、时间和车速行驶，不准带拖挂车，不得携带其他易燃、易爆危险物质。通过隧道、涵洞、立交桥时，要注意标高，限速行驶，当罐车内温度达到40℃时，应采取遮阳或罐外冷水降温措施。

（2）在途中需停车检修时，应用不产生火花的工具，并不准有明火作业。如途中停车需超过6小时，应与当地公安部门联系，并按指定的安全地点停放。

（3）罐车液化石油气若发生大量泄漏时，应采取紧急止漏措施，一般不得起动车辆，立即采取防火、灭火措施，切断一切火源，设立警戒区，并组织人员向逆风方向疏散。

（4）装有重瓶的车辆在停止状态时，必须将车厢顶部的开窗全部敞开并锁好窗销，不准关闭车厢顶部开窗。

（5）车辆在行驶前要求将车厢后门、侧门锁牢方可运行，不准敞开行驶。严禁超载运行。

3. 成品油

1）出车前

作业人员进出油库要穿着防静电工作服和工作鞋，并遵守油库的有关规定，不带火种进库，应接受检查。

2)装卸过程

(1)在灌装油料前、放油后监督驾驶人员检查阀门和管盖是否关牢,检查并接好导静电橡胶拖地带,保持接地良好。严禁罐车顶部载物。

(2)汽车油罐车的灌装使用泵送和自流灌装。

(3)油罐车进站卸油时,其他车辆不准进入,停止加油,并要有专人监护,避免行人靠近。测量油量要在卸完油30分钟以后进行,以防测油尺和油液面、油罐间的静电放电。

(4)最好采用密闭卸油,用这种方法卸油是在地下油罐和油罐车之间加一条油气管道,从油罐车流向地下油罐,而地下油罐内的油气沿着管道流向油罐车,进行油气置换。

(5)卸油时发动机应熄火,雷雨天应停止卸油。

(6)卸油时检查并接好导静电橡胶拖地带或其他导除静电装置,保持卸载成品油时始终保持导静电拖地带接地,或其他导除静电装置可靠。装好卸油胶管,当确认所卸油品与储油罐存储的油品品类相同时,方可慢慢开启放油阀门。

当槽罐车采用上装下卸时,需要实现油气回收且保证回收效果,保证装车臂的垂管插入槽车后,垂管上的密封装置将槽车罐口密封严实,以防油气溢出扩散,从而污染大气;当采用下装下卸时,采用干式分离阀与汽车对接,专用油气回收通道,将油气集中回收处理,也可以通过汽车与储罐之间形成闭环,流体装入汽车后,油气回流到储罐内。

(7)卸油前要检查油罐的存油量,以防止卸油时冒顶跑油。卸油时严格控制流速,在油品没有淹没进油管口前,油的流速应控制在0.7~1m/s,以防止产生静电。

(8)卸油中要做到不冒、不洒、不漏,各部接口牢固,卸油时不得离开现场,与加油站人员共同监视卸油情况,发现问题随时采取措施。

(9)卸油时,油管应伸至离罐底不大于300m处,以防止进油时喷溅产生静电。

(10)卸油要尽可能卸净,当加油站管理人员确认罐内已无储油时,方可关闭放油阀门,收好放油胶管,盖严油罐盖。

3)运输过程

(1)在通过隧道、涵洞、立交桥时,要注意标高,限速行驶,当罐车内温度达到40℃时,应采取遮阳或罐外冷水降温措施。

(2)汽油罐车,平时应按规定的位置单独停放。存满汽油的罐车不得进入车库停放。

4.压缩天然气

1)出车前

(1)压缩天然气罐式车辆(包括罐式集装箱等)按照承运气体特性及相关要求和操作规程进行罐体和附属设备检查。

(2)夏季运输气瓶应检查并保证瓶体遮阳设施、瓶体冷水喷淋降温设施等安全有效。

(3)会同驾驶人员检查运输车辆有关证件是否有效。

2)装卸过程

(1)装卸人员应穿戴防护用品,装卸大型气瓶或气瓶集装(格)箱,在起重机下操作时必须戴好安全帽等。

（2）气瓶在装车时要旋紧瓶帽，并注意保护阀门，防止撞坏。车下人员须待车上人员将气瓶放妥后，才能继续往车上装瓶。在同一车厢内不准有二人以上同时单独往车上装载气瓶。罐式车辆装载气体时，应严格按照压缩天气相应操作规程进行充装。

（3）卸车时，要在气瓶落地地点铺上铅垫或橡皮垫，必须逐个卸车，严禁溜放。罐式车辆卸载气体时，注意工作环境应符合要求，按照压缩天然气卸载操作规程实施卸载操作。

（4）装卸气瓶作业时，不要把阀门对准人身，注意防止气瓶安全帽脱落，气瓶应竖立转动，不准脱手滚瓶或传接，气瓶竖放时必须稳妥。罐式车辆装卸必须严格按照操作规程进行，如集装束（长管拖车）等的装卸监管，尤其是应吸取近几年事故的教训。

（5）装运大型气瓶（盛装净重在0.5t以上的）或成组集装气瓶时，瓶与瓶、集装架与集装架之间需填牢木塞，集装架的瓶口应朝向行车的上方或左方，在车厢后栏板与气瓶空隙处必须有固定支撑物，并用紧绳器紧固，严防气瓶滚动，重瓶不准多层装载。

3）运输过程

（1）当罐内液温达到40℃时，应对罐体遮阳或冷水喷淋降温，防止罐体暴晒。车上严禁吸烟，并应配备有相应的灭火器材，如干粉或清水灭火器、二氧化碳灭火器等，严禁使用四氯化碳灭火器。

（2）运输气瓶途中应尽量避免紧急制动，转弯时车辆应减速。罐式车辆必须掌握罐体工作动态，集装束车辆（长管拖车）应按照操作规程认真驾驶。

（3）运输低温液化气体的罐体及设备受损、真空遭破坏时，应站在上风口操作，打开放气阀卸压，注意防止烫伤，一旦发生紧急情况，驾驶人员应将车辆开到距火源较远的地方。

（4）压缩天然气遇燃烧、爆炸等险情时，应向气瓶大量浇水，使其冷却并及时移出危险区域。气瓶从火场上救出后，应及时通知有关技术部门另做处理，不可擅自继续运输。易燃气体泄漏时注意拧紧阀门，严禁火种靠近（图3-1-7）。

图3-1-7　防范出现气瓶爆炸

模块三　道路危险货物运输押运人员专业知识

单元二　危险货物运输安全状态检视

一　危险货物充装过程安全检视

（1）检视装载作业区的安全状况。督促驾驶人员按照装卸作业的有关规定，将车辆驶入装卸作业区，并使车辆停放在容易驶离作业现场的位置上。停靠货垛时，应听从作业区人员的指挥，车辆与货垛之间要留有安全距离；待装、待卸车辆与装卸货物的车辆应保持足够的安全距离，不准堵塞安全通道。驾驶人员、押运人员严禁携带火种，并且必须关闭随身携带的手机等电子设备，禁止穿着易产生静电或火花的工作服和工作鞋（图3-2-1）。非紧急情况下，任何人不应打开含危险货物的包件。

图3-2-1　作业着装规范

（2）检视运输单据与托运货物的一致性。根据本次运输任务的相关单据与托运人核对欲装载危险货物的品名、联合国编号、数量、物理化学形态、危害风险等信息是否与托运危险货物一致。

（3）检视安全条件、运单信息与装载货物的一致性（图3-2-2）。装载前检查：装载货物前，押运人员要告知装卸管理人员严格审核装载作业安全技术条件（包括但不限于装载作业工具、作业场所设施设备、环境安全以及作业人员岗位证件等），按照装载作业规程操作，装载作业工具完好，符合技术要求，认真检查货物包装是否破损及包装完整状况。对于不符合规定的货物，应拒绝装载，并立即报告相关部门。

（4）检视危险货物装载过程中操作的规范性。

图3-2-2　检查运载货物信息

负责监督装载作业按操作要求进行,在危险货物装载过程中,若需移动车辆时,应督促驾驶人员先关上车厢门,在保证安全的情况下才能移动。

(5)检视装载的合规与风险。在装载过程中,车辆附近和车内禁止吸烟和使用明火,包括电子香烟及其他类似产品。押运人员不远离车辆,负责监装,确保货物装载合理、稳固,所装运货物总质量在核定载质量范围内,不超载、超限,且没有与车厢内残留物发生反应的风险。对于需要特殊防护的货物,如易碎品、易燃品等,要采取相应的防护措施。

(6)检视车厢内混入严禁混装运输的其他货物的风险。在混装运输不同性质危险货物时,应严格按照JT/T 617.6规定的"危险货物道路运输混合装载通用要求"装载货物,严禁性质或消防方法相抵触的危险货物混装在同一辆车上,更不允许与食品、药品等混装在同一车厢内运输。

(7)装载后的再次检视。装载完毕后,检视货物的捆绑是否牢固,车辆及罐体上应关闭、锁止、收回到位的机构或装置等均到位,有无异常情况,确认无误后才能出发。

(8)押运人员应将以上检视工作内容形成检视记录登记入检视台账。

二 危险货物行车过程中安全检视

1. 检视行车路线与速度

驾驶人员应选择合理的运输路线,避开城镇、居民区、危险货物运输车禁止通行区域等。按照规定严格控制行车速度,遵守交通规则,不超速、不强行超车和会车。在夜间、雨雾等恶劣天气条件下,要降低车速,加大行车间距。

2. 货物状态检视

运输过程中,应密切注意车辆所装载的危险货物的状态,根据装载货物的特性,每隔一段时间进行停车检查,如发现问题及时会同驾驶人员采取措施妥善处理,根据气候及危险货物的特性,做好相应的遮阳、防爆、防静电、防火、防冻、防水、防撒漏等措施。

3. 乘车人员检视

押运人员要乘坐于押运人员座位,车上严禁搭乘无关人员,防止意外发生。同时,押运人员要监督驾驶人员的驾驶行为,制止超速、疲劳驾驶等违规行为。

4. 运输途中的检视

(1)押运人员在运输过程中,确保危险货物处于押运人员监管之下,不发生货损、货差。运输一类危险货物的,当单位要求托运人随车提供技术指导的,应主动与技术指导建立联系,解决押运途中可能出现的技术问题。

(2)在危险货物道路运输过程中,押运人员与驾驶人员严禁吸烟。

(3)监督和提醒驾驶人员做好以下安全行车工作。

①驾驶操作是否规范,做到"一般不得超车、强行会车及紧急制动",杜绝不规范运输行为;按照规定的运输路线行驶,坚决制止驾驶人员将车辆驶入禁止通行的区域;途中的行驶速度应限制在规定限速之内。

②提醒驾驶人员按照规定停车休息,制止疲劳驾驶行为;协助驾驶人员检查车辆安全技术状况,并检查危险货物的状况是否正常、罐车有无泄漏;车辆临时停靠应符合有关规定。

③提醒驾驶人员注意运输途中的限高标志、交通信号及交通管理人员的指挥。

(4)车辆运输途中,押运人员不得擅自离岗、脱岗。需要临时停车的,应当协助驾驶人员选择安全条件较好的区域停车,途经高速公路的,应当选择服务区停靠车辆;高速公路上发生车辆故障或罐体泄漏等情形时,应当报告当地公安部门,启动应急预案,在公安部门的引导下按照应急预案进行处置,严禁未经许可驶入高速公路服务区进行应急处置。

(5)在运输过程中,发生交通事故或货物被盗、丢失、泄漏等情况时,应立即拨打"110"或道路运输危险货物安全卡上的紧急救助电话,并及时向单位有关负责人报告,对事故情况和危险货物名称、特性等进行详细描述,并针对危险货物特性采取必要的初级应急处理措施。

(6)应如实做好车辆运行情况(时间、速度、临时停车地点等)和货物捆扎、紧固、货物温度变化(有控温要求的货物)等检查情况,以及突发事件情况等记录。

三 危险货物卸载过程安全检视

1.卸货前检视

卸货前,联系收货人,落实货物运达卸货地点;押运人员要告知装卸管理人员严格审核卸货作业安全条件,按照卸货作业规程操作,卸货作业工具完好且符合技术要求;要与收货人核对客户单位、货物名称、联合国编号、规格、数量是否与运输单证相符。对于不符合规定条件的,应拒绝卸载。

2.卸载过程检视

检视卸载作业区安全,监督作业人员按要求穿戴安全防护用具,卸载作业人员按相关规定卸货作业。在卸载过程中,押运人员不得远离车辆,负责监督卸载,与收货人一道清点货物,确保卸载货物完好、不遗留车内,避免出现货损货差,且没有遗留车厢内的风险。对于需要特殊防护的货物,如易碎品、易燃品等,要采取相应的防护措施确保卸载安全。

3.卸载后的检视

卸载完毕后,检查车厢内有无异常情况,检查车厢内是否有危险货物泄漏、残留。确认无误后才能出发,发现若有泄漏车内的残留物,应及时报告企业,并按照企业安排在具有资质的清洗企业清洗车辆。

4.回场后的检视

(1)协助驾驶人员做好车辆检查维护。检查车辆标志、标识、消防器具、导静电拖地带,以及车厢、栏板的固定、链接、锁口装置的完好情况,罐车的装、卸阀门完好情况,若有不符合安全要求应及时与驾驶人员沟通、报修,若发现车辆被污染,应及时到指定地点进行清洗,消除污染,严禁危险货物运输车辆在卸货后直接实施排空作业等活动。

(2)会同驾驶人员交清当班作业单据,归还有关工属具及安全防护用品。

(3)及时向管理人员报告运输作业过程中的有关客户、运输安全、质量方面的情况。

单元三 危险货物运输车辆停车监护

危险货物道路运输过程中,应确保合理的休息,认真落实日间连续驾驶不超过4小时,夜间连续驾驶不超过2小时,每次停车休息时间不少于20分钟的要求。落实停车休息检视工作相关事项。

一 道路危险货物运输停车地点要求

首先,危险货物运输车辆应到有条件的停车场或高速公路服务区指定地点停放,严禁在其他路段或区域随意长期停放。危险货物运输车辆需在高速公路服务区停车的,驾驶人员、押运人员应当按照有关规定采取相应的安全防范措施。

其次,通行非高速公路时应选择没有禁止危险货物运输车辆停车标志的路段或地点,禁止在城市中心区、基本农田保护区、饮用水源等禁止危险化学品运输车辆通行的区域停车。停车点应远离热源、火种场所和人口密集区,政府机关、学校附近、名胜古迹、风景游览区及相关敏感地域等地停车,停车后应有专人看管。

再者,为了避免因温度过高或遇到火源引发危险货物的燃烧、爆炸等事故,停车场地应当通风良好,要远离火种、热源,防止阳光直射。

而且,车辆应当停放在专用的停车场或者临时停车点,停车场要具备相应的安全设施,如消防设备、应急救援设备等,以应对可能出现的紧急情况。进入高速公路服务区临时停靠,应当尽可能选择设置有危险货物运输车辆临时停靠的服务区停靠,若高速公路服务区没有设置危险品车辆停车区,应协助驾驶人员选择车辆少、人员流动少、离加油站和充电区以及有车辆修理点和可能产生热源距离远的合适区域停车。

危险货物运输车辆运输途中出现车辆事故、货物泄漏或包装物损坏,应当启动救援预案应急处置,不得进入高速公路服务区停车场停靠处置。

二 道路危险货物运输停车监护

(一)停车监护

一般情况:当车辆需要临时停车时,押运人员必须坚守岗位,不得随意离开车辆,时刻留意车辆及货物状态,如发现货物有泄漏、冒烟等异常情况能及时处理,并按照随车道路运输危险货物安全卡要求启动危险货物道路运输应急预案。

如果停车时间较长,驾驶人员、押运人员进行轮流监护。在易发生事故的环境下(如在雷暴和高温天气靠近易燃易爆区域停车),更要加强警惕,增加检查频率;如运输剧毒、爆炸性货物,若停车时间较长,应向当地公安部门报告。

(二)停车监护工作要求

(1)检查车辆状况。停车后要检查车辆的制动及转向系统、轮胎等关键部位,确保车辆在再次启动时能安全行驶。比如查看轮胎是否有漏气、鼓包现象,制动和转向系统是否正常工作存在隐患。

(2)检查货物状态。检查危险货物的包装是否完好,有没有发生泄漏。特别是对于液体、气体类危险货物,要检查相关安全装备工作状态如紧急切断阀是否处于关闭情况,查看容器的密封性。如运输浓硫酸,要确保容器没有滴漏现象。

(3)遵守停车规定。必须停在允许危险货物运输车辆停放的区域,且要按照规定设置警示标志。警示标志要放置在明显位置,能让其他车辆和行人容易看到,提醒他们保持安全距离。

(4)记录相关情况:驾驶人员和押运人员应当对停车的时间、地点、车辆状况、货物状态等情况做好详细记录(图3-3-1),这些记录可以为后续运输过程提供参考,也有助于在发生事故时追溯情况依据。

图3-3-1 运输过程做好相关记录

模块四

道路危险货物运输装卸管理人员专业知识

模块四 道路危险货物运输装卸管理人员专业知识

单元一 危险货物装卸

一、危险货物装卸作业概述

装卸作业是危险货物道路运输整个过程的重要环节，对确保危险货物在途安全具有关键作用。作为危险货物运输装卸管理人员，需全面掌握危险货物装卸的基本知识，掌握在装卸作业过程中发生各种意外情况时的应急处理措施。

1.危险货物装卸的概念

一般在同一地域范围内（如车站范围、工厂范围、仓库内部等），以改变"货物"的存放、支承状态的活动称为装卸，包含装与卸两个方面，即装是从无到有、卸是从有到无。而以改变"货物"空间位置的活动称为搬运。

装卸与搬运两者统称为装卸搬运。有时或在特定场合，单称"装卸"或单称"搬运"，其本质也包含了装卸搬运的完整过程。在当今社会中，它和运输活动一样是整个物流活动的重要组成部分。

日常习惯中，公路运输常将装卸搬运这一整体活动称为"货物装卸"；在生产领域中常将这一整体活动称为"物料搬运"。

在实际工作中，装卸与搬运是密不可分的，且两者是伴随在一起发生的。所以，在现代物流科学中，并不特别强调两者间的差别，而是作为一种活动来对待。这里的危险货物装卸是指将危险货物装上载货汽车或卸下载货汽车的一系列活动过程。

2.危险货物装卸的地位

危险货物装卸活动的基本动作包括出库、装车、卸车、堆垛、入库以及连接上述各项动作的短程输送，是随运输和保管等活动而产生的必要活动。

危险货物装卸活动是实现高效运输、保障运输安全的重要环节，装卸质量与安全直接影响着整个运输生产的全过程。因此，装卸是运输全过程中非常重要的环节，也是必不可少的关键环节。

在危险货物道路运输作业过程中，装卸活动是不断出现和反复进行的，且其出现的频率高于其他各项物流活动，每次装卸活动都要花费很长时间，所以，往往成为决定物流速度的关键。

3.危险货物装卸的特点

(1)危险货物装卸是危险货物运输附属性、伴生性活动。

危险货物装卸是危险货物运输开始及结束时必然发生的活动,是完成运输不可缺少的组成部分。一般所说的"道路运输",实际就包含了相随的装卸搬运;运输的开始是出库,运输的结束是入库,也就是说仓库中泛指的保管活动,也含有装卸搬运活动。如铁路运输的始发和到达的装卸作业费占运费的20%左右,水路运输占40%左右,公路运输占10%左右。

此外,进行危险货物装卸操作时往往需要接触货物。这个环节不但易造成货物破损、散失、损耗、混合等,也易发生人身伤害和财产损失等安全事故。由此可见,装卸活动是影响危险货物物流技术经济效益、保障道路运输安全的重要环节,必须引起高度重视。

(2)危险货物装卸是支持性、保障性活动。

危险货物装卸会影响其他物流活动的质量、速度以及安全。如装车不当会引起运输过程中的事故或损失,卸放不当会引起货物储存或下一步装运困难和安全隐患。危险货物物流活动只有在高效、安全的装卸搬运支持下,才能实现高效率和高水平。

(3)危险货物装卸是衔接性活动。

任何物流活动互相过渡时,都是以装卸搬运来衔接。因而,装卸搬运往往成为危险货物整个物流"瓶颈",是各环节之间能否形成有机联系和紧密衔接的关键,而这又是一个系统的关键。建立一个有效的危险货物物流系统,关键看这一衔接是否有效。

(4)危险货物装卸是承运和托运双方共同性活动。

由于危险货物自身特性以及装卸的特殊技术要求,装卸必须有相应的专用设施、设备和能熟练应用该设施、设备以及全面掌握该货物特性的专业装卸人员。危险货物装卸作业在装卸管理人员的现场指导下进行;一般没有特殊情况,由负责装卸单位派出装卸管理人员;也有经合同或协议约定,可由承运方或托运方派出装卸管理人员;大多数实际情况,是承运、托运双方的共同责任性活动。

4.危险货物装卸的分类

危险货物装卸的分类方法有如下几种。

1)按装卸作业性质分类

一般按装卸作业性质,危险货物装卸可分为人工装卸和机械装卸两大类。

现在,人工装卸在危险货物装卸作业中仍然占有很大比例。由于危险货物的类别多,货物理化特性差别大,以及汽车运输装卸一般一次装卸批量较小;同时也因为汽车运输可以实现"门到门"的运输,因此,不需要长距离的货物搬运,可以直接利用人工或手动简易机械,即能达到装卸作业目的。

随着危险货物装卸对安全性、稳定性、专业性的要求逐渐加强,同时也由于技术水平不断提高,机械装卸逐渐体现出了自动化、效率高、成本低以及货损货差小和安全性高的特点,所以机械装卸的比例呈现不断上升的趋势。

2)按装卸机械及机械作业方式分类

按装卸机械及机械作业方式,危险货物装卸可分为使用吊车的"吊上吊下"方式、使用叉车的"叉上叉下"方式、使用半挂车或叉车的"滚上滚下""移上移下"方式及散装散卸方式等。

(1)"吊上吊下"方式,是采用各种起重机械从危险货物上部起吊,依靠起吊装置的垂直移动实现装卸,并在吊车运行的范围内或回转的范围内实现装卸或搬运。由于吊起及放下属于垂直运动,这种装卸方式属垂直装卸方式。

(2)"叉上叉下"方式,是采用叉车从货物底部托起货物,并依靠叉车的运动进行货物位移,搬运完全靠叉车本身,货物可不经中途落地直接放置到车上或从车上卸下放到目的地。这种方式垂直运动不多而主要是水平运动,属水平装卸方式。

(3)"滚上滚下"方式,主要是指港口装卸的一种水平装卸方式。滚上滚下方式需要有专门的船舶,对码头也有不同要求,这种专门的船舶称"滚装船"。汽车运输危险货物装卸一般不宜采用这种方式。

(4)"移上移下"方式,是在两种运输工具之间(如火车和汽车)进行靠接,然后利用各种方法,不使货物垂直运动,而靠水平移动从一种运输工具上推移到另一种运输工具上。"移上移下"方式需要使两种运输工具水平靠接。因此,需对站台或车辆货台进行改变,并配合移动工具实现这种装卸。

(5)散装散卸方式是对散装物进行装卸。一般从装点直接到卸点,中间不再落地,这是集装卸与搬运于一体的装卸方式,如运输散装硫黄、萘饼、粗蒽、煤焦沥青等危险货物。

3)按被装物的主要运动形式分类

按被装物的主要运动形式,危险货物装卸可分为垂直装卸、水平装卸和流动装卸。

4)按装卸对象分类

按装卸对象,危险货物装卸可分为散装货物装卸、单件(货包)货物装卸和集装货物装卸等。

5)按装卸作业特点分类

按装卸搬运作业特点,危险货物装卸可分为连续装卸与间歇装卸两大类。

连续装卸主要是同种大批量散装或小件杂货通过连续输送机械,连续不断地进行作业,中间无停顿,货间无间隔。在装卸量较大、装卸对象固定、货物对象不易形成大包装的情况下,适宜采取这一方式。间歇装卸有较强的机动性,装卸地点可在较大范围内变动,主要适用于货流不固定的各种货物,尤其适用于包装件危险货物。

5.装卸机械设备的基本条件

(1)装卸机械的选用必须是根据国家有关标准生产的正规合格产品,具有标准化、系列化、通用化的特点,符合所装卸危险货物的安全要求。

(2)特种装卸机械的技术性能不得任意改变(如增加起重量、扩大跨度、延长悬臂、接长吊杆等)。

(3)装卸机械安全性能和技术指标要符合货场其他设备条件,符合对所装卸货物品种的装卸作业全过程工艺要求,有利于在货物进出货场的搬运、堆码、取放、套索方法等方面定出具体的作业步骤和要求。

(4)装卸机械实行定期检查、维修,实行责任维护制度。装卸机械检修分为一级维护(定检)、二级维护(小修)、中修和大修。根据作业量大小进行必要的维护,至少每年一次大修,确保设备技术状态完好,保障装卸和运输安全。超过大、中修期失修的机械,应停止使用。

①一级维护(定检)是对装卸机械进行擦洗润滑,对易磨损部分进行检查、调整。

②二级维护(小修)是维护性修理,是对装卸机械进行部分解体检查、清洗、换油、修复、更换超限的易损配件。

③中修是平衡性修理。装卸机械部分或全部解体,除完成二级维护的各项工作外,修复、更换磨损的主要零部件,保证使用到下一个修程。

④大修是恢复性修理。对装卸机械全部解体、全面检查,恢复机械原有性能或改造性能,修复更换磨损超限零部件,按批准的技术文件进行技术改造。

(5)新投入使用的装卸机械,操作人员必须全面检查调整,确认技术状态良好,符合安全技术条件后方可使用。购买使用新型的机械,要组织操作和维修人员,熟悉设备构造、性能特点、安全注意事项、使用及维护调整中的各项技术数据;操作人员经训练合格后才能使用新型机械。对新购和大修后的机械,要根据有关说明,规定初期使用的走合时间,并规定走合期内起动操作、运行速度、功率限制、紧固调整及润滑清洗等注意事项。

(6)各种装卸机械禁止超负荷作业。

(7)装卸机具要配有防火器材,配置防静电、防雷等设施。

6.装卸机械设备的特殊要求

(1)利用装卸机械装卸爆炸品、一级易燃液体、毒性物质时,装卸机械设备应按额定负荷降低25%使用。

(2)装卸易燃易爆危险货物时,电动装卸机械应设有防火星的封闭装置;燃油装卸机械应设置火星熄灭器。装卸易燃易爆气瓶的机械、工具,应具有防爆、消除静电或避免产生火花的措施。

(3)当电源电压低于额定电压7%时,应降低额定负荷30%作业;当电源电压波动超过10%时,应停止作业。

(4)不得以限位开关代替控制器停车,不得以紧急开关代替停止按钮使用。

(5)普通叉车不得进行易燃易爆物品的作业;叉车底盘、电阻器要定期擦洗保持清洁。

(6)输油机具设备及输油系统周围要做到"三清""四无""五不漏"。"三清"指设备清洁、场地清洁、工具清洁;"四无"指无油垢、无明火、无易燃物、无杂草;"五不漏"指不漏油、不漏电、不漏火、不漏气、不漏水。

二 危险货物装卸管理人员职责

危险货物装卸管理人员是指在危险货物道路运输中负责装车和卸车的管理人员,与危险货物运输驾驶人员、押运人员形成了危险货物运输的岗位链,从而在制度上确保危险货物运输的无缝隙监管。

1. 装卸管理人员基本要求

危险货物装卸管理人员应该符合如下的基本要求。

(1)文化程度。由于危险货物的道路运输特殊性,以及危险货物理化特性的复杂性,所以要求从事装卸管理的人员,应掌握基本的文化知识,应具备初中以上的文化程度。

(2)身体条件。由于危险货物的危害性,要求从事道路运输的装卸管理人员要身体健康,年龄不超过60周岁。

(3)资格要求。根据《危险化学品安全管理条例》《中华人民共和国道路运输条例》《道路危险货物运输管理规定》的要求,装卸管理人员应当经交通运输主管部门考试合格,并取得相应的从业资格证;从事剧毒化学品、爆炸品和放射性物品道路运输的装卸管理人员,应当经考试合格,取得注明为"剧毒化学品运输""爆炸品运输"或者"放射性物品运输"类别的从业资格证。

因此,装卸管理人员必须进行专业知识的学习和培训,并经设区的市级交通运输主管部门考试合格,获得从业资格证持证上岗。凡未取得相应从业资格而上岗作业的,属于违法行为,处5万元以上10万元以下的罚款;拒不改正的,责令停业停产整顿;构成犯罪的,依照刑法关于危险物品肇事罪或者其他罪的规定,依法追究刑事责任。

(4)专业技能。装卸管理人员须接受相关法规、安全知识、专业技术、职业卫生防护和应急救援知识的培训,了解危险货物性质、危害特征、包装容器的使用特性和发生意外时的应急措施。

2. 装卸管理人员岗位职责

(1)执行充装查验、核准、记录制度。

(2)监督装卸操作人员按照操作规程进行装卸作业,确保装卸安全。

(3)监督装卸现场作业人员正确佩戴和使用劳动防护用品,遵守装卸作业区安全管理要求。

(4)监督装卸操作人员检查确认运输包装无明确缺陷、泄漏、遗撒、破碎等情况,否则不应将包件装载到车上。

(5)监督装卸操作人员检查确认系固、捆扎等防止货物脱落、扬撒的设施设备牢固可靠。

(6)监督装卸操作人员按照车辆核定载质量、罐体的最大运行充装系数或者每升容积的最大允许充装质量装载危险货物,确保车辆不超限、不超载。

(7)监督装卸操作人员关闭罐式车辆罐体、可移动罐柜、罐式集装箱的关闭装置且无泄漏。

(8)检查确认车辆按照要求安装、悬挂标志牌、标记和安全标示牌。

车辆标记与标志牌的正确使用,参见模块二单元三"道路危险货物集装箱和罐体及车辆标记与标志牌"。

三 危险货物装货查验制度

《危险货物道路运输安全管理办法》第二十八条规定,装货人应当在充装或者装载货物前查验以下事项,不符合要求的,不得充装或者装载:

(1)车辆是否具有有效行驶证和营运证;

(2)驾驶人员、押运人员是否具有有效资质证件;

(3)运输车辆、罐式车辆罐体、可移动罐柜、罐箱是否在检验合格有效期内;

(4)所充装或者装载的危险货物是否与危险货物运单载明的事项相一致;

(5)所充装的危险货物是否在罐式车辆罐体的适装介质列表范围内,或者满足可移动罐柜导则、罐箱适用代码的要求;

(6)车辆、集装箱、罐式集装箱、可移动罐柜上的矩形和菱形标志牌所标明的相关信息,是否与所装载的危险货物一致。

充装或者装载剧毒化学品、民用爆炸物品、烟花爆竹、放射性物品或者危险废物时,还应当查验本办法第十五条规定的单证、报告等。

单元二 包件货物装卸

《危险化学品安全管理条例》第四十四条规定,危险化学品的装卸作业应当遵守安全作业标准、规程和制度,并在装卸管理人员的现场指挥或者监控下进行。《道路危险货物运输管理规定》第三十八条规定,危险货物的装卸作业应当遵守安全作业标准、规程和制度,并在装卸管理人员的现场指挥或者监控下进行(图4-2-1)。《危险货物道路运输安全管理办法》第五章规定了危险货物装卸的相关要求。JT/T 617.6给出了装卸危险货物应符合的装卸条件及作业要求。

一 包件运输装卸条件

1.一般条件

在装卸作业前,应判断选择的车辆是否与拟承运的危险货物相符合。

由于危险货物的理化性质多样,不同的危险性会对运输车辆的结构、防水防潮等特性产生影响。通常危险货物的包件,可以使用下列类型的车辆或者集装箱装载:

(1)封闭式车辆或者封闭式集装箱；
(2)侧帘式车辆或者软开顶集装箱；
(3)敞开式车辆或者开顶集装箱。

图 4-2-1　规范危险货物的装卸

包件采用的包装若由易受潮湿环境影响的材质制成，应通过侧帘式车辆、封闭式车辆、软开顶集装箱或封闭式集装箱进行装载。

选择何种车辆或者集装箱来运输危险货物包件，需要查询 JT/T 617.3 中危险货物一览表的第(16)列显示的以"V"开头的代码。该代码的具体含义可在 JT/T 617.6 的附录 A 包件运输的装卸操作特殊规定中查询。

例如，以碳化钙"电石"的运输车辆选择为例，查看 JT/T 617.3 中危险货物一览表的第(16)列可知，该列代码为 V1，见表 4-2-1。然后，再查找 JT/T 617.6 的附录 A 包件运输的装卸操作特殊规定，可知，V1 表示"包件应装载在侧帘车辆或封闭式车辆中，或者装载在封闭式集装箱或软开顶式集装箱中"，见表 4-2-2。即表示运输电石的车辆应选择封闭式车辆或者侧帘车辆，或者封闭式集装箱或软开顶集装箱。

运输特殊规定的使用示例　　　　　　　　　　表 4-2-1

联合国编号	中文名称和描述	英文名称和描述	类别	分类代码	包装规格	标志	……	运输特殊规定			
								包件	散装	装卸	操作
(1)	(2a)	(2b)	(3a)	(3b)	(4)	(5)	……	(16)	(17)	(18)	(19)
1402	碳化钙	CALCIUM CARBIDE	4.3	W2	Ⅰ	4.3	……	V1		CV23	S20
1402	碳化钙	CALCIUM CARBIDE	4.3	W2	Ⅱ	4.3	……	V1	VC1 VC2 AP3 AP4 AP5	CV23	

续上表

联合国编号	中文名称和描述	英文名称和描述	类别	分类代码	包装规格	标志	……	运输特殊规定			
								包件	散装	装卸	操作
(1)	(2a)	(2b)	(3a)	(3b)	(4)	(5)	……	(16)	(17)	(18)	(19)
1403	氰氯化钙,含碳化钙超过0.1%	CALCIUM CYANAMIDE with mope than carbide	4.3	W2	Ⅲ	4.3	……	V1		CV23	

包件装卸操作特殊规定的含义   表4-2-2

标记	特殊规定
V1	包件应装载在侧帘车辆或封闭式车辆中,或者装载在封闭式集装箱或软开顶式集装箱中
V2	包件应装载在符合EX/I或EX/型车辆上。每个运输单元应遵守8.4.2规定的装载限值
V3	运载自由流动的粉末状物质和烟花时,集装箱底板应有非金属表面或者垫板
V4	(保留)
V5	包件不应使用小型集装箱运输
V6	柔性中型散装容器(IBCs)应装在封闭式车辆或封闭式集装箱中,或者侧帘车辆或软开顶集装箱中运输,并且侧帘和软开顶的材质应由防水及非易燃性材料制成

2.爆炸品包件装卸特别条件

(1)装卸管理人员应掌握所装卸爆炸品的理化性质及应急措施,经所在地市级交通运输主管部门考试合格,取得相应从业资格证,持证上岗,并对装卸作业现场操作安全负责。

(2)运输车辆应使用厢型货车、罐式车辆或集装箱运输车辆,必须符合有关规定;应配置符合《道路运输危险货物车辆标志》(GB 13392)要求的车辆标志;运输车辆的车厢内不得有酸、碱、氧化剂等残留物;随车携带的防潮、防火、防爆等工属具,应齐全有效(图4-2-2)。

图4-2-2　随车工具的携带

(3)爆炸品装卸工具,必须事先检查各种机件是否完好,如有故障,不得使用。

(4)不具备有效的避雷电、防湿潮条件时,雷雨天气应停止对爆炸品的装卸作业。

(5)装卸作业前,车辆发动机应熄火,并切断总电源。不应将车辆停放在纵坡大于5%的路段,否则,应采取防止车辆溜坡的有效措施。

(6)装卸作业前应对照出库单,核对爆炸物品名称、规格、数量,并认真检查货物包装。爆炸品的安全标签、标识、标志等与运单、车辆、集装箱、罐式集装箱或可移动罐柜上装用的标志牌不符或包装破损、包装不符合有关规定的应拒绝装车。

3.气瓶装卸特别条件

(1)盛装乙炔、液化石油气、液化气体的气瓶应直立运输,但气瓶集束装置设计为卧式运输的除外。气瓶直立道路运输装载方式分为立式集束装置装载、集装篮装载和散装气瓶装载。

(2)气瓶直立道路运输应使用厢式车辆、栏板车辆、仓栅式车辆,或专门设计用于气瓶运输的其他类型车辆或集装箱运输。

(3)使用栏板车辆、仓栅式车辆直立运输散装气瓶时,气瓶高出栏板部分应不大于气瓶高度的1/4。运输车辆应具备固定气瓶的装置,可配置举升装置或起重装置,但不应影响整车基本性能,且举升装置应有防止气瓶倾倒的设施。

(4)使用厢式车辆、集装箱运输气瓶时,厢(箱)体宜设置通风窗、孔等通风装置。若未设置通风装置或运输过程中通风不良时,应在厢(箱)体显眼位置粘贴"当心窒息""当心中毒""小心开启"等警示标志,标志背景色黄色,字体颜色黑色,字体黑体,文字高度不应小于25mm。

(5)未设置通风装置或通风不良的集装箱、封闭式货车、厢式车辆和其他类型车辆不应运输易燃、助燃或者毒性气体气瓶。

(6)盛装低温液化气体(也称冷冻液化气体)的气瓶不应使用小型集装箱运输(内容积不超过$3m^2$的集装箱)。

4.易燃液体装卸特别条件

(1)大多数易燃液体的蒸气具有一定的毒性,会从呼吸道侵入人体,造成危害。因此操作人员在作业前或作业中应加强安全防护要求、采取必要的通风措施。特别是在夏季及发生火警的情况下,空气中有毒蒸气浓度加大,更应注意防止中毒。作业人员应穿戴好必要的劳动防护用品,特别是罐车装运易燃液体的操作人员,无论是装罐或卸货,人必须站在上风处,尽量减少蒸气从呼吸道侵入的机会,或者采取相应的保护措施。

(2)易燃液体蒸气与空气的混合气体遇明火会发生爆炸(图4-2-3)。所以,在易燃液体的装储及储运场所应严禁烟火,尤其是罐车装卸现场应划定警戒区,一般为半径50m内,不得有热源和明火场所。装卸操作时车辆应实施驻车制动,固定车轮,熄灭发动机,接好导除静电装置。夜间作业应使用防爆式照明设备。作业人员不得身带火种(如火柴,打火机等)和穿有铁钉的鞋。

(3)根据所装货物的包装情况(如化学剂小包装),随车携带好绳索、油布等工具,并检查消防设施是否良好,车厢必须保持清洁干燥。不得留有与易燃液体性质相抵触的残留物。

图 4-2-3　运输液化天然气注意事项

5. 易燃固体、易于自燃的物质和遇水放出易燃气体的物质装卸特别条件

（1）认真清扫车厢平台，检查装卸器械和工具等，其上不得沾有氧化剂和酸类等物质。

（2）作业现场要远离明火、高热，应备有相应的消防灭火设备，作业人员不得随身携带火种。

（3）检查货物的包装。包装破损、物品撒漏的不得装车，尤其要注意包装是否有渗漏现象。例如硝化棉要用水或酒精浸润，金属钠浸在煤油中，黄磷浸没在水中，以同空气隔绝，保证货物的稳定。如果包装渗漏，稳定剂流失或挥发，就会引起燃烧。

（4）不得穿着带有铁钉的鞋子进行作业。装卸有毒或有腐蚀性的易燃物品，作业人员应穿戴防护用品，防止货物接触皮肤造成中毒。

6. 氧化性物质和有机过氧化物装卸特别条件

（1）应检查车厢（包括苫布等），不得有任何酸类、煤炭、木屑、硫、磷等易燃物、可燃的残留物，以免引起化学反应而燃烧，甚至爆炸。

（2）装运需控温的氧化性物质，车辆的制冷系统必须良好，但不能使用液态空气和液态氧作制冷剂。

（3）带好苫布、大绳等以及必需的防护用品和工具设备。

7. 毒性物质和感染性物质装卸特别条件

（1）毒性物质。

①除有特殊包装要求的剧毒品采用化工物品专业罐车运输外，毒性物质应采用厢式货车运输。

②根据所装卸货物的毒性、状态及包装，应携带好相应的劳动防护用品（如工作服、手套、防毒口罩或面具）、防散失、防雨、捆扎等工具。

③对刚开启的仓库、集装箱、全闭式车厢要先通风，使可能积聚的有毒气体排出。进行装车作业前，应认真检查包件，发现包装破损、渗漏，不得装运。

（2）剧毒化学品。

①应注意运输车辆应使用厢式货车、罐式车辆、集装箱运输车辆或使用压力容器，必须配置符合《道路运输危险货物车辆标志》（GB 13392）要求的车辆标志，符合《道路运输爆炸品和剧毒化学品车辆安全技术条件》（GB 20300）的要求。

②除有特殊包装要求的剧毒品化学品必须采用化工物品专业罐车运输外，剧毒品化学

品均应采用厢型或罐式货车运输,罐式专用车辆罐体容积不得大于10m³,非罐式专用车辆最大载质量不得超过10t。

③应注意在剧毒化学品装卸作业场所应备有一定数量的应急解毒药品。

④对刚开启的剧毒化学品仓库、集装箱、封闭式车厢要先通风,使可能积聚的有毒气体排出。进行装车作业前,应认真检查包件,发现包装破损、渗漏,不得装运。

⑤装卸操作人员必须了解所装卸剧毒化学品的性质、危害特性和发生意外时的应急措施;必须接受有关法律、法规、规章和安全知识、专业技术、职业卫生防护、介质安全资料和应急救援知识的培训,并经考核合格,方可上岗作业。装卸操作人员应根据所装卸剧毒化学品的毒性、状态及包装,携带好相应的劳动防护用品、防散失、防雨、捆扎等工具。

(3)感染性物质。

①作业人员应接受相关专业技术、安全防护以及应急处理等知识的培训,应穿戴专用安全防护服和用具。定期进行健康检查,必要时,对有关人员进行免疫接种,防止受到健康损害。

②认真检查盛装感染性物质的每个包件外表的警示标识,核对医疗废物标签,标签内容包括:医疗废物产生单位、产生日期、类别及需要的特别说明等。标签、封口不符合要求时,拒绝运输。

③道路运输医疗废物车辆应有明显的医疗废物标识,须达到防渗漏、防遗撒及其他环境保护和卫生要求。运送医疗废物的车辆未经处理不得运送其他物品。

8.腐蚀性物质装卸特别条件

(1)装货前,要打扫车厢。卸货、搬入仓库前,要打扫仓库。堆货地点不得残留氧化性物品、易燃物品以及稻草、油脂、木屑等有机物。

(2)装卸腐蚀性物质的工具,不得沾有氧化剂或易燃品。

(3)装货前仔细检查包装和封口,看看包装是否完好,封口有无破漏,严禁破漏包装件上车。卸货时,对破漏包装应谨慎处理,以免发生危险。

(4)任何易碎的内容器,如无外包装,严禁装车运输。

(5)装卸作业人员应佩戴口罩、工作服、手套。装卸强酸性腐蚀性物质应使用防酸橡皮或塑料围裙、手套、高筒靴、护目镜或面具等防护用品,严防腐蚀性物质接触皮肤。一般来说,防酸防护服用毛质的或丝质的纺织品,防碱防护服用棉质的纺织品。

二 包件运输装卸要求

1.基本要求

(1)装卸过程中,驾驶人员和押运人员不得离开车辆,并负责监装、监卸,办理货物交接签证手续时要现场当面交接。

（2）车辆进入危险货物装卸作业区，按作业规定驶入装卸作业区，并将车辆摆在容易驶离作业现场的方位上；进入易燃易爆危险货物装卸作业区应带有防火罩，提前提起导除静电拖地带，停好车辆后接通导除静电线等装置。

（3）车辆停靠货垛时，应听从装卸管理人员的指挥，车辆与货垛之间要留有安全距离；待装、待卸车辆与正在装卸货物的车辆应保持足够的安全距离，并不准堵塞安全通道。

（4）装卸操作时应根据货物包装的类型、体积、重量、件数的情况，并根据《包装储运图示标志》(GB/T 191)的要求，轻拿轻放，谨慎操作，严防跌落、摔碰、泄漏，禁止撞击、拖拉翻滚、投掷，同时应做到以下几点。

①除非包件设计为可堆码，否则不应堆码。不同类型包件装载堆码时，应避免包件堆码可能导致的挤压、破损。堆码不同包件应根据需要使用承载装置，以防下层包件受损。

②堆码时，桶口、箱盖朝上，允许横倒的桶口及袋装货物的袋口应朝里。

③装载平衡，高出栏板的最上一层包装件，堆码时应从车厢两侧向内错位骑缝堆码，超出车厢前挡板的部分不得大于包件高度的1/2。

④装运高出栏板的货物，装车后，必须用绳索捆扎牢固，易滑动的包装件，需用防散失的网罩覆盖并用绳索捆扎牢固或用苫布覆盖严密。需用两块苫布覆盖货物时，中间接缝处须有大于15cm的重叠覆盖，且车厢前半部分苫布需压在后半部分的苫布上。

⑤装有通气孔的包装件，不准倒置、侧置，防止所装货物泄漏或进入杂质造成危害。

⑥装载危险货物应符合车辆核定载质量要求，不得超载装运。

⑦装卸过程中，车辆发动机应熄火并切断总电源(必须由车辆提供动力的除外)；在有坡度的场地装卸货物时，必须采取防止车辆溜坡的有效措施。

⑧装车完毕后车辆起步前，驾驶人员应对货物的堆码、遮盖、捆扎等安全措施及对影响车辆起动的不安全因素进行检查，确认无不安全因素后，方可起步；在高温季节、高温时段内，易燃易爆危险货物运输车辆不应上路。

⑨装卸过程中需要移动车辆时，应先关上车厢门或栏板。若原地关不上时，应有人监护，在保证安全的前提下才能移动车辆。起步要慢，停车要稳。

⑩托盘和手推车尽量专用，装卸机具应有防止产生火花的防护装置。装卸前，要对装卸机具进行检查。装卸爆炸品、有机过氧化物、剧毒化学品，装卸机具应按额定负荷降低25%使用。

⑪装卸作业场所要远离热源，严禁受热，通风良好；场所内电气设备应符合规定要求，严禁使用明火灯具照明。

危险货物装卸完毕，作业场所必须彻底清扫干净，装过剧毒性物质的车辆和受到危险货物污染的车辆、工具必须洗刷和除污。危险货物的撒漏和污染物必须送到当地环保部门指定地点集中处理。

⑫禁止在装卸作业区内维修车辆。

2. 爆炸品包件装卸作业特别要求

爆炸品在装卸时，如发生爆炸事故，危害极大。同时，如装载不符合要求，在运输过程中也易发生事故,因此,爆炸品装卸工作需要特别注意。

(1)装卸现场严禁高温和接触明火;装卸搬运时,不准穿铁钉鞋,使用铁轮、铁铲头推车和叉车,应有防火花措施;严禁使用易产生火花机具设备。装卸人员作业时不得携带烟火和通信工具。

(2)装卸过程中,驾驶人员和押运人员不得远离车辆,押运人员负责监装、监卸。办理货物交接签证手续时要点收、点交。无关人员严禁进入装卸作业区。

(3)进入爆炸品装卸作业区,车辆排气管应安装排气火花熄灭器,按有关安全作业规定驶入装卸作业区,并将车辆停放在容易驶离作业现场的位置。装卸过程中需要移动车辆时,应有人监护,在保证安全的前提下移动车辆。起步要慢,停车要稳。

(4)装卸管理人员必须遵守保密规定,不得向无关人员泄漏有关剧毒、爆炸、放射性物品储运情况。同时,必须遵守有关场、库的规章制度。

(5)装卸作业时,必须轻拿、轻放,稳妥作业,严防跌落、摔碰;禁止撞击、拖拉、翻滚、投掷、倒置。

(6)禁止将爆炸品与氧化剂、酸、碱、盐类物品以及易燃物质、金属粉末同车配装。起爆药与炸药严禁在同一装卸点装卸,严禁混装在同车车厢运输。任何情况下,爆炸品不得与普通货物混装,同类爆炸物品配装必须符合配装组的组合要求。装卸同类爆破物品应逐车装卸,不得在同一装卸点同时对两车或两车以上进行装卸作业。必须按照"卸货优先、轻车让重车"的原则安排爆炸品的装卸工作。

(7)使用手推车等工具时,要检查机具是否完好,搬运中装箱不宜过多,速度不宜过快,装载质量不应超过300kg,搬运过程中应采取防滑、防摩擦和防止产生火花等安全措施。要注意将爆炸品包装箱捆牢,以预防在起步、停车、转弯时摔箱。

(8)如搬运时发现爆炸品的包装箱体破裂、松开或箱盖脱落,则不得装运,应小心卸下后单独放置,以便及时更换包装。对于因受压而略有变形的纸箱,可在装卸时摆放在箱堆的上部。装卸时如发现产品药剂撒出,应立即停止装卸作业,在安全员的指导下,将撒药的箱包移至安全地带,并对撒有药剂的地点进行处理和湿法清扫后,方能恢复作业。

(9)装卸作业应在白天进行,夜间作业应有足够的照明;作业现场温度超过35℃时,应停止装卸作业。如必须装卸的,应用冷水喷淋现场,使作业现场温度降到30℃以下,方可作业。天气恶劣时,如遇雷电雨、强风或冰雹时,应停止作业。

(10)如果装卸现场发生火灾时,应立即提醒装卸人员停止产品的装卸,并把车辆驶离装卸区,停车、熄火、关闭电源。

3.气瓶装卸作业特别要求

压缩气体和液化气体一般储存于耐压容器中,在受热、撞击或剧烈振动的条件下,容器的压力容易膨胀引起介质泄漏,甚至使容器破裂爆炸,从而导致燃烧、爆炸、中毒、窒息等事故。其主要危险特性是爆炸性、毒害性、燃烧性和窒息性。因此,装卸时必须采取有效措施,以确保安全。

(1)操作要求。

①装卸作业场地应平整、地面干净、无污物及杂物等,通风良好,远离包括明火在内的一切热源。

②装卸作业前,车辆停靠后应采取防止车辆溜滑的有效措施。应对照运单,核对货物名称、气瓶规格和数量,并检查气瓶及安全附件。若发现与运单不符,或气瓶及安全附件出现泄漏、裂纹、变形、异常响声以及破损等缺陷时,不应装卸。

③进入厢(箱)体前应充分通风,且只准许携带满足相应防爆等级且合格的便携式照明设备进入。装卸作业时,不应在车辆或集装箱附近及内部吸烟(包括电子烟等其他类似产品)和动火作业。

④装卸毒性气体气瓶时,装卸人员应预先采取相应的防毒措施。装卸氧气及氧化性气体气瓶时,工作服、手套和装卸工具、机具不应沾有油脂,且工作服应使用棉质、防静电或阻燃面料。装卸易燃易爆气体气瓶时,应采取静电消除措施,使用防爆、不产生火花的机械和工具。装卸缠绕气瓶时,应采取保护措施防止气瓶复合层磨损、划伤以及气瓶受潮。

⑤装卸作业时,应轻装轻卸,防止气瓶之间或与其他坚硬物体碰撞,防止撞击气阀、汇流排等附件。操作人员应直立转动气瓶,不应采用抛、滚、滑、摔、碰,或握住气瓶阀门以及将阀门对准人身等方式装卸。散装气瓶宜使用专用移动工具搬运。人工徒手搬运时,每次应运送一瓶。吊装散装气瓶时,不应使用电磁起重设备、金属链绳捆绑瓶体,或者钩吊瓶帽气阀等方式。

⑥使用叉车、起重设备等装卸集束装置、集装篮时,装卸人员与货物不应同时升降,装卸举升过程应平稳、安全、可靠,且最大起举质量不应超过额定负荷的75%。使用叉车装卸散装气瓶时,宜将气瓶放于集装篮中。

⑦盛装不同危险特性介质的气瓶混合装载时,应遵守JT/T 617.6及其化学品安全技术说明书的相关要求。

(2)堆码、装载摆放要求。

①厢式车辆或集装箱运输散装气瓶,摆放于厢(箱)体两侧时,每组排数不应大于4排、每组气瓶数不应大于18支,且厢(箱)体中间应留有搬运通道。采用全车厢散装运输时,依据不同固定方式宜采用蜂窝式紧密排列(图4-2-4)。

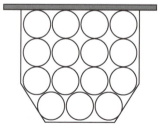

图4-2-4 蜂窝式排列方式(俯视图)

注:蜂窝式排列方式是指每个气瓶至少有3个点与其他气瓶、挡板、墙壁等支撑结构相接触。

②集束装置、集装篮在车厢内布置时,应采用一层的摆放方式。小容积气瓶宜采用组合包装、集合包件,且加以适当衬垫材料固定气瓶,或将其放置在专门设计的集装篮中运输。采用组合包装或集合包件运输小容积气瓶时,可使用多层堆码方式放置于集装篮内。堆码后的包件总高度应小于或等于集装篮高度。

③装载摆放后,横向载荷分布应左右对称,纵向载荷分布应符合车辆载荷布置标识。部分卸车后,应对剩余散装气瓶、集束装置或集装篮重新分布以保持正确平衡。

(3) 固定要求。

①应根据气瓶规格和类型,采用栓紧带、捆绑链条等栓紧装置固定气瓶,使用衬垫、填充物或支撑物等方式填充空隙,确保装卸、运输过程中不应出现气瓶晃动、位移、倾覆或改变气瓶朝向的情况。直接接触气瓶瓶体及附件的栓紧装置应选用符合《道路车辆装载物固定装置 安全性 第2部分:合成纤维栓紧带总成》(GB/T 23914.2)要求的合成纤维栓紧带总成。

②散装气瓶应捆扎牢固,使用厢式车辆或集装箱运输散装气瓶时,应根据车厢结构和气瓶编组形式采用拴紧带进行固定,其上下固定带数不应少于两条,带宽不应小于35mm,拴紧能力不应低于10kN。

③散装气瓶或集束装置、集装篮应通过侧向导轨、中间阻断装置、插板结构或拴紧装置有效固定在运输车辆上。各接触面应紧密牢靠,不应松动。

④使用栏板车辆、仓栅式车辆运输集束装置、集装篮时,应进行固定,宜采用栓紧带、捆绑链条等栓紧装置或者车厢底板固定方式固定。

4.易燃液体包件装卸作业特别要求

易燃液体在常温下易挥发,其蒸气与空气混合能形成爆炸性混合物,同时还具有高度流动性和扩散性。遇强酸、氧化剂接触反应强烈,能引起燃烧爆炸,并具有一定的麻醉性和毒性,长时间吸入可使人失去知觉。因此,装卸易燃液体必须符合下列要求。

(1) 易燃液体受热后,常会发生容器膨胀或"鼓桶"现象,特别是夏季更应注意。为此,作业人员在装车时应认真检查包装(包括封口)的完好情况,发现破损,应由发货单位调换包装或修理加固,符合安全运输要求后,方可装车。

(2) 作业时必须严格遵守操作规程,轻装轻卸,防止货物撞击、重压、倒置,严禁摔损;货物堆放时应使桶口、箱盖朝上,堆垛整齐、平稳,箱形货物堆垛时最上面一层必须骑缝(成梯形)放置,捆扎牢固。

(3) 要特别注意防火、防热,严禁烟火接近。使用的工、夹具不得沾有与所装货物相抵触的残留物。

(4) 易燃液体与大多数危险货物性质相互抵触,或者是消防方法不同。因此,无论在配装或储存、保管中,都应采取有效的隔离或分库存放措施,装车也要严格按配装表的规定进行配载,驾驶人员、装卸管理人员不得任意拼载配装,尤其不能与氧化剂和强酸(如硝酸、硫酸等)物品同车装运。

5. 易燃固体、易于自燃的物质和遇水放出易燃气体的物质包件装卸作业特别要求

由于本类货物在受热、摩擦、冲击或与氧化剂接触会发生剧烈化学反应，能引起燃烧，其粉尘更具有爆炸性。易燃固体燃点低于400℃时，对受热、摩擦、撞击敏感，易被外部火源点燃，燃烧迅速（燃烧速度大于0.5cm/s），并可能散发出有毒烟雾或有毒气体；易于自燃的物质自燃点低（自燃点低于200℃），在空气中易于发生氧化反应，放出热量，自行燃烧；遇水放出易燃气体的物质遇水或受潮时，发生剧烈化学反应，放出大量易燃气体和热量，即能引起燃烧和爆炸。因此，装卸易燃固体、易于自燃的物质和遇水放出易燃气体的物质有相应的安全要求。

（1）装卸时要轻装轻卸、不得翻滚，防止撞击、摩擦、摔落。

（2）堆码要整齐、靠紧、平稳。桶口、箱口或有"向上"标志的一律应向上堆放，不得倒置。操作中严禁使用易产生火花的工具，装卸机械应配备火星熄灭器，且禁止吸烟。

（3）注意防水、防潮，在无防护设备和未采取防护措施的情况下，不许在雨雪天进行装卸作业。高温季节对易燃、易于自燃的物质，应在早、晚或气温较低时进行。

（4）严禁氧化剂、强酸、强碱、爆炸性物品同车配装运输。

（5）固体物质因其组成和性质不同，而具有各自不同的燃烧特点。

1）易燃固体的装卸安全要求

各种金属粉，如镁粉、铝粉、锰粉的燃烧是发生在固体表面与空气接触的部分，不产生气体和火焰，而只发生灼热的光，其温度可达1000℃。扑灭金属粉着火时不能用水，因为在高温下金属粉与水反应生产氢气，氢气又可与空气形成燃爆性混合物。此外，水柱喷溅使金属粉飞扬，能与空气混合而发生燃烧爆炸。

萘及其衍生物、三硫化磷、二氯苯、松香等低熔点固体受热易熔化，其燃烧特点类似于液体的燃烧，燃烧过程是受热熔化→蒸发汽化→分解氧化→起火燃烧。其中萘及其衍生物受热后易升华，即由固体直接变成气体，故更容易燃烧。它燃烧时光弱而烟多，其产物还有一定的毒性。

硝基化合物、硝化纤维素及其制品、重氮氢基球等易燃固体由于本身含有硝基、亚硝基、硝酰基、重氮基等不稳定的基团，受热易于分解，因而它们不仅易燃烧，而且在一定条件下还会爆炸，燃烧爆炸的产物中含有氧化氮和一氧化碳等有毒气体。

化学纤维、合成树脂、合成塑料等高分子化合物的燃烧过程比较复杂，有的易燃或缓燃，有的难燃或不燃，有的是熔融式燃烧，有的是分解式燃烧。在燃烧中会发生变形、软化和溅滴。而许多纤维和塑料的燃烧会发出较大的烟雾，并产生刺激性、毒害性或腐蚀性气体。

除上述燃烧特点外，不少易燃固体属于还原剂，能与强氧化剂接触发生燃烧和爆炸。如硫、磷与过氧化钠或氯酸钾相遇，则会立即燃烧爆炸。还有一些易燃固体，如萘及其衍生物等，与浓硝酸等强酸接触会发生剧烈反应，甚至引起燃烧或爆炸。对于这些情况，在物资的储运管理上都要非常注意。

同时，易燃固体在装卸中一般还要注意到以下安全要求。

（1）易燃固体在搬运装卸中要轻搬轻放，严禁滚动、摩擦、拖拉等危及安全的操作。库房内及其周围要严禁烟火。

（2）硝基化合物（如发孔剂H等）对撞击敏感，遇高热、酸易分解、爆炸，搬运时应轻装轻卸；装运时不得与酸性腐蚀性物质及有毒或易燃脂类危险品混装。

（3）易燃固体发生火灾时，可用水、砂土、石棉毡、泡沫、二氧化碳、干粉等灭火剂灭火；但金属粉（如铝粉、镁粉）着火时只能用砂土、干粉灭火或用轻金属灭火剂7150灭火，不能用水。

2）易于自燃的物质的装卸安全要求

装运易于自燃的物质须防止日光暴晒，不得与爆炸物品、氧化剂、腐蚀性物品和易燃物等配装混运。搬运装卸堆垛时要轻搬轻放，切不可重摔撞击。对桶装物品不应在地面上滚动，以免损坏包装或因摩擦而发热，引起自燃。

3）遇水放出易燃气体的物质的装卸安全要求

（1）遇水放出易燃气体的物质，不得与酸类、氧化剂及含水的液体货物混装，不宜在潮湿的环境下装卸。若不具备防雨雪的条件，不准进行装卸作业。

（2）装卸钢桶包装的碳化钙（电石）时，应确认包装内有无填充保护气体（图4-2-5）。如未填充的，在装卸前应侧身轻轻地拧开通气孔放气，防止爆炸、冲击伤人。装电石的桶不得倒置。

图4-2-5　装卸钢桶前排气工作

6.氧化性物质和有机过氧化物包件装卸作业特别要求

由于该类货物具有强烈的氧化性，在不同条件下，遇酸、碱，受热、受潮或接触有机物、还原剂即能分解放氧，发生氧化反应，引起燃烧。有的氧化剂还具有毒性或腐蚀性。有机过氧化物更具有易燃甚至爆炸的危险性，运输时须加入适量的抑制剂或稳定剂，有的在环境温度下会自行加速分解，因而必须控温运输。

（1）装卸本类物品应远离火种、热源，夜间应使用防爆灯具。对光敏感的物品要有遮阳、避光设施。

（2）在操作中，不能穿有铁钉的鞋子，不能使用易产生火花的工具。切忌撞击、振动、拖拉、倒置，必须轻装轻卸，捆扎牢固，每层之间衬垫妥帖，防止移动、摩擦，并严防受潮。

（3）发现包装损漏，必须调换或加固包装，才能装车，不能自行将破损包装换好包装，不得将撒漏物装入原包装内，必须另行处理。操作时，不得踩踏、碾压撒漏物，绝对禁止使用金属和可燃物（纸、木等）处理撒漏物。

（4）过氧化物包件，露出车栏板的部分不得超过包件高度的三分之一。

（5）堆放场地或仓库应清扫干净，并不得在容易产生可燃性粉尘（如煤场、锯木场等）的场所进行装卸作业。

（6）氧化性物质对其他货物的敏感性强，因此绝大多数与酸类等货物严禁同车装运，即使同属氧化性物质，由于氧化性强弱不同，配装后极易引起燃烧、爆炸，也不宜同车装运。

（7）漂白粉及无机氧化剂中的亚硝酸盐、亚氯酸盐、次亚氯酸盐不得与其他氧化剂混装。

7. 毒性物质和感染性物质包件装卸作业特别要求

由于本类货物少量误服、吸入或经皮肤黏膜接触进入肌体后，累积到一定的量，能与体液和组织发生生物化学作用或物理变化，扰乱和破坏肌体的正常生理功能，引起暂时性或持久性的病理状态，甚至危及生命。其中有机毒性物质具有可燃性，遇明火、高热或与氧化性物质接触会燃烧、爆炸，同时放出有毒气体。

1）毒性物质

①作业人员应根据不同货物的危险特性，分别穿戴好相适应的防护服装、手套、防毒口罩、面具和护目镜等。严禁赤脚、穿背心短裤，皮肤破伤者不能装卸毒性物质。

②认真检查货物包装，尤其是包装外表，应无残留物，特别是剧毒、粉状的货物，包装外表更应加以注意。发现包装破损，渗漏，则拒绝装运。

③装卸操作时，作业人员尽量站立在上风处，不能在低洼处久待，应做到轻拿轻放，尤其是对易碎包装件或纸质包装件不能摔摜，避免损坏包装使毒物撒漏造成危害。

④堆码时，要注意包装件上的图示标志，不能倒置，堆码要靠紧堆齐，桶口、箱口向上，袋口朝里（图4-2-6）。小件易失落货物（尤其是剧毒品氰化物、砷化物、氰酸酯类），装车后必须用苫布严盖，并捆扎牢固。

⑤对刺激性较强的和散发异臭的毒性物质，装卸管理人员应采取轮班作业。在夏季高温期，尽量安排在早晚气温较低时作业，晚间作业应用防爆式或封闭式的安全照明。雪、冰封时作业，应有防滑措施。

⑥无机毒性物质不得与酸性腐蚀性物质配装，不得与易感染性物质配装。有机毒性物质不得与爆炸品、助燃气体、氧化剂、有机过氧化物等酸性腐蚀物品配载。

⑦忌水的毒性物质（如磷化铝、磷化锌等），应防止受潮。

图4-2-6 不同货物堆放规范

⑧毒性物质严禁与食用、药用及生活用品等同车拼装。装运后的车辆及工属具要严格清洗消毒,未经安全管理人员检验批准,不得装运食用、药用、生活等用品及活的动物。

⑨装卸操作人员不能在货物上坐卧、休息,不能用衣袖擦汗。如皮肤受到沾污,要立即用清水冲洗干净。

⑩作业结束后要换下防护服,洗手洗脸后才能进食、饮水、吸烟。工前、工后都应禁止饮酒。防护用品每次使用后必须集中清洗,不能穿戴回家。

2)剧毒化学品

①所有操作或接触剧毒化学品的装卸人员,必须佩戴符合要求的劳动防护用品和器具,劳动防护用品和器具应专人保管,定期检修,保持完好。

②严禁装卸人员直接接触剧毒化学品,作业中不得饮食,不得用手擦嘴、脸、眼睛。每天作业完毕,必须及时用肥皂或专用洗涤剂洗净面部、手部,用清水漱口,防护用具应及时清洗,集中存放。

③正确穿戴劳动防护用品,工作结束后必须更换工作服,并进行清洗后方可离开作业场所。

④根据剧毒化学品的种类、特性,在罐区、作业场所设置相应的监测、防火、灭火、防爆、泄压、降温、防毒、防雷、防静电、防渗漏、防护围堤或者隔离操作、密闭操作等安全设施设备,并按照国家标准和有关规定进行维护,保证符合安全运行要求。

⑤作业现场设置通信、报警装置,并保证在任何情况下处于正常使用状态。

⑥严格检查剧毒化学品装卸物包装容器是否符合规定且完好,否则拒绝装卸。要求装卸时平稳、轻拿轻放,严禁肩扛、背负、冲撞、摔碰,以防止包装破损,严禁架空堆放。

3)感染性物质

①根据不同的医疗废物分类,作业人员在工作中应穿戴好相适应的防护服装、手套、防毒口罩、面具和护目镜等。

②作业人员被医疗废物刺伤、擦伤等伤害时,应采取相应的处理措施,并及时报告相关部门。

8.腐蚀性物质包件装卸作业特别要求

由于本类货物能灼伤人体组织(皮肤接触在4小时内可见坏死现象)并对金属等物品造

成损坏的固体或液体,其散发的粉尘、烟雾、蒸气,能强烈刺激眼睛和呼吸道,吸入会中毒。其中,无机酸性腐蚀性物质大多数具有强氧化性,接触可燃物会引起燃烧。有机腐蚀性物质都易燃,接触明火、高温、或氧化剂会引起燃烧甚至爆炸,同时散发出有毒气体,有机腐蚀性物质的蒸气能与空气形成爆炸性混合物。因此,装卸该类货物应具备下列安全要求:

(1)轻装轻卸,防止撞击、跌落,禁止肩扛、背负、揽抱、钩拖腐蚀性物质。酸坛外包装要用绳索套底搬动,以防脱底致使酸坛摔落发生事故(图4-2-7)。

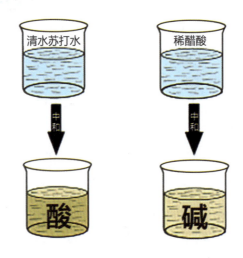

图4-2-7　常见酸碱物质举例

(2)堆装时应注意指示标记,桶口、瓶口、箱盖朝上,不横放倒置,堆码要整齐、靠紧、牢固;没有封盖的外包装不得堆码。

(3)装卸现场应视货物特性,备有清水或苏打水(对酸性能起中和作用)或稀醋酸(对碱性能起中和作用),以应急救之需。

腐蚀性物质的配装要求如下:

(1)酸与碱会发生中和反应,不仅使货物失去原有特性,而且中和反应发生剧烈时还会引起爆炸。所以,同是腐蚀性物质,酸性腐蚀性物质和碱性腐蚀性物质不能配装。

(2)无机酸性腐蚀性物质往往有氧化性,有机酸性腐蚀性物质则可以燃烧。所以,同是酸性腐蚀性物质,无机酸性腐蚀性物质和有机酸性腐蚀性物质不能配装。同理,无机酸性腐蚀性物质不得与可燃品配装;有机腐蚀性物质不论是酸性的还是碱性的,都不得与氧化性物质配装。

(3)硫酸虽然本身是一种强氧化性物质,但它不得与氧化性物质配装。

(4)腐蚀性物质不得与普通货物配装,以免对普通货物造成损害。

9.杂项危险物质和物品包件装卸作业特别要求

杂项危险物质和物品的危险特性各异,具有磁性、麻醉、毒害或其他类似性质,其装卸安全要求和事故应急措施应参照产品安全技术说明书的相关要求。

三 包件混合装载要求

(1)除表4-2-3中允许进行混合装载的之外,标有不同危险性标志的包件不应装载在同一车辆或集装箱中。

危险货物道路运输混合装载通用要求　　　　表4-2-3

标志	1	1.4	1.5	1.6	2.1 2.2 2.3	3	4.1	4.1+1	4.2	4.3	5.1	5.2	5.2+1	6.1	6.2	8	9
1																	b
1.4		见8.2.2的要求			a	a	a		a	a	a	a		a	a	a	ab
1.5																	b
1.6																	b
2.1 2.2 2.3		a				X	X		X	X	X	X		X	X	X	X
3		A			X		X		X	X	X	X		X	X	X	X
4.1		A			X	X			X	X	X	X		X	X	X	X
4.1+1								X									
4.2		A			X	X	X			X	X	X		X	X	X	X
4.3		A			X	X	X		X		X	X		X	X	X	X
5.1		A			X	X	X		X	X		X		X	X	X	X
5.2		A			X	X	X		X	X	X		X	X	X	X	X
5.2+1												X	X				
6.1		A			X	X	X		X	X	X	X			X	X	X
6.2		A			X	X	X		X	X	X	X		X		X	X
8		A			X	X	X		X	X	X	X		X	X		X
9	b	a、b	b	b	X	X	X		X	X	X	X		X	X	X	

注:X表示原则上可以混合装载;具体货物能否混合装载,参见其安全技术说明书。
　　a表示允许与1.4S物质或货物混合装载。
　　b表示允许第1类货物和第9类的救生设施混合装载(UN 2990、UN 3072和UN 3268)。
　　4.1+1表示具有第1类爆炸品次要危险性的4.1项物质。
　　5.2+1表示具有第1类爆炸品次要危险性的5.2项物质。

(2)带有1、1.4、1.5或1.6标志的包件,在同一车辆或集装箱中混合装载时,应符合表4-2-4的规定。

含第1类物质或物品不同配装组的包件混合装载要求　　　　表4-2-4

配装组	A	B	C	D	E	F	G	H	J	L	N	S
A	X											
B		X		A								X
C				X	X	X	X				b、c	X
D		A	X		X	X	X				b、c	X
E			X	X		X	X				b、c	X
F					X							X
G			X	X	X		X					X
H								X				X
J									X			X
L										d		
N			b、c	b、c	b、c						b	X
S		X	X	X	X	X	X	X	X		X	

注:X表示允许混合装载。

　　a 表示含有第1类物品的配装组B和含有第1类物质和物品的配装组D的包件,如果经具有专业资质的第三方机构认可的内部使用单独隔舱或者将其中一个配装组放入特定的容器系统从而有效防止配装组B爆炸危险性传递给配装组D,可以装载在同一个车辆或集装箱中。

　　b 表示不同类型的1.6项N配装组物品只有通过实验或类推证实物品间不存在附加的殉爆风险时,可以按1.6项N配装组一起运输,否则应被认定具有1.1项的风险。

　　c 表示配装组N的物品和配装组C、D、E的物质或物品一起运输时,配装组N的物品应被认为具有配装组D的特征。

　　d 表示含配装组L的物质和物品的不同类型的包件可以在同一车辆或集装箱内混合装载。

（3）例外数量、有限数量危险货物包件可以与其他危险货物、普通货物混合装载,但有限数量危险货物包件不得与爆炸品混合装载。

（4）包件与普通货物的混合装载要求。

①除非另有规定,危险货物不能与含有食品、药品、动物饲料及其添加剂的货物混装在同一车辆或集装箱中。

②除非另有规定,危险货物包件与普通货物装载在同一车辆或集装箱时,应采取下列方式之一进行隔离:

　　a.使用与包件等高的隔离物;

　　b.四周至少保持0.8m的间隔。

（5）清单记录。在同一车辆或集装箱中混合装载危险货物时,装货人要编制记载有详细事项的"危险货物装载清单",并在清单上附记有关表明该车辆或集装箱内危险货物的容器、包装、标志、装载方法等符合规则要求,适合于运输状态等内容,提交给承运人。

单元三　散装及罐式危险货物装卸

一、散装货物装卸特殊要求

(一)可采用散装形式运输的货物

由于危险货物具有易燃、易爆、腐蚀等危险特性,不是所有危险货物都可以采用散装方式进行运输。

一种危险货物是否可以采用散装运输方式,需要查看 JT/T 617.3 中危险货物一览表的第(10)列,是否出现以"BK"为开头的代码。若有,表示该货物运输可以使用散装容器进行运输。此外,还可查看第(17)列是否出现以"VC"为开头的代码。若有,表示该货物可采用散装形式将货物装在集装箱或车厢内进行运输。若第(10)列或者第(17)列无以"BK"或者"VC"开头的代码,则表示该货物是不允许散装运输的。易受温度影响而液化的物质不能采取散装运输。

(二)"BK"代码和"VC"代码的含义

(1)BK代码包括BK1和BK2,分别代表下列含义:

BK1:允许通过软开顶散装容器进行散装运输。

BK2:允许通过封闭式散装容器进行散装运输。

(2)VC代码的具体含义则在 JT/T 617.6 的 6.3 节和附录 B 具有 VC 标记的散装运输的装卸操作特殊规定中可查询到,具体见模块一单元七危险货物装卸。

此外,散装运输时如果危险货物与其他货物容易发生危险反应,两者不能混装。常见危险反应主要有燃烧或释放大量热、释放易燃或有毒气体、生成腐蚀性液体以及不稳定物质等。

(三)散装货物装载及卸载须遵循的要求

1.充装、运输前的安全检视

(1)充装和交付运输前,应检查和清理每一个散装容器、集装箱或车辆,以确保无下列情形的残留物:

①可能与即将运输的物质发生危险的化学反应;

②对散装容器、集装箱或车辆的结构完整性产生不利影响；

③影响散装容器、集装箱或车辆对危险货物的适装性。

(2)充装货物之前，应对散装容器、集装箱或车辆采取目视检查，确保其内壁、顶板和底板无凸起或损坏，内衬和货物固定装备没有明显裂痕或损伤；集装箱顶部和底部的侧梁、门槛和门楣，底横梁、角柱、角件等结构组成部分不存在下列重大缺陷：

①在结构或支撑部件上出现影响散装容器、集装箱或车体完整性的凹陷、裂缝和断裂；

②顶部或底部的端梁或门楣中出现多于一处的拼接或任何不正确拼接（如搭接的拼接）；

③顶部或底部的侧梁出现超过两处的拼接；

④门槛、角柱上出现任何拼接；

⑤门铰链和部件出现卡住、扭曲、破裂、丢失或因其他原因失灵；

⑥门胶条和封口不密封；

⑦足以影响到起吊设备和车架系固操作的整体变形；

⑧升降设备或装卸设备接口出现任何损坏；

⑨操作设备出现任何损坏。

(3)如果危险货物与其他货物容易发生下列危险反应，两者不能混装：

①燃烧或释放大量热；

②释放易燃或有毒气体；

③生成腐蚀性液体；

④生成不稳定物质。

2.安全措施

(1)易受温度影响而液化的物质不能采取散装运输。

(2)货物不得与散装容器、集装箱和车厢、衬垫、设备（盖子和防水帆布）的材料发生危险反应，或者与货物直接接触的保护涂层发生反应，或明显降低包装材料的使用性能。

(3)多个封口装置串联时，充装货物之前，应首先关闭最靠近所装货物的封口装置，并依次关闭剩余封口装置。

(4)装载散装固体时，应均匀分布以减少移动，防止散装容器、集装箱及车辆损坏或者货物溢洒。

(5)装载过固体危险货物空的散装容器、集装箱和车辆，若未采取措施消除危险，应遵守装有该物质的散装容器、集装箱和车辆的规定。

(6)容易发生粉尘爆炸或者释放出易燃气体的货物的散装运输，应在运输、充装和卸货时采取消除静电措施。

(四)运输途中需遵循的要求

(1)散装容器、集装箱以及车体应防溢洒，并在运输过程中保持关闭，防止由于振动，或者温度、湿度、压力变化导致货物溢洒。

(2)通风装置应保持洁净并处于运行状态。

(3)运输途中,应确保散装容器、集装箱或车体的外表面没有危险货物残留。

二 罐式运输装卸条件及要求

(一)可采用罐式容器或车辆运输的货物

罐式运输能提升运输效率,但由于某些危险货物化学性质活跃,为减少其在运输过程中的活性,对包装容量等有严格限制,因此并非所有危险货物都适合采用罐式运输。

一种危险货物是否可以使用罐式运输方式运输,需要查看JT/T 617.3中危险货物一览表的第(10)列是否出现以"T"字母开头的代码,或者第(12)列是否出现以"S""L""R""C""P""M"等字母开头的代码。

其中,第(10)列若出现以"T"字母开头的代码,表示该货物可以使用可移动罐柜来运输。第(10)列若为空白,则表示该货物不允许使用可移动罐柜运输。第(12)列若出现以"C""R"或者"P"字母开头的代码,表示该货物需要使用移动式压力容器来运输;若出现以"S"字母开头的代码,表示该货物可以使用运输固体的罐式车辆运输;若出现以"L"字母开头的代码,表示该货物可以使用危险货物道路运输常压罐体、罐式集装箱来运输;若出现以"M"字母开头的代码,表示该货物可以使用多单元气体容器来运输,如长管拖车、气瓶集束装置等。若第(12)列为空白,则表示该货物不允许使用罐体运输。如过氧化钾(UN 1491),其第(12)列为空白,则表示UN 1491不能使用罐式运输,包括罐式车辆罐体、罐式集装箱等类型。

(二)罐式车辆的选择

若可以采用罐式运输方式运输时,其车辆(包括罐式汽车、半挂牵引车和半挂车等)类型应符合JT/T 617.3中危险货物一览表的第(14)列的规定。

罐式车辆的车辆代码主要有FL和AT型两种。例如,甲醇的罐式运输车辆代码为FL。需要注意的是,由于车辆类型可以向下兼容,例如,亚硝酸钾(UN 1488)的第(14)列罐式运输车辆代码为AT型,在实际运输时,也可以使用车辆代码为FL型的车辆运输该物质。因为FL型车辆可以向下兼容AT型车辆。相反,AT型车辆不能向上兼容FL型车辆。

(三)罐式车辆装卸作业要求

1.装卸一般要求

(1)装卸操作人员应正确穿戴防静电服、安全帽、防护面罩或防护眼镜、呼吸器、防护手套、防静电安全鞋等劳动防护用品,装卸车辆作业涉及高处作业时应系好安全绳。

(2)装卸操作应严格执行有关规范和标准、安全规程和安全管理制度,重点落实以下安全管理要求：

①操作人员应站在上风向进行装卸作业。

②严格控制流速，防止产生静电。鹤管内的液体流散在鹤管，浸没液体之前不应大于1m/s，浸没液体之后不应大于4.5m/s。

③卸车时不应用空气和蒸汽加压，或采用直接加热罐式车辆罐体的方法卸货。

④装卸车作业时不应发动车辆。

⑤操作人员应加强巡检，防止发生超装、物料泄漏或其他危险情况。

⑥装卸操作人员和驾驶人员不应离开作业现场，如有紧急情况需要离开，应暂停装卸车作业。

⑦装卸作业安全区域内不应进行动火等危险作业。

(3)装卸过程中若出现雷雨天气、火情、检出物料泄漏、工艺参数异常、设备异常等不安全因素时，应立即停止装卸作业。

(4)夏季高温天气（日最高气温超过35℃）应避开高温时段作业，作业前应采取对罐式车辆罐体喷淋降温等措施，确保罐体的温度满足装卸货的安全要求。

(5)应及时如实填写装卸作业记录。

2.装货前的检查与确认

(1)罐式车辆进厂前应对其进行安全检查，以及对随车人员和车辆进行检查，重点检查驾驶人员驾驶证、驾驶人员和押运人员从业资格证、牵引车道路运输证、半挂车道路运输证、牵引车行驶证、半挂车行驶证、电子运单、罐体检验报告等证件，若证件不全、证件过期或证件不符合要求，禁止罐式车辆进入厂区。

(2)进入厂区前应检查是否安装排气管防火罩，驾驶人员应将手机、打火机、香烟等火种暂存在门卫处，避免火种带入作业场所。

(3)装卸单位应对罐式车辆驾乘人员进行入场安全教育或安全提示。

(4)罐式车辆入场前，对装卸罐式车辆进行装卸货种核对，若槽罐车上一批次装卸货种与本次不同应提供清洗合格证明材料，并经货主确认。

3.装货前的安全检查和准备要求

(1)操作人员引导罐式车辆至指定装货位置，停车熄火，在罐式车辆前方放置停车牌，在前后车轮处放置轮胎止退器，防止车辆移动。

(2)操作人员让驾驶人员交出车辆钥匙，放到指定位置，驾驶人员位于罐式车辆的上风处，巡查监视装货过程。

(3)操作人员核对作业单据，复核装货位号、品名、车牌、发货单日期。

(4)操作人员检查确认罐式车辆阀门处于关闭状态，连接静电接地在5分钟以上，充分释放车辆在行驶过程中带来的静电。

(5)液体化学品装车采用液下装车鹤管灌装时，应将待装液体化学品的液相鹤管与罐式车辆连接,罐式车辆气相与废气回收管道连接,确认无泄漏。采用上装鹤管向汽车罐式车辆灌装时,应采用能插到罐车底部的装车鹤管,确认溢流报警传感器同时插入槽罐内,锁住鹤管,关闭鹤管的放空阀,开启溢流报警装置。

4. 装货作业要求

(1)操作人员将作业单据的提货信息输入自动装车控制系统,开泵进入装货状态。

(2)操作人员密切监视自动定量装车系统运行和监控装车现场安全情况。

(3)装车结束后,再次复核装车数量。断开鹤管气相、液相接口,复位鹤管、上装扶梯,将罐盖盖紧,交由驾驶人员复查。

(4)操作人员取下静电接地线,移去停车牌、轮胎止退器,引导车辆过磅计量,办理出厂手续。

5. 卸车前的安全检查和准备要求

(1)操作人员引导罐式车辆至卸货指定位置,在罐式车辆驱动轮下放置卸货枕木,指挥罐式车辆低速驶上卸货枕木。停车熄火,在罐式车辆前方放置停车牌,在前后车轮处放置轮胎止退器,防止车辆移动。

(2)操作人员让驾驶人员交出车辆钥匙,放到指定位置,驾驶人员位于罐式车辆的上风处,巡查监视装货过程。

(3)操作人员核对卸货信息,连接静电接地线5分钟以上,以充分释放车辆在行驶过程中带来的静电。

(4)卸货前须对罐式车辆内货物进行取样分析或取样留存。取样分析的具体要求应执行《工业用化学产品采样安全通则》(GB/T 3723)、《液体化工产品采样通则》(GB/T 6680)。

(5)操作人员核对作业单据,复核卸货位号、联合国编号、品名、车牌、卸货单日期。

6. 卸货作业要求

(1)操作人员将卸货液相鹤管或软管与罐式车辆卸车口连接,需要氮封的货种尚需连续鹤管气相接口,检查无误后在卸车通知单上签字确认,同时将泵区阀门调整至卸车状态。

(2)卸货过程中,操作人员应严密监控卸车现场的安全情况。

(3)临近卸车结束时,操作人员降低卸货速度,检查罐式车辆罐体内物料残余,直至确认卸空为止。

(4)卸车结束后,断开鹤管、罐式车辆的气、液相接口,复位鹤管,交由驾驶人员复查。

(5)操作人员取下静电接地线,移去停车牌、枕木、轮胎止退器,引导车辆过磅计量,办理出厂手续。

7. 罐式运输燃油装卸作业要求

目前,我国运输燃油一般采用汽车罐式运输,也有采用铁路油罐车运输的。汽车罐车上部设有入孔,其直径不小于500mm,入孔上有便于开关的盖板。罐体底部设有卸油管和阀门,管径一般为80~100mm。车体上设有导除静电的橡胶拖地带。燃油的充装一般有两种方式，一是自上部入口孔灌入；二是自下部入口灌入。卸油一般均从底部卸油阀排出。卸油方式有泵卸、自流下卸和虹吸卸油等。

（1）在装卸油料时，要选择适当的鹤管和管接头，采取适当的装卸速度，以避免油与管道摩擦产生、聚积高电位静电，也要避免管接头与车壁撞击产生火花。

（2）在灌油、放油前，要检查罐车阀门和管盖是否开关正确，查看接地线是否接牢，严禁罐车顶部载物。

（3）汽车罐车的灌装根据实际操作要求，可采用泵送和自流灌装。

（4）汽车罐车进站卸油时，其他车辆不准进入，停止所有加油作业，并要有专人监护，避免行人靠近。

（5）应采用密闭卸油，用这种方法卸油是在地下油罐和汽车罐车之间增加一条油气管道，燃油从罐车流向地下油罐，而地下油罐内的油气沿着管道流向油罐车，进行油气置换。

（6）卸油前要检查油罐的存油量，以防止卸油时冒顶跑油。卸油时发动机应熄火，雷雨天停止卸油。卸油时夹好导静电线，再装好卸油胶管，当确认所卸油品与储油罐存储的油品品类相同时，方可慢慢开启阀门。

（7）卸油时严格控制流速，在油品没有淹没进油管口前，油的流速应控制在0.7~1m/s内，以防止产生静电。

①卸油过程要做到不冒、不洒、不漏，各部件接口牢固，卸油时驾驶人员、押运人员不得离开现场，与加油站人员共同监视卸油情况，发现问题随时采取措施。

②在卸油时，油管应伸至离罐底不大于300mm处，以防止进油时喷溅产生静电。

③卸油要尽可能卸净，当加油站人员确认罐内已无储油时方可关闭放油阀门，收好放油胶管，盖严油罐盖。

④人员上下罐车要从扶栏处上下，不得从其他部位登上跳下，防止摔伤。

（8）测量油量要在卸完油30分钟以后进行，以防测油尺与油液面、油罐之间静电放电。

三 罐式车辆装卸阀门操作要求

1.装卸前准备

（1）检查罐车安全附件（如安全阀、液位计、压力表）是否灵敏、可靠，紧急切断阀和导静电装置是否完好。

（2）检查罐车各密封部位及附件有无泄漏。

（3）确保罐车与装卸栈台的静电接地装置可靠连通。

（4）确认罐车进入正确的装卸鹤位，熄火、停放平稳，放置车辆防溜器具和车前禁止车辆移动的警示设施。

2. 装卸过程中

（1）装卸作业前，装卸人员和驾驶人员或押运人员共同确保装卸臂与汽车罐车灌装口的快接接头卡紧、锁死，确认签字。

（2）装卸过程全程视频监控，作业期间应在装卸车辆周围设置警戒线，禁止无关人员和车辆进入。

（3）装卸过程中，操作人员、驾驶人员等均不能离开现场，时时检查运行情况，出现异常立即停机排除故障。

（4）严禁使用软管装卸液化烃等危险化学品。

3. 装卸后处理

（1）装卸结束后，操作人员将操作过的阀门恢复到初始状态，并卸掉气、液相软管（先打开罐车上气、液相放散阀确定气、液相软管内无压时，才能卸掉气、液相软管）。

（2）拆除接地线，确保罐车与装卸栈台连接管、导静电线等连接件完全分离后，放行车辆驶离装卸栈台。

此外，罐式车辆装卸阀门操作的安全要求还包括：禁止在雷雨天、附近有明火或其安全附件出现异常等情况下进行装卸作业。避免夜间（20:00后）装卸作业，确需夜间作业时，需加强现场监护和应急准备。装卸过程中出现异常时，押运人员或驾驶人员应能够紧急关闭汽车罐车上紧急切断阀。禁止超限充装，确保罐车压力不超过其最高使用压力。通过以上操作要求和安全措施，可以有效保障罐式车辆装卸阀门操作的安全性和可靠性。